本书由上海文化发展基金会图书出版专项基金资助出版

武汉大学政治学一级学科"985"工程二期拓展项目成果

政治发展与民主译丛

DEFINING AND MEASURING DEMOCRACY

界定与测量民主

[英] 戴维·比瑟姆　主编

陈硕　唐皇凤　汪锡双　钮子钰　译　唐皇凤　校

EDITED　BY　DAVID BEETHAM

上海人民出版社

总　序

政治发展和民主政治建设是当今中国政治学研究的基本话题。

无论中国人还是外国人都承认,今日之中国,仍然是一个发展中国家。所谓"发展中国家",英文译作 developing country,与之相对的"发达国家"则是 developed country,这意味着,发达国家已经完成了发展的过程,而发展中国家则还处在发展的过程中。通常,区别发展中国家与发达国家,主要是根据经济和社会的发展程度、人民生活水平来判断的,为此人们提出了包括人均 GDP(国内生产总值)、人均 GNI(国民总收入)、CDI(综合发展指数)以及国民幸福指数(NHI)在内的一系列经济发展指标。但是,如果进一步考究,汉语中的"发展"意味着事物由小到大、由简单到复杂、由低级到高级的变化;而 develop 一词在英文中的基本释义就是"(使)成长起来变得更大、更丰满,或者变得更成熟、组织化程度更高"。从这个意义上来阐释"发展中"和"发达",就不能仅仅囿于经济和社会发展水平的判断,而应全面地、综合地从经济的、社会的、政治的发展水平来理解。或者从另一个角度来说,经济发展水平并不是孤立的,而是与政治发展水平密切相关的,是相互影响、相互促进又相互制约的。经济发展推动政治发展,政治发展必须适应经济发展。适时的政治发展将为经济发展提供动力和保证,而严重滞后的政治发展则可能拖延和阻碍经济发展。

中国经过三十多年的改革开放,无论经济上还是政治上都取得了伟大的进步,但相对说来,今日之中国面临着更为艰巨的政治发展的任务。

应该看到,今天中国的政治发展的程度,民主进程、法制化所达到的水平,民主所实现的范围和程度,公民权利实现的内容和公民参与公共事务的意识,等等,与六十多年前、三十多年前相比,已经有了很大发展,取得了不少进步,但同时也应该承认,离广大人民的期盼、离人民群众不断增长的对国家治理能力的需求和对民主权利的要求还有相当的距离。如果不体察这种距离,是很危险的。

和经济发展一样,政治发展同样意味着要完成现代化的进程,尽管这个进程在不同国家,由于不同的国情,会有不同的起点、不同的道路、不同的模式。不同的人对政治现代化的理解会有所不同,关注和研究的重点也不同,譬如,政治发展的目标和前景,政治发展的过程和形式,国家的治理水平和政治体系的综合能力,社会的组织化和政治的制度化水平,公民政治参与的扩大,现代政治意识的普及和政治文化的改造,等等。但是,人们对"政治现代化"这个总的发展趋向大概不应该有什么异议。而对政治现代化的基本表现,大概也没有什么可以置疑的,一般应包括民族国家的构建、民主化、法治化,尽管不同的国家会采用不同的形式,确定不同的具体指标。

不用讳言,关于政治现代化的种种概念,并不是产生自中国本土的,而是"舶来"的。中国的近代发展过程,就是先是落后挨打,然后学习欧美的过程,不仅学习欧美的船坚炮利,引进欧美的科学技术,也学习欧美的政治制度,引进欧美的社会、政治观念。随着世界历史的进程,中国人学习的对象也进一步扩展,不仅学习过欧美,也学习过苏俄,而后也学习其他新兴国家的经验。

学习外国,译书为先。从某种意义上说,中国近代的思想史、观念史、文化史就是从翻译开始的。翻译是不同国家、民族之间学习交流的必不可少的桥梁。中国是一个多民族国家,古代中原的汉族与周边的其他民族之间,中国古代的统治政权与其他国家之间都保持了频繁的往来,因此,远在商周时期就出现了语际的翻译活动,历朝历代都设有专人专职从事翻译工作。但据说,中国历史上大规模的对华夏之外的语言的翻译工作始于西汉哀帝时期,从那时起直至20世纪初,中国历史上出现过三次翻译高潮,即东汉至唐宋的佛经翻译、明末清初的科技翻译、鸦片战争至

"五四"的西学翻译。明代以前,中国人的翻译活动基本上限于佛经翻译,到了明代万历年间才出现了介绍西欧各国科学、文学、哲学的翻译作品,如徐光启和意大利人利马窦合作翻译了欧几里得的《几何原理》。鸦片战争前后,有了魏源等人介绍英、美、瑞士等国的议会制度,林则徐请人翻译了瑞士人瓦特尔编的《万国公法》,但大量翻译介绍西欧经济、政治学说则是戊戌变法之后,而其中最大贡献者当属清代"新学"的重要代表人物严复。严复先后翻译了赫胥黎的《天演论》、亚当·斯密的《原富》、约翰·密尔(旧译穆勒)的《群己权界论》、孟德斯鸠的《法意》等欧洲近代的经典著作,开启了引进现代政治观念的大门。严复在从事翻译实践的同时,总结了翻译的经验,提出了翻译的标准,这就是他在《天演论》卷首的《译例言》中提出的著名的"信、达、雅"。尽管今人对"信、达、雅"这三个字的理解比当初严复的解释已经有了很大发展,但"信、达、雅"作为对翻译水准的追求一直为负责任的译家所认同和坚守。人们接触域外的政治学原著先是阅读,但容易被忽视的是能阅读不等于能翻译,从阅读到翻译之间其实有相当的距离,要经过十分艰难的努力,要求译者的专业知识和双语语文都达到相当的水平。一般的阅读,可能并不一定要把每一句话都读懂,可以一目十行,明白其基本要义即可。翻译就不同了,必须句句到位,不仅字、词、句都得落实,疏通上下文,还要明白文字的语境,了解相关的知识和理论背景,在充分理解了原文后,要用自己的母语准确、顺达地表达出来,这就不容易了。不少人都有这样的感受:有时阅读一本译著,读了半天却读不大懂,文字别扭,语义不通,如果找来其原著看看,反而一读就懂了,这时就免不了会质疑译者的水平和责任心。因此,瞧不起翻译的想法当然是要不得的,而对于译者来说,忽视翻译的艰难,随意下手更是要不得的。

三十年前,国门打开,迎来了中国历史上的第四次翻译高潮,翻译介绍的领域遍及科学技术、人文社会等各个领域,翻译出版空前繁荣。武汉大学的政治学同仁这些年来一直积极致力于介绍外国的政治制度和政治学说,翻译了一批有影响的外国学者的政治学著作,如《美国式民主》、《多头政体》、《比较政治:理性、文化和结构》、《财政危机、自由和代议制政府》、《预算民主,美国的国家建设和公民权(1890—1928)》、《权力与财富之间》等,同时,为了提高翻译质量,我们在研究生中开设了"政治学英文文献翻译技巧与实践"课程。"政治发展与民主译丛"就是武汉大学政治学同仁在多年努力的基础上推出的一个翻译系列。我们希望,这个系列的推出将为中国的政治发展和政治现代化、民主化的进程有所贡献,我们也希望,这个译丛能够为中国的政治学发展有所贡献,并得到学界的检验、批评和指教。

谭君久

2011 年 8 月于珞珈山麓

致　　谢

　　编者谨在此向欧洲政治研究协会表示感谢,他们帮助组织并资助了有关"民主化指数"的研讨会,本书正是此次研讨会的成果。同时,也向约瑟夫·朗特里慈善基金(Joseph Rowntree Chartable Trust)表示感谢,它赞助了此次研讨会的部分与会者,并对英国的民主审计进行了经费支持,而这一审计主题占据了本书的三个章节。我同样也要感谢夏洛特·威廉姆斯(Charlotte Williams)对于最终打印稿所做出的准备工作,以及塞奇出版公司(Sage Publications)的齐亚德·马拉尔(Ziyad Marar)和罗伊纳·伦诺克斯(Rowena Lennox)帮助本书顺利出版的不懈努力。

戴维·比瑟姆

目　录

导　论

戴维·比瑟姆

戴维·比瑟姆(David Beetham)：政治学教授，英国利兹大学民主化研究中心主任。他著有一系列关于政治学理论的书籍，包括《权力的合法化》。

20世纪80年代后期以来，随着全世界范围内民主化的新阶段的到来，人们对于如何定义和评估"民主"及"民主化"的兴趣又被重新激发了。某个既定国家迈向民主的进程应该用什么样的标准或基准去评估呢？民主主体(democracy Subject)的相对水平能够测量到何种程度？如果能够测量，又该用何种测量方法，以及精确度如何？相同的标准能否同时适用于民主制度已经确立的国家和民主制度正在发展中的国家？我们是否需要一套与评定民主程度不同的标准来评估民主的持久性？西方学者使用的标准是种族中心论的还是具有普适性的？这些问题一旦进入哲学、分析和经验的层面，不仅能够引起政治学家的兴趣，也能引起政府和那些富有知识的公民们(informed citizens)的兴趣。政府正在将"民主和人权"的进展作为它们考虑援助政策的一项因素，而那些公民则十分关心本国的民主水平或质量。

本书的各章最初是以论文的形式出现于1993年在荷兰莱顿举行的欧洲政治研究协会"民主化指数"学术研讨会上。事实上，评估一个国家民主程度的指数，在政治学学科中有着很长的历史渊源。其中，具有特别影响力的是罗伯特·A.达尔(Robert A.Dahl)的《多头政体》(1971年)一

1

书，书中区分了民主的两个不同维度：公开辩论或竞争的维度，以及参与或包容的维度，这两个维度是根据八个独立的制度保障或者指标评估的。之后的作者，如 K.A.博伦（K.A.Bollen，1980，1991）、R.D.加斯蒂尔（自由之家年度调查的作者，参见 R.D.Gastil，1991）、以及阿克塞尔·哈德纽斯（Axel Hadenius，1992），他们发展并巩固了这些指数，依次区分了选举过程中民主的两个关键维度，一个是选举过程的有效性和包容性程度，另一个是民权保护和政治自由。

本书的主要内容在许多方面具有独特性。首先，注重将民主指标的评估置于最广泛的民主及其含义的理论性探讨之中。迈克尔·塞沃德（Michael Saward）将政治平等和回应视为民主的关键原则，他指出，这将导致在任何一项民主指数中，对于政治参与、行政规制和主要社会权利的包容范围都有了更严格的标准。比瑟姆对民主的分析依次超越了选举程序、公民权利或自由等维度，将民主的维度扩展到包含开放和负责任的政府，以及文明而民主的社会等方面。他的分析表明，通过检验各指数实际的有效程度，而不仅仅局限于政治权利和机会等形式上的平等，政治平等的指数将更为严格。杰兰特·帕里（Geraint Parry）和乔治·莫伊泽（George Moyser）的章节通过将参与概念严格地分解成各个构成要素，并运用他们对当前英国参与的研究得出的证据，证明公民参与作为一项民主指数的复杂性。这些文章用不同的方式都显示了概念分析对在特定背景下进行民主评估的价值。

本书的第二个独特之处是对各种目标进行了区分，这些民主指数正是为这些目标服务的。其中一个目标是解释性的，即评估一个国家民主的水平和持久性在多大程度上是由关键的社会经济变量所决定的，如经济发展水平或社会平等程度。正如之前的著作所指出的，这样的一个方案需要大量的案例用于数据分析和比较（比如，参见 Bollen，1979；Jackman，1974；Lipset，1959；Muller，1988；Smith，1969；Vanhanen，1984）。这是哈德纽斯的著作所基于的传统。他在本书中的章节将兴趣的焦点从解释第三世界国家民主的水平转移到了民主持久性的问题（Hadenius，1992）。他的方法创造性地结合了制度和社会经济变量，通过对三十多个国家进行分析后得出结论：选择行政人员的方法和经济发展程度对于解释民主持久性具有重要意义。

　　民主指数的另一个不同目标可以更加直观地评估，并且是实际的或者政策导向的，无论是对于既定国家内的政治行动者，还是对于那些在政局之外想要了解自己与他人比较时处在什么位置的人而言，都是如此。这些指数或许可以像在自由之家的调查（Freedom House surveys）中那样被聚合到总体的定量指标中，或是被分解处理和从质量上定性评估。约根·埃尔克里特（Jørgen Elklit）的章节对五个国家的选举民主进行了详细比较，并直接针对运用的不同指数适用于何种测量方法的问题进行了深入分析。他的结论是：存在于国家间的唯一可能的比较是按照一种有序的、多维度的指标进行测量；并且，我们应该避免将不同的指数并入一个指标，因为分配给每一个指数的权重是富有争议性的。

　　民主指数的一项新发展是为了满足某个国家的民主"审计"这一目的。本书有三章内容产生于英国民主审计的执行工作。比瑟姆的那一章解释和澄清了"民主审计"概念；斯图尔特·韦尔（Stuart Weir）通过一些关键的民主指数，对英国和几个西方民主国家进行了系统性的比较。他的比较有助于确定和定位英国政治体系的独特之处，以及从民主的角度而言哪些是最具缺陷的方面。从这种最宽泛的比较出发，帕特里克·邓利威（Patrick Dunleavy）和海伦·马吉茨（Helen Margetts）的一章集中比较研究英国与其他国家的选举民主状况。他们的"经验"方法在将国家数据分解为区域和地区数据，以及试图确定地方一级的人们对于选举不平等有怎样的感受这两方面有了新突破。作者指出，在跨国比较中，当将地区指数再次聚合到国家层面时，这些经验方法产生了与标准"制度"方法显著不同的结果。

　　邓利威和马吉茨的一章巩固了埃尔克里特的论点，即对一个国家表现出的任何定量测量的基础都要认真地鉴别和论证。同时，我们还需要区分指数是否能够用定量方法提供兼具准确性和客观性的真实测量。基于本书的证据，我们或许可以制定两条规则：（1）我们应该特别注意由定性分析转化成精确分数产生的定量分析，例如对一个国家公民自由状况的测量；（2）任何比较的首要目标越是关注可以准确的评估，而不是解释，那么使不同的指数处于分散的形式，而不是把它们聚合成一个分数或顺序就越为重要。

本书最后两章通过质疑是否有文化上中立的民主概念作为支撑,对在民主指数的建立中企图进行跨国比较的计划提出了更加彻底的批评。尼克拉·比约科夫(Nikolai Biryukov)和维克多·谢尔盖耶夫(Victor Sergeyev)认为,因为不同的文化对于民主的理解不同,如果我们想要评估一个既定国家的"民主进展",只能根据相关的政治代理人(political agents)所提出的民主含义才能完成,而不是参照抽象界定的标准或指数。这个结论经由两方面的考虑得到了论证:一是俄罗斯的政治文化,二是就大众意志所界定的民主概念的立场而言,西方政治传统的关键因素似乎是不民主的,而不是相反。海库·帕雷克(Bhikhu Parekh)的主要内容是对西方政治传统本身的重新审视,以及在文化多元的视角下,对"自由民主"中自由要素的重新解释。他认为,自由主义如今不应被仅仅理解为个人权利的抽象概念,而是更多地作为不同文化共同体之间,以一种相互包容的精神,对彼此之间的差异进行持续的协商与协调的一个框架。帕雷克得出结论,这种观点对于任何民主指数应如何界定和理解具有重要影响。

综上所述,本书的全部要点在于对已经发展成为比较评估和测量民主的各种指数提出各种问题。从民主理论和概念分析的角度来看,一些支持和巩固这些指数的设想似乎过于简单化了。从已经确立的民主政体的批判性评价角度来看,这些指数将现有实践视为民主的最高成就,似乎过于自满。与此同时,对定量分析范围的细致评估表明,民主的特征哪些可以测量,哪些不可以测量,以及适用于哪种定量分析等问题,我们都需要更为清晰的分析。最后,从非西方社会的立场来看,质疑的焦点在于作为比较评估主要内容的民主是否只有一种模式,还是民主本身就存在多种模式,且每种模式都可以运用自己的方式来评估。总之,本书的所有章节对于后冷战时期政治体系的比较评估及其方法论的发展做出了极其重要的贡献。

参考文献

Bollen, K.A.(1979) "Political democracy and the timing of development," *American Sociological Review*, 44:572-587.

Bollen, K.A.(1980) "Issues in the comparative measurement of political democracy," *American Sociological Review*, 45:370-390.

Bollen, K. A. (1991) "Political democracy: conceptual and measurement traps," in A.Inkeles (ed.), *On Measuring Democracy: Its Consequences and Concomitants*, New Brunswick, NJ and London: Transaction Publishers, pp.3-20.

Dahl, Robert A.(1971) *Polyarchy: Participation and Opposition*. New Haven, CT and London: Yale University Press.

Gastil, R.D.(1991) "the comparative survey of freedom: experiences and suggestions," in A.Inkeles(ed.), *On Measuring Democracy: Its Consequences and Concomitants*, New Brunswick, NJ and London: Transaction Publishers, pp.21-46.

Hadenius, A. (1992) *Democracy and Development*, Cambridge: Cambridge University Press.

Jackman, R.W.(1974) "Political democracy and social equality: a comparative analysis," *American Sociological Review*, 39:29-45.

Lipset, S.M.(1959) "Some social requisites of democracy: economic development and political legitimacy," *American Political Science Review*, 53:69-105.

Muller, E.N.(1988) "Democracy, economic development and income inequality," *American Sociological Review*, 53:50-68.

Smith, A.K.(1969) "Socio-economic development and political democracy: a causal analysis," *Mid-West Journal of Political Science*, 30:95-125.

Vanhanen, T. (1984) *The Emergence of Democracy*, Helsinki: The Finnish Society of Sciences and Letters.

第一章
民主理论与民主化指数

迈克尔·塞沃德(Michael Saward):伦敦大学皇家霍洛韦学院,政治学讲师,他目前致力民主理论和绿色政治理论的研究。他是《同化性政治与国家合法性》(*Co-optive Politics and State Legitimacy*)一书的作者。

民主化的指数只有置于一种完整的民主理论中才能被人们所理解。在这一章中,我将聚焦于民主的界定与正当化、民主的条件,以及就特定的政治制度和政治实践而言,这些条件对民主主义者提出了什么样的要求,并对这一完整的民主理论进行概述。

定 义 的 问 题

显然,民主的特性只有在民主得到充分界定后才能被推导并列出。那么,界定民主最好的方式是什么呢?

首先,可能也是最常见的,我们可以着眼于那些通常被称作民主政体的国家,并根据这些政治体系的某些特征来界定民主。[1] 然而,这种方法受制于一个同样常见的缺陷。通过归纳任何一个政治单位或是任何一个政治单位的子单位的实践来界定民主(这已被称作定义谬误[2]),是不合逻辑的。从一个稍微不同的角度来考虑同一问题,我们便可以同 A.瑞安(A. Ryan)进行争辩,瑞安认为:"就任何特定国家的政治而言,界定民主毫无用处,因为我们不能再因为其民主而赞扬这一国家。我们不能基于定义而是应该基于政治创设(political contrivance)的社会质量而赞扬这一社会。"(1970:29)一种词源学的定义方法对我们来说似乎更为适用。"人民的统治"(rule by the people)这一措辞十分含糊,并且对于极其多样的解读保持开放性(Hadenius,1992;Held,1987;Lively,1975)。

更有前景的路径可能是根据某些基本原则来界定民主。比瑟姆力图将包含在民主的历史概念中的"人民的统治"的核心观念或原则分离出来(1993:6)。他把这些观念和原则视为"大众控制"(popular control)和"政治平等"。哈德纽斯采取了一种类似的方法,并且得出了"政治民主"的概念,这一概念认为公共政策"是在所有个体都被平等对待的条件下,由人民自由表达的意志所控制的"(1992:7-9)。在 J.莱夫利(J.Lively,1975:49-51)精确地描述包容性公民权和政治平等的标准时,B.霍尔登(B.Holden,1988:6)则将民主归结为人民主权。

毫无疑问,这里的每一个核心原则都直接指向"人民的统治"。然而,同样地,即使在我们非常有限的样本中,不同的作者从这个核心原则中分离出不同的(系列)原则。我们所提出的三个原则(平等、主权/控制和包容性)是否都应该视为核心原则,还是只有其中一个或是两个是核心原则?正如 G.萨托利(G.Sartori)所言:"存在一系列特征或性质可供选择,不仅包括多数原则和参与,而且还有平等、自由、共识、强制、竞争、多元主义、宪政,以及更多。"(1987:184)

那么,我们该何去何从? 我认为,二者必居其一的选择要么是退回到基本争议(essential contestability)[3]中去(也就是说,放弃),要么就是去寻找可以论证采用某些原则作为基本原则的正当理由。在以上引用的四位作者中,只有比瑟姆是这样做的。他写道:

> 第一个原则[大众控制]是以我们作为自决代理人而给予人民的价值作为支撑的,自决代理人对于影响人们生活的议题应当拥有发言权;第二个原则[政治平等]基于一项假设,即每个人(或者说至少

每个成年人)都具有同等的自决能力,并因此具有影响集体决策以及在决策时考虑自身利益的同等权利。(1993:7)

即使这种努力也回避了一系列问题。为什么"自决"需要的不是无政府状态,而是民主政治(或是任何其他中央集权的政治结构)?为什么、以及在什么基础上我们能够假定人们拥有同等的自决能力?哪一类的人民利益诉求是值得"考虑"的(包括真实的、感知到的、被揭示出来的或是一些其他的)?有"影响力"以及某人的利益被"考虑",这些是否与实质性的公共政策中实际上被忽视的利益相矛盾?

虽然这一方法不是很充分,但它的确提示了我们应当如何进行民主的界定。实质上,我们需要更加严格地论证对于以上那些原则的取舍。界定民主是一项政治行为,其包含的假设必须证明是真正有价值的,且这一证明必须明确并令人信服。我们需要的是民主的这样一项定义,这一定义不是在理论分离中形成的,而是嵌入一个论证并阐明了民主概念的理论中,并且这一理论属于界定过程中的一部分。如果对于有关共同体和人民的本质缺乏论证,且这一论证可以让这一假设变得更为合理(或是不可避免地更强有力),那么我们就不应当将容易被反驳的基础平等(foundational equality)视为民主的一个核心原则。

论证和界定民主

论证民主最简便而现成的方式是从一项论断出发,这一论断是说,在一些重要的方面人人平等。根据这一论断,在政治的某些特定方面,每个人都必须被平等对待。证明这种基本平等最直接的方式就是:例如说,假设我们所有人都有同等的自决、理性或制定生活计划的能力。政治平等的某项可接受原则一旦形成,它就可以用于界定和论证民主。更进一步讲,它可以被用于推演民主在逻辑上的必要条件(以及民主指数)。以达尔为例,这种方法的特征体现在他的《民主及其批评者》(1989)一书的努力中。在这本书中,达尔将其"内在平等思想"设为公理。

　　然而,对于人类平等的基本论断,民主的批评者同样有现成的回答。他或她会说:"人类显然不是平等的。很明显,如果他们共享理性或者自决的能力,那么他们进行共享的方式是复杂的且不平等的。人们在品味、偏好、看法以及形成自身信仰的过程等方面,是不相同的。"批评者可能会继续争辩,"忽略关于基本平等在宗教和精神层面的讨论,并基于人类明显不平等的方面建立政治实践和制度,要好得多"。在某个不平等结构被普遍接受的社会中,使许多人相信民主是最佳政府形式的可能性将会大大降低。

　　民主的令人满意的论证是否可以基于不同的(有人或许会持更加怀疑的态度)基础?[4]我相信可以。下面这段论述作了必要的简化,但我希望它至少可以表达出争论的意味。

　　在没有民主选举的情况下,主张一个政治共同体应当由某一个人或者少数人群体(minority group)来统治(也就是说,这群人至少需要作出某些有约束力的集体决定),这可能得需要众多的基础,尤其是性别、年龄、阶级、种族、宗教、军事力量和知识(参见 T.L.Thorson, 1962:135)。[5]这些主张大部分可以被归结为一个常见的观点:具备某些特定特征的个人或群体,要比其他人和群体更加了解适合某一共同体的政治路线。[6]无论这些宣称某些人拥有优越知识的观点运用了怎样严谨的形式,一旦这种观点在原则上得到接受,那么民主看起来就不会具有一种稳固的基础。正是这些宣称以优越知识实现政治正确的观点还需要接受检验:只是因为某一个人或者少数人群拥有优越的知识,就可以说他们有资格统治其他的人吗? 起初,这一问题可以转化为以下形式:所有宣称必须具备优越知识的观点,是否必然容易发生错误?

　　在哲学层面,易错论者(fallibilist)主张,我们绝无资格认为我们的知识(无论是在道德层面还是事实层面)是不容怀疑的。正如 T.L.托尔森所指出的,易错论的原则是"不要说我们永远无法了解真理,相反,我们永远没有理由表现得好像我们了解真理一样……我们永远没有理由拒绝考虑自己错误的可能性"(1962:122)。在约翰·斯图尔特·密尔(John Stuart Mill, 1912)的著名论断中,尽管其论断对于"我们的知识论主张是否事实上必然错误"这一问题显得比较含糊,易错论还是因其社会影响力而备受重视。正如 C.S.皮尔斯(C.S.Peirce)所说:"易错论的信条是,我们的知识从来不是绝对的,而总是摇摆不定的,可以说,处在不确定和不精确的连续统一体中。"[7](1940:356)

从表面上看,易错论提供了一个引人关注的"怀疑论"基础,以此基础可以论证开放型政体(open-ended polity)的正当性。开放型政体恰恰因为没有一个人的观点能够凌驾于他人的观点之上,因而促进了自由与批判的蓬勃发展。然而,易错论者观点的力量仅仅适用于有限的一类认为优越知识(superior knowledge)具有特殊权利的主张,我将这类主张称为非偶发性的优越知识(non-contingent superior knowledge)。非偶发性的优越知识是指不局限于任何一个或一系列政治共同体作用领域内的知识(例如健康状况、教育和精力)。[8]我的观点建立在这样一项事实基础之上:跨越共同体的政治是与整个共同体、对共同体的理解以及共同体内部的产品相关联的。在为这些观念——确实存在这么一个活动领域,且易错论者的原则击败了非偶发优越知识的观点——辩护之前,我们需要思考,主张我们应当承认偶发知识这一观点,是如何克服易错论者的反驳的。

我们通常有很好的理由承认优越知识具有一系列的特殊权利,这些主张大部分出现在专业领域、技术层面以及偶发性知识的领域。汽车修理工比我更加懂得如何修理我的汽车;核工程师比我更加了解如何建造一个核废料的再处理工厂;社会工作者比我更加了解如何处理离家出走的青少年。我们仍然可以成为一个易错论者,并承认多种偶发性优越知识的主张——特别是在某些特殊情境下有效的知识——因为易错论并不以知识水平相等或者人们具有接近真理的同等能力为信条。

当然,这是一个很古老的话题,至少要追溯到柏拉图,他主张,关于应当如何管理政治事务的这类知识,与众多其他技术性或专业性的任务所需的知识并没有本质区别。这一观点认为,政治范畴就是偶发性优越知识的范畴:有相关技能的人正是因为对那些技能的掌握而通常比其他人更加擅长。如果真的是这样,那么政治领域内主张优越知识的某些观点就能够摆脱易错论者的批评。如果易错论的原则被用于论证政治平等以及进一步的民主,那么我们将需要明确:政治作用的领域是只有非偶发性优越知识的观点才适用的领域。这意味着必须认定:在一个确定的共同体中,政治与其他领域相比,是一个有显著区别且性质完全不同的活动领域。并且,明确共同体中某一个或者其他从属领域内的偶发性优越知识的主张并不能纳入政治领域之中。

迈克尔·沃尔泽(Michael Walzer)在《正义诸领域》(1983)一书中的关键论点就是:我们可以认识到,某些特定人群能够合法垄断特定社会物品的控制,主要是因为在社会物品的特殊属性和合理分配方面,某些社会物品的社会性理解中包含了对专业技能或者优越知识的认可。当然,对沃尔泽而言,政治权力是一个与其他领域性质完全不同的社会活动领域。他写道:

> 政治权力是一种特殊的物品。它具有双重特点。首先,它就像男男女女们制造、估价、交换和共享的其他东西,有时处于支配地位,有时不是。有时被普遍拥有,有时为少数人所专有。其次,它又与其他所有的东西不同,无论它怎样存在并且无论谁拥有它,政治权力通常都是社会物品的管制机构(regulative agency)。(1983:15)

这表明,政治是一个与其他领域性质不同的活动领域,因为它是其他领域的"管制机构"。这种方式是否将政治构建成了非偶发性优越知识的领域呢?从根本上讲,它并没有做到这一点。我们可以提出这样理由,例如,健康状况和教育水平"规制"其他活动领域,两者中都含有一些条件,这些条件能够严格限制某一群体或个体在其他领域(包括政治)中的繁荣发展。"规制"一词的内涵很可能是非正式的(文化层面的)而不是正式的(法律层面的),但是这一观点仍然成立。

然而,除了"规制"的论证之外,还有其他三项论证推进了将政治构建为性质不同的活动领域。我将分别将它们称为隐含论证、累积论证和时间论证。

隐含论证(implication argument)表明,政治是唯一一个与政治共同体内其他所有领域都有关联的活动领域,它广泛涉及财富分配、社会地位、教育或者卫生领域。[9]为了表明这一点,我们需要在沃尔泽观点的基础上,进一步发展其观点,因为他将政治权力视为一种"停留"在其他活动领域边界的事物。

首先,我们可以根据概念来论证,社会物品的创造与合理分配形式依赖于社会理解,依赖于社会利益。沃尔泽认识到,要求垄断社会物品"构成了一种意识形态"。反过来,意识形态根源于利益观念。关于认识到的这种或那种特殊活动领域以及现存的诸种理解,这些相关看法本身就是某些特定利益显现的结果。在利益受关注的地方,领域的构建(以及领域内恰当的专业知识的准确性质)也会因此受到关注,政治领域也是如此。"政治的原料"——权力、冲突和利益——事实上成为任何一个活动领域的核心,并不是(不能)停留在半自主的利益领域的边界。

总之,以沃尔泽的逻辑(不是在他的实际叙述中),政治深入而不可避免地隐含在其他活动领域之中,它并不是一种局限在某一特定社会子领域(sub-communal domain)内的偶发性专门知识领域。

累积论证(cumulative argument)表明,其他所有领域内政治的作用累计起来要大于政治各个部分的作用之和。例如,在达尔(1989)所称之为的"现代动态多元主义"(modern dynamic pluralist)社会中,考虑在给定的某个时刻理解政治的复杂性所花费的努力,我们可以定位并尝试总结在大量独立的活动领域内政治斗争的特性。假设这能够实现,那么我们就能够在尝试获得共同体内政治权力性质的总体情况时,将这些特性作为一个整体"累加"在一起。但是,即便我们能够做到这些,总体情况也是相当不完整的,因为除了各领域之间相互作用中政治复杂性的特别层面以外,我们也没有能够将各领域间的边界斗争所包含的政治因素考虑进来。政治并不"仅仅"是在围绕某些特定社会物品建立的不同活动领域内,关于政治的本质和不同的政治权利主张,也涉及它们之间多方面的相互关系。

时间论证(temporal argument)在以上观点的基础上,增加了领域内部和领域之间政治随时间变化而变化的效应。由于领域间和领域内的关系之总和随时间不断变化而变化,政治的复杂性程度会随着时间的发展而大幅度增加。政治不仅仅包含在 t 时刻和 t＋1 时刻,各领域及其相互作用会呈现某种差异,也包含当时间达到 t＋1 时事物转变至新状态的信息。理解这种转变需要更多地考虑到复杂的——而且是性质截然不同的——政治权力的本质这个因素。

总的说来,这些论证不仅将政治构建为一种与其他所有事物的形态截然不同的活动,而且还可以通过大量程度上的差异将其辨认出来。我的观点是,政治领域并不是宣称和论证专门的优越知识具有偶发性权利具有正当性的领域。相反,它是这样的一种领域——在这个领域中,只有非偶发性的权利主张才在原则上被接受。[10]但是,由于易错论的原则表现出不接受任何宣称非偶发性优越知识的权利主张,因此,所有关于政治的优越知识的权利主张必然失败。

在这一观点中隐含了另一个有关利益的观点,需要详细说明。从一个稍微不同的角度来看待上文表明的观点,我们先姑且承认(简要且正式地提出),在面对某一问题(X)时,一个权威当局(political authority PA)具有关于什么才是符合一个公民(C)利益的正当的偶发性优越知识。但是,在某个时刻 t,C 的利益总和不单纯由对 X 的判断构成的,还有对 X_1,X_2……X_N 的判断。考虑到上文的观点,在 t 时刻时 PA 关于 C 的利益的知识可以扩展至 X_N,这一想法是值得高度存疑的。即便可以做到,那无论怎样也要考虑到另外的相关因素,例如,C 在 X 中的利益可能受到他在 X_1 和 X_2 中的利益影响。即使 PA 在这一时刻拥有超凡的知识,它的工作也仍会在 t+1 时刻变得更加困难。在那时,除了原有的 C 在 t 时刻具有的 X_N 的知识,PA 至少还需要考虑 C 在 t+1 时刻 X_N 的知识。更进一步说,认为 PA 能够了解公民的最佳利益这一主张,基本意味着 PA 需要了解 C_N 在 t,t+1,t+2……时的利益。我们可以得出的唯一合理结论就是,如果超出了对小范围内问题的有限考量,权威当局就不可以宣称自己了解任何公民或任何公民团体的更好利益。在全面地考虑某一个公民的相关问题的过程中,当没有任何可供选择的可信观点时,个人必须被认定为其自身利益的最佳裁判者。[11]

总之,没有一个人能够问心无愧地宣称自己拥有足够的、广泛的或是永恒的优越知识,并且这些知识是:(a)关于某一政治共同体的正确路线,或者是(b)关于某一特定公民的利益之整体。个体和子群体必须被视为其自身利益的最佳裁判者,这并不是因为他们同等地拥有某些天生的特质,而是因为不存在这种特质,或者说我们缺乏认识这种特质的能力。

平 等 假 设

如果以上关于权威当局的观点被接受,那么,我们就有必要采纳并运用这样一个假设,即全体公民对于共同体内合理政治进程的决定权是平等的。我将其称为"平等假设"。采用这个平等假设的需要源于这样一个事实:没有一个坚实的基础,在这一基础上我们可以说某个人或者群体在这一领域有比别人更好的洞见。更为关键的是,这个假设包含了这样一个观点,即优越的政治知识具有非偶发性的权利主张,其正当化受制于那些民主选举产生的代表在任期内提出的主张。

平等假设与一些观点是类似的,这些观点包括我们在自决能力或理性能力上是平等的。当然,这一假设与其他一些概念是不同的,它基于(确定性的)缺乏,而不是(某些专门能力或特质的)存在。[12]就其本身而论,捍卫这一假设比捍卫其他有关事实平等(factual equality)的论断要容易,因为我们无需主张我们所有人平等地分享一种决定性特质。[13]

再次界定民主

在民主理论中,平等假设是界定民主的基础。平等假设能够合理推出的唯一一项基本规则:实质性政策以及在实质性政策下发生的政治行为和行政行为,必须与大部分公民所明确表达的偏好相一致。

这一规则可以通过对 J.D.梅(J.D.May,1978)提出的一个类似的界定规则稍作修改来实现重建。梅主张在政府行为和公民对这些行为所表达的同等重要的意愿之间,应当存在必要的一致性。基于民主的这种界定——即梅所谓的"回应规则"(responsive rule),我采用这样一个说法——我们可以构建一个连续统一体。一个政治系统实现并且只有实现了回应规则时才是民主的。

为什么平等假设要求我们集中于依据合理的结果(回应规则)来界定民主而非依据程序? 因为我们没有很好的理由不选择最有力的形式,在这一形式中,自我裁决的利益渗透进公共政策之中。如果要求我们依据程序,那就根本不能够保证公民所需求的就是他们将实质性得到的。更进一步说,集中于实质层面的回应性隐含了确立决策程序的必要性,决策程序就是设计用来确保这一实质性成果的实现。这些程序在不同情况下可能有多种形式,但是在程序未符合最大程度的回应性的情况下,其民主性将会逐步削减。

为什么在政府行为和公民意愿间应当有"必要的一致性"? 因为任何达不到充分一致性的情况表明:(a)民主之外的一些其他价值(至少是部分的)比民主决策的实现更加重要(稍后我将再阐述这一点),以及/或者(b)程序上的缺陷正在影响政治决策的民主性。随着一个独立的民主原则的"绝对"界定,我们可以看到某些更为清晰的领域,在这些领域内,无论是基于自由选择还是必然性,民主被认为应当让位于其他一些价值或原则。[14]

在回应规则的定义中,"政府行为"是指什么? 这一概念必须包含行政行为以及更加清晰的政治行为。它包含了决策,以及为了执行这些决策所设立的公共机构的结构与活动。必须牢记,实质存在于程序之中(Dahl, 1989)。从某种程度上讲,即使决策被权威当局采纳,其精确特征和决策需求仍然是不固定的。比如说,官员的自由裁量权必须纳入回应规则所要求的范围内。

这一强硬的回应规则的定义难道不是与经验相反吗? 难道不应当借助经验的现实性以明晰界定和阐释作为一个政治概念的民主吗?(例如,参见 Hadenius, 1992)现在,有一个看起来似乎非常合乎情理的观点:确实,可实现的难道不应该与我们将提出的中性的概念界定相互调和吗? 当然,这远非明智的举动,并且只会造成更大的混乱与困惑。一旦闸门打开,一旦某个作者关于(一些版本的)民主事实上到底实现到何种程度的看法,确实调和了他或她对民主的界定,那么这一界定工作就会具有荒谬的主观性。关于经验现实性的主张很大程度上取决于每个作者的个人看法。我认为这样要好得多：基于更合乎逻辑的基础，更宽泛地界定民主，然后看看一些观点为什么不一定或者在某一特定情境中不能够充分地予以实现。此外，这种主张保持民主作为一种政治价值在概念上的独立性，这种政治价值可能需要融入各种各样的实际情境之中，而这些实际情境又取决于此种情境下政治组织自身所面临的约束和机遇的范围。

在我们进一步分析这一观点前，有几个评论是恰当的。我将下列原则视为公理，即简单多数原则（simple majority rule）优于它的任何替代选择，具体包括特定多数原则（qualified majority rule）、少数原则（minority rule）或者全体一致原则（unanimous rule）。[15] 当然，在其尚未被深入探讨时，回应规则的定义并没有承认这样一个被普遍认可的理念，即多数原则自身是不充分的。在通常情况下，有限多数原则（limited majority rule）的某些形式适用于民主政治，这一点是非常清楚的。就当下的目的而言，最重要的是，民主原则的独特属性和价值（聚焦于回应性），需要单独予以理解，并被充分认可。

最后，遵循回应规则的观念，有人可能认为决策的直接形式会更被认可，而非决策的代议形式。因为与后者相比，前者在定义上几乎总是更有"回应性"。这种情况确实存在（Saward, 1993）。至少到目前为止，由于前者比后者更倾向于回应规则的最大化，这一理论严重地偏向于直接机制而非间接机制。[16] 这种理论也将民主视为一种独立价值的一部分。

自我限制的民主逻辑

回应规则并不意味着无限制的统治，或者"多数人的暴政"（tyranny of the majority）。反对这一立场的基本观点，在逻辑上是直接从平等假设和回应规则的定义中推断出来的：如果（a）就其可行性而言，回应规则应当在政治共同体中运行，并且（b）在一种简单多数统治的体制之下，回应规则可能被推翻，然后（c）为了保证回应规则的持续性，其在逻辑上所必需的因素就应当置于多数决定程序之外。[17]

因此,回应规则必须受制于特定的条件。这些条件起因于民主的内在逻辑,而非从民主中分离出来的受限制的其他价值。这是由以下观点推断出的:除非威胁回应规则自身的持续存在,就实质性政策而言,多数人的意见不起决定作用的理论是毫无根据的。

民主的逻辑性必要条件

回应规则实现不易。在我们可以说它有效发挥作用之前,必须满足多种条件。我的观点集中于逻辑上的必要条件是什么,而非经验上的必要条件(尽管这两类条件确实会出现诸多重叠)。在很大程度上,这些条件涉及权利、自由和决策机制,且每一种条件都是从平等假设和回应规则的定义中推断得出的。基本自由反映了平等假设的需要,而公民权利和参与条件反映了回应规则最大化所必需的最低限度权利(minimal right)和特定机制的需要。公开(publicity)是一个关键的背景条件,它使回应规则成为可能并且帮助公民发展见多识广和信息灵通的利益。社会权利包含了相似的理由(在下文中我将对这些理由详加论述)。如果总的论点成立,那么这些最低限度的条件加总在一起就构成了民主化指数。

(A) 基本自由

1. 每一位公民都拥有言论和表达自由的权利。

2. 每一位公民都拥有迁徙自由的权利。

3. 每一位公民都拥有结社自由的权利。

4. 每一位公民都拥有在法律面前得到平等对待的权利。

5. 每一位公民都拥有信仰自由(freedom of worship)的权利。

(B) 公民权利和参与

6. 政治共同体必须规定与基本自由相兼容的一种普遍化和标准化的合法成员身份形式。

7. 公民在参与竞选任何选举产生的职位方面拥有平等权利。

8. 公民有权被赋予平等任职的资格,并于适当之时,在非选举产生的代表和决策机构中,授予职务的同等机会。

9. 公民拥有在所有选举和全民公投中参与投票的平等权利。

10. 在任何决策机制中,公民的选票都必须具有决定性作用。

11. 必须具备确保公民能够对实质性结果进行直接投票的机制。如果选举产生的官员认为某项决定不适于直接决策,那么,提供这种不合适的理由就是那些官员的责任。

12. 必须存在一种选举制度(比如两阶段竞争)使得多数人的偏好在多重竞争(multi-sided contests)中得以表达。

13. 一旦投票选举代表,就必须在常规的、固定的周期内再次进行选举。

14. 对所有具有实质重要性的问题,必须有一个合适的部门定期进行民意调查,不论这些问题是否由代表的决策所决定。证明在某一既定问题上不遵循公民偏好的正当性,是那些由民选产生的代表的责任。

15. 民主国家必须存在所有问题必须由全民公投决定的构想,以及对于何时放弃全民公投的明确指南。

16. 所有未被明确禁止由多数人决定的问题,必须对通过某种适当的机制进行多数决定持开放态度。

(C) 行政法规

17. 必须有适用于公共机构雇员的程序规范。

18. 必须定期向公众证明公共决策得到有效实施。

19. 必须为公共决策实质性后果的实现设置一个适当的期限。

20. 对于公共机构及其功能,必须有充分制度化的诉求和救济机制。

21. 所有政府机构必须实现信息公开。提供在特殊情况下不适于完全信息公开的证据,是民选代表的责任。

(D) 公开

22. 决策、选择、观点、问题及结果的公示必须有固定且正式的程序。

(E) 社会权利

23. 每一位公民都有权享受充足的医疗保健。

24. 每一位公民都有权接受充分的教育。

　　根据一般理论的逻辑,从原则上讲,不管是多数人的意愿还是少数人的意愿,每位公民的上述各项权利和自由都必须得到保障,并且必须由司法系统来保护,而这个司法系统本身却不是多数决策程序的一部分。换言之,每一项权利或自由都必须宪法化。

　　为了证明以上所列各项权利和自由在形式和内容上的合理性,我们需要一些更深层次的论证。人们普遍关注的一点是,存在多种观点和意见,大意是认为对多数主义的限制是不民主的。尤其是很多人担心权力被转移到非民选的法官手中,而在一个民主体制中,法官的任务是解释各种宪法性的要求。根据 R.德沃金(R.Dworkin)的观点,这就是为什么"即使对它曾经的朋友和热情的崇拜者而言,'司法审查'[在美国]通常也被认为是不民主的"(1987:28-29)的原因。J.R.彭诺克(J.R.Pennock)同样指出,最高法院是"一个经常被认为不民主的机构"(1989:30)。关于宪政和民主的讨论通常开始于一个非常值得怀疑的、且通常是无论据证实的假设,即两者之间存在某种必要的张力(参见 Brennan and Lomasky,1989:2; Elster,1988:7)。显然,并不是所有对于多数决策的限制都是民主的。事实上,正如我之前所表明的,那些由于合乎逻辑(可推论的)而被接受的限制是十分特殊的,并且在数量上也很相当有限的。必须被认可和支持的并不是"先定约束"(precommitment),而是民主的先定约束(参见 Holmes,1988)。S.霍姆斯(S.Holmes)坚定地主张:"要将权力授予给所有未来的大多数人,必须有一部宪法来限制任何确定的多数人的权力。"(1988:226)虽然他的观点强调某些特定的先定约束的"赋能"(enabling)后果,但强调"民主的先定约束"的根本特质则更加重要。正如 C.R.森斯坦(C.R.Sunstein)所写的:

　　　　权利条款(right provisions)是设计用来隔离多数主义控制的某些特定领域,但它们也有其他不同的功能。无论怎样理解,对某些权利的保护根植于保障民主的意愿。言论自由和投票权就是典型的例证。多数人不能够侵犯这些权利的事实,不应当遮掩它们的民主本质。但是,在某些情况下,由于权利独立于维持民主运转的意愿而妨碍了民主进程,这些权利也可能是反民主的。(1988:328)

社 会 权 利

存在很多理由反对将任何社会(或经济)条件宪法化,并进而反对将这些社会经济条件上升为权利。第一个反对意见是,宪政是关于消极自由(negative liberties)的,如言论和结社自由;而不是积极自由的(positive liberties),如接受良好教育的权利。W.金里卡和W.J.诺曼(W.Kymlicka & W.J.Norman)写道,很多宪法专家"担心让法官来裁决政府的积极义务将会是一项激进且具有潜在危险的新举措"(1992:2)。但是请注意,这个反对意见依赖于对不同权利的一种相当无力的界定。例如,接受必要教育的权利可以被理解为一项消极权利:国家无权剥夺你接受必要教育的权利。将"公民"和"政治"的权利理解为消极权利,将"社会"权利理解为积极权利,是具有随意性的,是一个修辞问题而未涉及实质。

第二个反对意见是,这些权利条款可能使缺乏可支配资源的政府承担了太多的资金负担。这也许是这样一种情况,并不意味着这些社会权利不应当根据民主的逻辑进行宪法化。如果某个政府确实没有能力兑现这些社会权利,那么情况很可能:当民主理论被应用于政治实践时,某些可接受的贴现规则(discounting rules)可以发挥作用。

第三个反对意见是,将部分社会权利宪法化使得司法政治化。若是如此,那就顺其自然。正如上文所指出的,司法一直充当民主刹车闸的假设是错误的。我的观点是一种"相互依赖"的观点:正如金里卡和诺曼所指出的,参考T.H.马歇尔(T.H.Marshall)关于从公民权利到政治权利再到社会权利在历史中不断拓展的观念,

> 当这一进程可以被视为增加新的权利,那么它就可以被认为扩展了早期的权利。如同政治权利现在被视为保障公民权利的一种方式,社会权利也可以被视为是在为公民权利和政治权利的有效行使提供条件。[18]

最后,相互依赖的观点为一系列更广泛的社会(及其他)权利的宪法

化打开了闸门,这可能遭到反对。在这里,我将社会权利限定为特定的有关健康状况和教育水平的必备条件,因为这些权利与公民行使他或她其他基本权利的能力紧密相关。然而,我承认,以一种完全不专断的方式(non-arbitrary manner)无法指定一个明确的分界点(cut-off point)。这一退让包含了对这一看法的接受,即当我们接近"全面民主"(full democracy)的界点(这是不可能的)时,我们就进入了一个灰色地带。如果对全部社会和经济(或许还有生态环境)的权利要求都宪法化,那么"普通"民主决策的权利将所剩无几。我们可以假设,即使全面民主是可能的,它也不是特别有吸引力的,因为从某种意义上说,这是在自毁根基。[19]

民主和竞争性价值

民主——或者说部分民主——通常存在于一套独特的背景条件之下。这些背景条件可以而且将会通过很多种方式,限制民主政体所能达到的民主化程度及其特性。

在这样的背景下,我们需要考虑一系列价值或政治原则,我们可以在理论上预料到(以及在某些情况下我们可以在实践中了解到)这些价值或原则的运行与民主原则存在分歧。可以说,在一种全面的分析中,我们需要考虑以下关键价值:(a)政治稳定,(b)公正,(c)民族主义,(d)环境的紧迫性,以及(e)效能。

当我们面对相互冲突的原则要求时,是否存在一个令人满意的权衡原则来指导我们的行动呢? 事实上,并不存在这种明确的原则。一致性是一种可能(Barry,1965),但是,达成一致很有可能造成持续性地出错。另一种替代性的选择是,通过更高级别的原则标准推导出权衡法则,这个更高级别的原则标准使得两个相互冲突的次一级原则具备了某些逻辑或道德联系(Goodin and Wilenski,1984)。然而,就民主而言 ——至少就我提出的——现在根本就不清楚这种方法是否有助于我们澄清问题。在这里,民主被理解为其自身呈现出的价值。或许对其他一些可能与公平正义有关的价值而言,它们可以直接从平等假设中推导出来,那么平等就可以作为进行权衡的更高原则。

当然,可能会有人认为,在民主理论自身中包含的关键概念——比如已经适当解释过的最佳判断原则——可以用来说明进行权衡所应遵循的程序。这种方法对那些认为民主——或者至少是民主程序——代表了一项超过其他价值原则的更高原则的人,非常具有吸引力。这一主张并不是我所提出的观点的一部分。从根本上讲,我并不认为任何关于价值权衡的可靠理论都能够涵盖在民主理论的范围内。如果它们能够涵盖,这种理论就会存在于民主原则和其他冲突性原则之间。

正如一系列更广泛的社会权利和其他权利的完全宪法化——超出了以上我所说明的——可能不会总是令人满意,所以并不存在必然的迹象表明,在民主和其他冲突性价值之间,当各种价值原则发生冲突时民主一定会赢得胜利。[20] 甚至可以说,更多的民主并不一定必然就是好事。比如,假设民主和稳定性之间发生相互抵牾之时,我们有时会希望保持某些稳定性。当然,这很难说得非常清楚。我们是否真的害怕承认:在我们的政治逻辑和政治行动中,我们并不想实现完全民主? 如果我们想要获得一种清晰的民主观——如果我们想搁置其他考虑,将民主的特性和民主的价值区隔开来——那么,我们必须保持清醒的头脑,来观察民主通常是怎样融入到某些已经实现的其他关键性政治原则的意愿中去的。[21]

结　　论

这一章在有限的空间内涵盖了许多的基础性内容同时也留下了一些重要的假设来予以论证。我希望我的论证已经足以使读者们相信,民主指数所立足的原则需要审慎的论证和阐述。非常具体的指数可以根据定义和论证的抽象观点推论得出。

在政治的领域,没有人能享有特权。回应和平等是——或者至少说应该是——政治合法性的关键。一旦我们梳理出民主究竟是什么以及它对公民和统治者提出了什么要求,我们就可以清楚地理解全球各地民主主义者面临的重大任务。或许,我们甚至能够对他们的实践努力做出应有的贡献。

注　释

除欧洲政治研究国际协会(ECPR)"民主化指数"研讨会的参与者之外,作者还要感谢伦敦大学政治哲学研究小组的成员,以及参加伦敦政治经济学院政治哲学研讨班的研究生,感谢他们诸多有益的评论和批评。

1. 关于这种方法的变量,可参见 A.利普哈特(Lijphart, A. 1984:2)和 J.A.熊彼特(Schumpeter, J.A. 1952:269)。

2. 这种观点的讨论参见 B.霍尔登的著作(Holden, B. 1974:6)。

3. 在这种背景下对"本质上有争议问题"(essential contestability)的讨论,参见(Arblaster, 1987:5-8)。

4. 一种广义的怀疑论观点并不意味着是一种"后现代的"论证(参见 Saward, 1994)。

5. 在美国、英国、法国和德国政治体系的发展过程中,这些和其他相对照的观点得到了强有力的证明,参见(Levin, 1992)。

6. 这十分切合沃尔泽的观点:"所有支持排它性规则的观点,以及所有反民主的观点,如果它们是严肃认真的,那它们都源自于专门知识优越的观点。"(Walzer, 1983:285)

7. 现在,易错论在哲学中是得到普遍公认的,L.劳丹认为"我们现在全是易错论论者"(Laudan, L. 1990:133)。K.波普尔(Popper, K.)这样表述:客观意义上的真理——比如与事实相符,以及将其作为规范原则——可以被比作隐藏在云雾中的永恒或几近永恒的山巅。攀爬者可能不仅在爬上山巅上存有困难——由于他可能无法区分隐藏在云雾中的主峰及次峰,他也可能并不知道何时能够到达。(1983:185-186)波普尔的善意批评是比波普尔自身观点更为彻底的易错论。例如,I.拉卡托斯(Lakatos, I.)认为:"温和的、未经证明的'理论'与坚实的、已经证实的'经验基础'之间不存在明确的分界线:所有的科学命题理论上都是易错的,并且无可矫正。"(1980:16)

8. 我借用了沃尔泽"领域"(sphere)这个术语,他用"领域"来区分某个共同体内围绕着不同的社会产品(social goods)而产生的互动过程。

9. 这涉及采用一个宽泛的"政治"定义。如果政治关乎权力,而权力是一个无所不在的现象(参见 Foucault, 1980),那么诸如医疗、卫生和教育就都是政治的。近年来,为了帮助建立更加宽泛的"政治"概念,女权主义的研究者做出了最大的努力(参见 Pateman，1987)。

10. 人们可能会反对这样一种情况:此处所考虑的极度复杂性要求政治领域内更多偶发而专门的知识。但正如 J.德赖泽克(Dryzek，J.1990)所说,"描绘"这种复杂性的过程是一项完全主观的任务,且最终不单独受制于任何专门的体制设计。在更宽广的政治决策领域中,考虑到偶发事件和优越知识的唯一政治体制,将是一种实施有效功能性代表和自治的高度分权体制。我不了解历史上这样体制的具体情况,也不明白它如何能与政治当局的领土基础相协调。

11. 关于"最佳判断原则"(best-judge principle)的详尽讨论,参见 R.E.古丁(Goodin，R.E.1990)。

12. 为了替民主寻求一种正当化的理由,此处似乎采用了一种太过"消极的"路径。公民似乎被剥夺了那些通常由自治权的普遍断言或者理性能力赋予他们的光鲜尊严。当然,这一反对意见站不住脚。首先,由于自身产生方式的原因,平等假设并不缺乏规范性力量。我们必须在论点中而非论点假设的特性中寻找弱点。再次,正如 B.巴伯(Barber，B.1984)所明确指出的,对民主的怀疑观点可以通过强调颠覆鲜有争议的理论神话所具备的解放性特质,而呈现出十分积极的论调。

13. 一些作者得出了一种相似的观点,但却转而主张一种根本性的平等,或者转而假定:如果许多人相信我们在一些重要的方面是平等的,那也就够了。例如,参见 A.博特威尼克(Botwinick，A.1985)和达尔(Dahl，1989)的论证。

14. 这个更为严密的定义应当有助于增加"将民主概念作为一个比较分析的工具"的价值。

15. 对多数原则的论述参见达尔(Dahl，1989)、莱夫利(Lively，1975)、I.麦克莱恩(McLean，I.1987)和 E.斯皮茨(Spitz，E.1984)。

16. 直接民主机制——最明显的是全民公投——并不一定需要更小的政治单元(Sward，1993)。民主理论的一个关键任务是探知一个既定的政治单元是否实施了民主治理,而非询问政治单元本身的"既定性"(givenness)。

17. 参见 J.埃尔斯特对自我约束(self-binding)的讨论(Elster，J.1988)。

18. 参见罗尔斯对"自由的公正价值"的论证(Rawls，1972:204，225-226)。

19. 对比 B.威廉姆斯的观点:一贯地应用机会平等原则可能会导致"一个极为不人道的社会"(inhuman society)(Williams，B.1962:130-131)。

20. 民主理论的这种研究路径导致普遍主义和特殊主义观点之间形成了妥协与折中(参见 B.帕雷克的延伸讨论,Parekh，B.1993)。如我所主张的,民主确实包含了某些对其支持者不可避免的承诺。然而,在某个既定的政治单位(比如,一个民族国家)中,那些可能被用于修正或者削弱民主实现程度的其他价值,可能在不同地方存在显著差异。并且,对于这些价值而言,民主主义者必须既有所怀疑,同时也给予良好的尊重。

21. 值得指出的是,通常看来,如此处所示,对民主理想的大幅度淡化依然会留给我们一个比当代英国远为民主的政治体制。

参考文献

Arblaster, A.(1987) *Democracy*. Milton Keynes: Open University Press.

Barber, B.(1984) *Strong Democracy: Participation Politics for a New Age*. Berkeley: University of California Press.

Barry, B.(1965) *Political Argument*. London: Routledge and Kegan Paul.

Beentham, D.(1993) *Auditing Democracy in Britain*. Democratic Audit Paper No.1 Human Rights Centre, University of Essex, Colchester/Charter 88 Trust, London.

Botwinick, A.(1985) *Wittgenstein, Skepticism and Political Participation*. New York: University Press of American.

Brennan, G.and Lomasky, L.E.(1989) "Introduction," in G.Brennan and L.E. Lomasky (eds.), *Politics and Process*. Cambridge: Cambridge University Press. pp.1-10.

Dahl, R.A.(1989) *Democracy and Its Critics*. New Haven, CT and London: Yale University Press.

Dryzek, J.(1990) *Discursive Democracy*. Cambridge: Cambridge University Press.

Dworkin, R.(1987) "what is equal? Part 4: political equality," *University of San Francisco Law Review*, 22(1):1-30.

Elster, J.(1988) "Introduction," in J.Elster and R.Slagstad(eds.), *Constitutionalism and Democracy*. Cambridge: Cambridge University Press. pp.1-17.

Foucault, M.(1980) *Power/Knowledge*(ed. C.Gordon). New York: Pantheon.

Goodin. R.E.(1984) "Liberalism and the best-judge principle," *Political Studies*, 38(2):181-195.

Hadenius, A.(1992) *Democracy and Development*. Cambridge: Cambridge University Press.

Held, D.(1987) *Models of Democracy*. Cambridge: Polity.

Holden, B.(1974) *The Nature of Democracy*. London: Thomas Nelson.

Holden, B.(1988) *Understanding Liberal Democracy*. London: Philip Allan.

Holmes, S.(1988) "Precommitment and the paradox of democracy," in J.Elster and R.Slagstad(eds.), *Constitutionalism and Democracy*. Cambridge: Cambridge University Press. pp.195-240.

Kymlicka, W. and Norman, W.J.(1992) "The Social Charter debate," in *Network Analysis no.2*. Ottowa: University of Ottowa.

Lakatos, I.(1980) *The Methodology of Scientific Research Programmes*(eds., J.Worrall and G.Currie). Cambridge: Cambridge University Press.

Laudan, L.(1990) *Science and Relativism*. Chicago, IL: University of Chicago Press.

Levin, M.(1992) *The Spectre of Democracy*. London: Macmillan.

Lijphart, A.(1984) *Democracies: Patterns of Majoritarian and Consensus Government in Twenty-One Countries*. New Haven, CT and London: Yale University Press.

Lively, J.(1975) *Democracy*. Oxford: Blackwell.

Mclean, I.(1987) *Democracy and New Technology*. Cambridge: Polity.

May, J.D.(1978) "Defining democracy: a bid for coherence and consensus," *Political Studies*, 26:1-14.

Mill, J.S.(1912) *Three Essays*. Oxford: Oxford University Press.

Parekh, B.(1993) "The cultural participation of liberal democracy," in D. Held(ed.), *Prospects for Democracy*. Cambridge: Polity. pp.156-175.

Pateman, C.(1987) "Feminist critiques of the public/private dichotomy," in A.Phillips(ed.), *Feminism and Equality*. Oxford: Blackwell. pp.103-126.

Peirce, C.S.(1940) *The Philosophy of Peirce*: Selected Writings(ed. J. Buchler). London: Routledge and Kegan Paul.

Pennock, J.R.(1989) "The justification of democracy," in G.Brennan and L.E.Lomasky(eds.), *Politics and Process*. Cambridge: Cambridge University Press. pp.11-41.

Popper, K.(1983) *A Pocket Popper* (ed. D.Miller). London: Fontana.

Rawls, J.(1972) *A Theory of Justice*. Oxford: Oxford University Press.

Ryan, A.(1970) *The philosophy of the Social Science*. London: Macmillan.

Sartori, G.(1987) *The Theory of Democracy Revisited*(2 vols). Chatham, NJ: Chatham House.

Saward, M.(1993) "Direct democracy revisited," *Politics*, 13(2):18-24.

Sarwad, M.(1994) "Postmodernists, pragmatists and the justification of democracy," *Economy and Society*, 23(2):201-216.

Schumpeter, J.A.(1952) *Capitalism, Socialism and Democracies*(5th edn). London: Allen and Unwin.

Spitz, E.(1984) *Majority Rule*. Chatham, NJ: Chatham House.

Sunstein, C.R..(1988) "Constitutions and democracics," in J.Elster and R. Slagstad(eds.), *Constitutionalism and Democracy*. Cambridge University Press. pp.327-353.

Thorson, T.L.(1962) *The Logic of Democracy*. New York: Holt, Rinehart and Winston.

Walzer, M.(1983) *Spheres of Justice*. Oxford: Blackwell.

Williams, B.(1962) "The idea of equality," in P.Laslett and W.G.Runciman (eds.), *Philosophy, Politics and Society*(2nd series). Oxford: Blackwell. pp.110-131.

第二章
民主审计的关键原则与指数

戴维·比瑟姆

本章的目的在于报告民主指数的一种新颖用法,即将其作为评估或"审计"本国民主质量的自我批评工具;用以解释和维护所使用的民主概念,以及如何从这一概念中推导出具体指标;并探求在超越英国范围、在已成熟民主体制的西方国家之外的环境时,这些指数有多大程度的适用性。

第一,我们有必要对"民主审计"(democratic audit)的概念本身作出解释。它是对某一国家民主状况进行评估的一项简单而又雄心勃勃的工程。像其他西方国家一样,英国自诩为民主国家,并宣称为其他国家提供了一个可效仿的典范。但它实际上有多民主呢?它怎样达到用于评估别的国家(包括第三世界国家)的标准呢?这些问题并非偶然,而是由于对英国政治制度广泛存在的忧虑感引起的,这一忧虑比单一政党执政时间过长的纯粹事实更加令人印象深刻。[1]

审计标准盛行于当前公共生活的各个领域。然而,民主状况的审计引发了一些全新的问题,这些问题超出了传统审计的参数设置范围。首先是这项事业绝对的复杂性。大多数审计活动都只涉及某个单一的机构或某项具体的服务。但确切地说,民主审计到底是一种什么样的审计呢?任何政治体系都囊括了不同机构、制度安排和具体实践之间极其复杂的互动关系,它们之间的联系甚至界限都可能是模糊不清的。要为"到底需要审计什么"这一问题提供一份详尽的说明书,就必须对这一工程实施重要的初步措施。

第二,与会计工作或管理工作中运用的标准相比,目前只有极少数已明确确立或普遍认可的标准可以作为审计的标准。围绕这个问题的一个可能适用于部分审计活动实践的解决方法,或许是评估某一机构或某项服务时,并不是依照外在的或独立的标准,而是依照其内部产生的目标或标准。我们是否能够不依照民主审计工作者主张遵循的那些标准,或者不依靠政治体系中隐含的价值,甚至不依靠公民自身所理解的民主含义,去评估英国的民主状况呢?

基于诸多理由,我们反对这种方式。[2]首先,无论如何,政治实践者所运用的标准,或英国政治体制所固有的价值,显然并不是完全民主的。这样的程序将需要清晰地确定调查的对象。其次,尽管向人们询问他们对于民主含义的理解是一项有趣的活动,但是也不大可能为审计提供任何清晰或达成共识的标准。由于频繁地误用"民主"这个术语,通行说法中的"民主"一词已经意味着发言人个人所赞成的任何政治安排,并且已经与任何客观指涉对象无涉。[3]不基于内生标准进行审计的最后一个原因是,英国属于自称为"自由民主国家"的家族成员(family group)中一员。因此,我们应当期望能够确定民主的某些普遍标准或规范,这些标准或规范适用于所有国家,而不是独用于英国。这并不排斥对于某些标准的讨论,这些标准应用于那些将工作或活动作为审计对象的国家。的确,关于民主包含什么的公共讨论本身就是这项工程的一个重要方面,但它并不需要把投入使用的标准作为出发点。

民主审计工程不仅需要明确地说明究竟要审计什么,它还需要一个坚实且站得住脚的民主概念,从中可以得出特定的评估标准和规范。对于这一概念以及这些标准的叙述将是以下部分的重点。

民主的原则和指标

我们界定民主的出发点是拒绝熊彼特(1952:ch.22)和其他许多人提

出的二分法,即介乎民主的理想概念与基于西方政治体系中现行制度与程序的概念之间。[4]单独在后者的基础上构成民主的定义,存在很多明显的缺陷。第一,没有理由来进一步确认为什么我们应该称这些制度是"民主的",而不是"自由主义的"、"多元主义的"和"多头政体",或是我们选择的其他任何术语。第二,我们将会特别容易受到"我们的民主观念是欧洲中心主义的"这一指责的攻击,因为我们无法区分:真正提供了实现民主的可替代方式的非西方制度和程序,与那些完全不能称其为民主的非西方制度和程序。第三,也是最重要的,从"民主审计"的立场出发,将我们的民主概念完全置于一系列现行的制度和实践,无法解决任何关键性问题:怎样才可能使这些制度和实践更加民主? 我们很容易对它们自身评估的内容失去评价标准。如果我们的目标纯粹是解释性的,那么这可能还不会显得太过麻烦。比如,调查历史上什么样的社会—经济环境有助于促进既定政治制度(如多党选举和普选制)的产生或巩固。然而,如果我们的目标是为了评估这些制度在实践中有多么民主,或是评估造成其现状的原因,那么这就将导致致命的缺陷。

另一方面,一种完全抽象的民主概念,或是一种民主理想与原则的简单陈述,只具备有限的价值,除非我们能够表明:在全社会的层面上,这些原则实际是怎样实现的;以及它们是如何通过历代先哲(successive generation)寻求对现代国家庞大权力进行"民主化"的实践,历史性地体现在各种政治制度之中的。无可否认,从这些斗争中发展而来的各项制度对于当代民主具有重要的典范意义。但只有在我们能够表明如何使这些制度变得民主、以及怎样才能使其更加民主时,才会如此。在这一意义上,将可实现民主原则的制度与实践从对民主原则的考察中分离出来,极容易产生误解。

许多从事比较政治研究的学者之所以回避民主的一般定义,是因为在当前的政治理论著作中存在大量的这类定义及其反对意见。有一些学者甚至将民主置于"本质上存在争议的概念"(essentially contested concept)这一类别当中,这种概念的界定不可避免地依赖于理论家的意识形态预设(ideological presupposition)。[5]根据我的判断,这些反对意见的广度和重要性都被过分夸大了。经过更为仔细的研究后,大多数的反对意见其实并不是关于民主的含义,而是关于民主的合意性或可行性。也就是说,民主在多大程度上是值得拥有的,或者是在实践中民主怎样才能够最有效地或可持续地得以实现。这些争论是完全适当的,但将它们作为关于民主含义本身的争论则具有误导性。

如果我们仔细审视自古希腊以来对民主进行理论化的思想主流,如果我们关注那些宣称为民主而战的人所一直追求的东西,尤其是如果我们注意到民主的反对者历来所一直反对的东西,那么,一系列相对清晰且一致的观念就出现了。民主是一个政治概念,它涉及具有约束力的集体决策(collectively binding decision),这些约束力的集体决策是关于某一团体、社团或社群的规则和政策。人们宣称,这样的决策应该受到被认为人人平等的集体中全体成员的控制,在一定程度上也确实如此。也就是说,民主涵括了民众控制和政治平等的相关原则。在小规模和简单的社团中,民众能够通过个人在法律和政策上平等的投票权利,直接控制集体决策。在大的和复杂的社团中,民众只是象征性地间接控制,例如通过委任代表作为自身的代理。在这里,民众控制通常表现为控制决策者,而不是控制决策本身。并且,它一般需要一系列复杂的制度与实践来使这一原则生效。[6]类似地,政治平等并不是直接通过决策时平等的发言权实现的,而是在以下层面得以实现:选举人之间的投票权平等、竞选公职的权利平等、在各种情况下让他人听到自己的呼吁以及得到立法者救助的平等,等等。

民众控制和政治平等这两项原则,构成了民主审计的指导路线。这两项原则向世人宣告,西方国家的制度和实践是典型的民主。同时,这些原则也为评估民主程度提供了一种标准。然而,即便是这样,这些原则也太过笼统。就像其他政治科学家研究得出的指标一样,在可能的地方它们需要被分解为具体而可测量的标准,以便用于评估或审计。[7]

为了完成这一工作,我们将民众控制政府的过程分为四个不同的、可能有重叠的维度。最具基础性的第一个维度是议会或立法机关以及政府领导人的普选。在这里,民众控制的程度或范围将由这些标准来评估:选举程序可以达到的范围,即哪些公职是向选举开放的,与非民选的官员相比,他们拥有什么权力;选举程序的包容性,无论是选民登记还是选举本身,有哪些免责条款(exclusions)正式地和非正式地适用于政党、候选人和选民;选举程序在政党、候选人和选民之间的公正性,以及提供给选民有效选择的范围;选举程序相对于现任政府的独立性;等等。这些标准可以被总结为一个熟悉的词语"自由而公正的选举",即使这个词语并没有完全涵盖有效民众控制所需要的各个方面。

第二个分析维度关注于众所周知的"开放和负责任的政府"。除了选举,民众控制还需要政府持续的可问责性。这种可问责性主要体现为直接向选民负责、政策的公开论证以及间接向代表人民利益的代理人负责。[8]对于后者,我们可以将下列三种责任有效地区分开来:即政府向立法机关或议会所负的以政策内容和实施为导向的政治责任;向法庭所负的法律责任,确保所有民选或非民选产生的国家工作人员都按照立法机关批准的法律和权力行事;以及向立法机关和法庭所负的财政责任。从独立于其自身的公共关系机构(public relation machine)的源头来看,可问责性反过来依赖于"政府能够胜任什么"的公共知识。对于以上所有方面,民主审计需要从法律和现实层面来评估不同相关主体各自的权力和独立性,具体包括与行政相关的立法机关和司法机关、媒体的调查能力、独立的公共统计机构、公民个人在面对不当行政或非正义事件中寻求救济的能力。

第三个维度支撑民众控制政府的前两个维度,即保障公民权利、政治权利或自由。言论、结社、集会和迁徙的自由,诉诸正当法律程序的权利等,它们对于被称为"自由民主"的这一特定民主形式而言,并不特殊。它们对民主而言是非常必要的,因为如果没有它们,民众对政府的有效控制就不可能(参见Beetham,1993b)。如果公民要与其他独立于政府的主体进行沟通与联合,如果他们与政府存在异议或者想要持续地影响政府,如果要使选举结果和可问责性最终有意义,那么,这些权利或自由就是必需的。民主审计不仅需要评估这些公民权利的法定内容,而且需要评估实践中保障公民权利的制度和程序的有效性。

民众控制的第四个维度关注于被称为"公民社会"的这一平台。公民社会是一种关联关系(the nexus of association),民众通过它独立地组织起来以管理自身事务,它可以充当影响政府的渠道,也可以作为政府权力

的监督者。[9]这是民主一个更具争议的维度,不仅因为该维度的评价标准
不如以上三个维度的评价标准成熟,还因为"这一维度是否应该被视为民
主的必要条件或是民主所必需的组成部分"仍存在很大的争议空间。我
们的观点是,民主社会是民主的一部分,并且它超越了"公民社会"概念,
强调了社会自组织的自主性。公民社会涵盖了以下这些特征:媒体的代
表性及其对于不同社会团体和观点的可及性;大型私营企业的公共责任
和内部民主;公民主体政治意识的成熟程度及其公共参与的范围;政治文
化和教育体系的民主性。

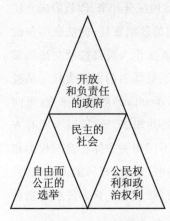

图 2.1　民主的金字塔

因此,民众控制的标准或指数可以
被分为四个相互关联的部分,它们组成
了当代社会衡量民主的主要维度。我们
可以通过一个锥形图对它们的相互关系
进行解读,图中每个要素对于整体来说都
是必需的(参见图 2.1)。完整的民主审计
应当依次审查每一个部分,不仅要评估
民众控制的实际有效性,还要评估每个
领域政治平等的程度:即不管选民或者
候选人来自哪个社会阶层,在自由而公
正的选举之下,每张选票在多大程度上
是等值的,公职竞选在多大程度上是机会均等的;在开放和负责任的政府
之下,是否有任何个人或团体受到系统性的排斥,进而无法接近或影响政
府,或是得到政府的救助;在公民权利、政治权利或自由之下,这些权利或
自由是否能够有效保障社会的每个阶层;在民主社会下,自组织、接触媒
体、获得大型企业救助等机会均等的程度。

　　这些用于评估"促进某国或某一政治体系民主的因素"的不同标准,
已经整合为引导不同地区进行审计过程的 30 个独立问题(参见本章后面
的具体论述)。回答全部问题是一项十分庞大的工程,这需要一支专门的
审计员队伍,且这些审计员必须具备收集广泛资料和依据认可的标准评
估政治系统的专业技能。其中,这些需要广泛搜集的基础性信息资料既
有关于政治系统形式上的规则,也有关于政治系统的具体实践活动。不

过,在详细审查这些问题之前,对一些基本的反对意见进行回应是必要的,这部分反对意见事关审计工程本身,且这些反对意见出现在各种探索性讨论和研讨会中。基于单一且独立的特定指标,这种方法是否真的可以整体(as a whole)而"全面"(in the round)地抓住某一政治系统的特征?这些标准事实上可以测量到什么程度,并且以哪种尺度来予以测量?这些指标与其他政治科学家所研究得出的那些指标有什么关联?对于学术调查而言,民主审计是否属于一个合适的主题?

对部分反对意见的回应

要回答的第一个反对意见是,一个国家的民主特性与民主质量不能通过列举一系列相互独立的具体标准来评估。由于一个政治系统是通过其各种制度和实践之间复杂的相互关系来运作的,因此有理由认为,只有将这些标准置于整体环境下,它们才可以正确地得以评估。比如说,直到我们认识到履行议会职责的主要代理者是扮演一个可替代"影子政府"(government in waiting)角色的反对党之前,就行政监督权而言,英国议会与美国国会相比一直显得有些不足。并且,过去几十年里议会虚弱的主要缘由,并不在于缺乏特定的监督权力,而在于反对党作为替代选择的可信度(credibility)的缺乏。此处对于英国政治体系"例外论(exceptionalism)"的论证只是一小步,英国政治体系的特殊性使得一切依据普遍民主标准的评估都有欠妥当。

目前看来,不可否认的是,政治制度应当在其自身所处环境下进行评估,并且这通常会使定性评估,而非纯粹的定量评估显得更为恰当。然而这并不能因此说明,我们应该放弃用以评估不同国家或政治系统不同实践的普遍性指标。正如联邦制不同于单一制,议会制自然也不同于总统制。问题的关键不在于各个部分全都应当遵照某个单一范式,而在于各部分的不同安排在多大程度上能符合民主标准,且这些标准都有意地被规定为普遍性条目。从民主审计的观点来看,问题不在于英国是否应该具有权利法案,而在于对保护其公民的公民权利、政治权利及自由而言,它所选择的法律和宪法安排能够在多大程度有效。为了回答这一问题,我们确实需要一套超乎英国本身的普遍性标准。

在这样的背景下,区分差异就显得尤为重要:一是各国在实现大体上相似的目标(例如政府责任或个人权利)时所采用的可比较的途径,二是各国在民主程度方面更为显著的差别。很多英国"特殊论"的观点都只是非民主制度安排的幌子,具体包括:议会中非民选的上议院;君主不仅具有合乎宪法的地位,而且位于土地贵族(aristocratic landed)和金融利益的顶端;过分执著于秘密政府;权力空前集中于中央行政部门。当与其他成熟的西方民主政体相比较时,这些问题中的大部分已经不仅是"例外的",而且是特别不民主的。英国政治体系的这些部分以及其他一些与众不同的因素可能存在某种历史合理性,尽管这些因素已经日益减少,但这并不等同于说它们可以被认为是"民主的"。

这将我引入了第二个问题,它涉及民主审计指数的可测量性,以及指数所运用的测量尺度。到目前为止,一切都应该是很明显的:我们没有将民主视为一种"要么全有要么全无"(all-or-nothing)的事物,而是将其视为一个可比较的概念,各项指数共同构成的一个连续统一体,而不是对"民主的/非民主的"简单替代性选择。当然,我们在一般说法和比较政治学的语言表达中所谈及的西方"民主政治",与各种非民主的政治体系是截然相反的。据此,我们就可以指出一批历史上延续下来的制度和实践,它们体现了公认的民主原则。但这一表达也掩盖了种类和程度的重大区别,以及民主体制与非民主体制共存的程度,或是在英国的案例中,民主体制与前民主体制(pre-democratic)共存的程度。我们在判定某些国家是否应该被视为真正"民主"时,存在大量困难。这一事实表明,这种定性描述远远不是简单的"全有或全无"。

因此,将民主概念作为连续统一体,与这样的观点相一致,即用于审计的全部问题都被表达为比较性的条目:什么程度……? 多大范围……? 等等。但连续统一体的观点本身并不能决定"好的"民主标准或基准应该是什么样的,也不能决定这个连续统一体的起点和终点该如何定位。我们的参照系和比较标准是否应该是某个国家自身的过去,或者是某种特定类型的类似国家所达到的水平,或者是超越前两者的一些理想标准? 第一种情况——与某一国家自身的过去相比——已经预先设定:与过去的某个既定点进行比较时,适当的资料是可以获得的,且不大可能只有为数较少的指数。并且,在任何情况下,这个既定点自身可能都不会代表一种特别令人印象深刻的水平。[10]第三种情况——理想标准——就克服了这一缺点,即使它以完全忽略可行性或实践性为代价。因此,尤其是当相互比较能够被用于构建"最佳实践"的基准时,一些立足于参考其他相似国家的标准似乎最为适当。"最佳实践"标准已经存在于民主审计的某些领域,例如国际上认可的关于选举行为或关于保障公民权利和政治权利方面的标准。[11]在其他方面,"最佳实践"还在构想和整合过程中,例如,美国或瑞典基于信息自由的立法就为开放政府树立了一个可达到的标准(参见 Michael,1982:chs.8-10)。当然,在其他方面,比较分析可以帮助我们在尚未被认可的领域构建出这种标准。

　　然而,认为比较分析所构建的标准丝毫不存在争议的幻想是错误的。议会成员中女性成员比例的参照点是否应该达北欧国家所实现的30%,还是平等原则所严格要求的50%? 忽略选举制度的其他民主要求,参选比例(electoral proportionality)的标准是否应该设定为100%? 假如测量尺度足以锁定某一特定国家在一群可比较国家中的位置,那么就这一观点来看,它可能无关紧要。当然,刻度自身如何建构可能包含了假设,这些假设是具有争议性的,并且需要最低限度的论证。

　　这里有必要谈一谈所用指数的可测量性。部分正在评估中的现象,尤其是那些包含有举的现象,能够很容易地进行测量,并且这一测量可以被直接用于构建民主评估的尺度。因此,成年人口注册为选民的比例、实际投票比例、投票给获胜政党或联盟的比例,都能够很容易地构成选举民主指数的一部分。[12]然而,大部分政治现象都只能作定性判断。而且,这些定性判断转换为有助于比较和评估的量化指数的过程,包含了被表面客观的数值指标所遮蔽的主观因素。这一点千真万确。例如,在自由之家每年发布的自由指数以及各种民主评估尺度之中,根据各种情形,各个国家的得分以 10 或 100 为基数。[13]在单个国家的民主审计中,这种数值转换的弊端大过其优势。用定性判断的形式进行这类评估会更为可取,运用定性判断可以鉴别出具体的优势和缺陷的不同之处。因此,所有这类比较性的评估在性质上不可避免地是"粗线条的",并且缺乏量表所具有的精度(虚假的)。

这一点已经触及了我们的第三个问题,它涉及服务于民主审计目标所发展的指数与其他作者所使用的民主审计指数之间的差异。在现有的政治科学文献中自然可以找到与民主指标相重叠的重要领域,特别是在选举民主与公民权利和政治权利方面。如果衡量"自由而公正的选举"的标准和"公民权利和政治权利"的标准——它们具有最明确的已确立的国际标准——不存在趋同,这将是不同寻常且令人倍感困惑的。然而,即使在这里,我们对于作为政治平等的民主原则的坚持,已经使我们超越了"普选权是其他大部分指数的典型特征"这一起码认识,我们要对这一认识添加如下标准:每票等值,竞选公职的机会均等,所有社会团体和党派接触选民的公平机会,等等。我们的民主指数向"开放和负责任的政府"和"民主社会"的延伸,导致我们聚焦于超越这些指数之外的其他指数。[14]

差异的第二点在于,我们并没有寻求将不同的指标整合到一个独立的自由或民主的评估尺度中去。在这种指标整合的评估体系中,各个国家根据它们的总体"得分"来进行评定。我们期望能够证明:英国能像其他已确立民主体制的国家一样,在某些方面比其他国家做得更好。民主审计应该能够向一国的公民表明:从民主的观点来看,其制度和实践令人满意之处何在,且哪些方面尤其值得关注或者有改进的空间?因此,任何总体判断都可能是细碎的。并且,不同的指数保持独立性,以便达到民主审计的基本目的。

以上的区别不可避免地反映出民主审计与其他民主指数在目标上的重大差别。[15]无论后者是否着力于探求发展中的民主体制的可持续条件,或者是否要评估非西方国家的不同自由程度,它们都将成熟的民主体制的起码水平或临界水平作为其参考的标准点和可达到的最高点。以100为基数,相比布基纳法索的13.5分,英国的得分为99.3,从这样的评估标准中,我们无意中得到了一个令人庆幸的结果(Inkeles,1991:16-18)。我们的目标是扩展这个范围,使其能够作为成熟的民主体制进行自我批判的工具。并且发展出一个民主概念,这一概念既能够解释为什么它们的制度（以及哪种制度）被理所当然地称为是"民主的"，又能够用于表明它们如何、在何处才会变得更加民主。

这个区别提出了针对民主审计工程的最后一个质疑：对于明确的评估和判断活动进行学术研究是否恰当。就这个反对意见而言，我个人认为，与那些以分析性或解释性为导向的政治科学为主要工作的人相比，在规范政治理论领域中进行研究的学者所面临的困难较小。政治哲学家所从事的大部分研究工作在于试图为公正（它可以被视为社会利益和社会责任的公平分配）、自由或民主建立起合乎情理的标准（defensible criteria）。[16]从此处来看，这只是提出以下问题的一小步：某种特殊情况、特殊制度、或特殊的社会实践，怎样达到以上这些标准？"纯粹"与"应用"的区别，或者说"理论的"和"应用性"的区别，在此处大有帮助。如果"纯粹的"或理论的任务在于决定公平分配的标准是什么，那么应用的任务就在于为一种既定的分配方式搜集证据，以及根据已确立的标准进行评估。对民主而言，同样如此。

当然，约定俗成的结论——为使某一安排更加公正或更加民主，你必须完成 X——并不能如此直截了当地得出。争论中的某种特定价值可能会与其他价值或是某些现实需要发生冲突。虽然如此，在目前人们宣扬他们的社会是公正的或是民主的，以及其他任何价值的情况下，这些价值就是用于评估的适当标准。并且，任何重大缺失（significant short）都可能因此成为公众关注的合理问题。

在任何情况下，即使各种民主指数的首要目标是解释性的，它们依然都必须是可评估和可判断的，如探究某种既定民主水平的社会—经济条件。将这些测量置于某一评估尺度是一种主观判断行为，特别是当它们作为一国对他国制定外交政策的依据时，更是如此。受评判的对象去质疑那些国家是否准备好接受类似标准的评判，这是合理的。研究本国评估的学者们可能会在这一过程中显得更加"政治化"，但这一活动在评估其他地区民主水平时没有本质差别。它仍然是民主审计理念的重要组成部分，也就是说，即使这些人可能向外来审计人员寻求帮助，但首先应当是由在本国居住和工作的人进行讨论以便自我评估。

民主的三十项指标

用于英国民主审计的各项指标已经体现为问题形式,审计过程需要回答这些问题。这些问题根据以上概述的民主的四个领域或维度进行了分组。各个领域的界限并非完全泾渭分明,并且部分问题可能与多个领域相关。一部分问题也比其他问题要"更大"。因此,与行政或公民自由相联系的议会权力,这方面的单个问题可以较好地被分解为更深入具体的次级问题,它们之间的精确平衡必须予以审慎的判断和强调。

第一组问题(1—5)关注于选举过程及其延伸范围、包容性、独立性、完整性和公正性,以及它对待公民的平等程度,向公民提供了多少有效选择,政府的行为结果在多大程度上真实地反映了公民所作的选择。

1. 在公开竞争、普选权和无记名投票基础上,对立法和行政部门的任命多大程度上是由普选决定的?

2. 选举和选民登记过程能在多大程度上独立于政府和政党的控制,选举过程本身能够在多大程度上避免胁迫与贿赂?

3. 选举制度和政党制度能够给予选民多少有效的选择和信息,所有政党和候选人接触媒体和其他沟通渠道是否公正和平等,以及媒体对待各个政党和候选人是否能够保持一种总体上的均衡?

4. 所有选民的选票在多大程度上赋予同等分量,如果忽略个人所属的社会团体,他在多大程度上享有竞选公职的平等且有效的机会?

5. 选民实际投票率是多少,以及议会构成与反映选民真实选择的政府计划的密切程度如何?

第二组问题(6—18)包含了"开放和负责任的政府"方面,涵盖了大量的不同问题。第6个和第7个问题涉及政府对公众意见的回应性和代表对其选民的回应性。第8个到第11个问题涉及不同方面的责任,具体包括:非民选官员对民选官员的责任、行政部门对议会的责任、议会成员对公众的责任,以及政府的信息公开与自由问题。第12个到第14个问题涉及法治、公职人员的法律责任、司法的独立性和个人救济途径的有效性。第15个问题检测了公职任命过程中的机会均等问题。第16个到第18个问题以"选举所产生的积极且负责任的次中央或地方一级政府,以及超国家层面的有效公共责任,都是一个国家民主制度安排的重要方面"这一假设为前提,检测了民主的区域性维度。

6. 在政策与法律的制定和执行过程中,针对公共舆论和相关利益的政府磋商机制和程序,制度化程度如何、多大程度上受到公众监督?

7. 选民是否容易接触到当选的政治家,后者代表其选民利益的有效性如何?

8. 当选政治家对非民选产生的人员和国家机关的控制,就监督的有效性和开放性而言,效果如何?

9. 议会监督立法、公共开支和审查行政的权力有多大,现实中这一权力运行的有效性如何?

10. 民众获取政府活动、政策效果这些信息的可能性有多大,且这些信息在多大程度上独立于政府的信息机制?

11. 就与公共部门绩效相关的个人利益和收入来源,以及选举过程而言,民选产生的代表在多大程度上对公众负责?

12. 法院在多大程度上能够确保行政部门遵守法治原则,它们在确保所有公共机构和官员在履职履责和发挥功能时服从法治原则方面,其程序的有效性如何?

13. 司法相对于行政和各种形式的干预而言,具有多大程度的独立性,法律的实施在多大程度上受到有效的公共监督?

14. 在面对不当行政事件,以及政府或公共机构未能履行其法律责任时,公民通过法院、监察专员或特别法庭(tribunal)寻求救济有多便捷,且获得救济的可用方式和途径有效性如何?

15. 公共机构内的任命和晋升在多大程度上遵守机会均等的程序,且任职条件是否侵犯了雇员的公民权?

16. 中央政府层面以下的政府安排,在多大程度上能够满足对公众需求的评估和回应?

17. 在多大程度上,次中央政府(sub-central government)有权根据其选民意愿来履行责任,而不受中央干涉?

18. 无论是通过国家议会还是自身代议机构,超国家的政府在多大程度上符合民众控制和政治平等的标准?

第三部分的问题涉及公民权利和政治权利。尽管第 20 个问题提出"公民享有平等权利在多大程度上受到社会—经济不平等的限制或阻碍",但对于长期存在的"社会和经济权利是否应当被纳入民主的完整组成部分"这一争议,我们倾向于民主权利更加有限的定义(第 19 个问题)。第 21 个和 22 个问题假设:伴随着其他保护程序,保护公民权利的非政府组织和权利教育的发展是评判某一社会保障基本权利的态度有多认真的重要指标。第 23 个问题涉及备受争议的外国人权利保护问题:尽管只是基于非独断标准和"常住居民随着时间的增加会自动产生公民权合法诉求"的假设,我们依然承认民主国家有权决定谁应获得进入本国居住的资格。

19. 法律界定公民权利、政治权利以及公民自由的清晰程度如何,以及这些权利和自由被保护的有效性如何?

20. 公民运用其公民权利、政治权利和自由的安全性如何,公民对这些权利和自由的平等享有多大程度上受到社会、经济或其他因素的限制?

21. 有关推进和监督公民权利保护的志愿组织发展得如何,它们在多大程度上能够免受侵扰?

22. 告知公民其权利的程序和教育未来公民如何运用其权利的程序,具有多大的有效性?

23. 接受流亡者或移民进入本国居住的标准多大程度上能免于独断歧视,被批准人员获得平等公民权利的难易程度如何?

最后一组问题基于这样的假设,即一个国家的民主质量和活力会从其公民社会的特性及其正式制度中显露出来,具体包括:公民组织和社团的责任和内部民主,公民参与和民意机构的范围和代表性,以及更广泛的政治文化和公民对于政治体系的信任程度。

24. 公民社会的主要机构服从符合公共利益的外部规制的有效程度如何?

25. 如果公民的重大利益被这些机构的活动所侵害,公民获得救济的难易程度如何？

26.公民社会的主要机构多大程度上服从于其自身成员、雇员或受益者的内部管制？

27.各种形式的政治参与有多广泛，社会不同阶层的代表性如何，以及这种政治参与在多大程度上受制于社会、经济或其他因素？

28.各方意见和社会团体对于媒体的开放程度如何，以及它们充当开明政治辩论的平衡论坛，其有效性如何？

29.社会的传统和文化在多大程度上支持民众控制和政治平等的基本民主原则？

30.在多大程度上，民众对政治体系解决社会所遭遇的主要问题的能力和民众自身影响这一过程的能力具有信心？

结　论

最后，这些用于英国民主审计的指数和问题多大程度上可以被用于其他地方，这一问题值得深思。如果源于民主两项基本原则的标准是合理的，并且如果我们从西方民主政体的比较分析中得出的良好或最佳实践是有效的，那么这套标准就应该可以应用于其他国家或政治体系。自然，这些问题的准确表述及其平衡可能会在不同地方有所不同，同样，各自分析和调查的优先事项也会随地方变化而变化。此外，什么因素对一个国家的民主生活影响最大，会随着时间和空间的变化必然有所不同。当然，对于相关问题的整体把握很重要，如通过以上提出的30个问题，就可以定位对一个国家的民主状况影响更大的特殊因素。在目前的情况下，由于这种测评并非只针对英国，在其他地方也会有一定的相关性（corresponding relevance）。

同一套标准是否适用于发展中国家和发展中的民主政体，这涉及可能存在的欧洲中心主义的复杂问题。就民主的两项基本原则（民众控制和政治平等）而言，民主的定义在理论上确实允许它们以不同方式进行制度化,且能够使我们将民主视为各种不同社会和多姿多彩的历史中一种鼓舞人心的愿景。然而,正是因为作为垄断法律制定和执行权力的现代国家形式更为普遍,因此在我看来,西方试图让现代国家的庞大权力服从于民众控制的长期斗争经验以及在斗争中发展起来的各种制度一定具有更加普遍的重要意义。正因如此,所谓西方民主或自由民主的各种替代性选择,无论是民粹主义、集体主义、一党制或是其他任何东西,它们最后的结果通常并不是民主的不同变种,而仅仅只是一些具有很少民主的政体形式。可以说,各种"自由民主"显示出了相当大的差异,如在总统掌权和首相掌权之间、单一制和联邦制之间、多数决定制和协商一致之间等[17],且不能预先排除还会有更多变体发展的可能性。

另一个不同观点则在以下方面提出问题:是否存在一套全面的民主标准能够为"民主转型"的国家构建一个适当的参照框架。即使假设这种转型真正在进行(不是其他形式的转型),欧洲民主发展的历史仍然表明,这一过程极其漫长,不仅包含周期性的倒退,而且还包括巩固非充分民主阶段以及为民主后期发展提供前提条件的阶段(参见 Hall,1993)。因此,国家建构和民族建构的漫长历程先于民主化,对民选官员权力和选举政治范围的限制保证了公开政治竞争的可接受度优先于全民普选等。可以说,虽然这些阶段不能够被精确地复制到 20 世纪后期,但任何忽视民主发展渐进性的民主评估,都可能被证明是简单粗暴的非历史主义的(ahistorical)。

在我看来,正是那些涉及各国民主奋斗历程且最能为评判政治体系确定合适标准的因素,才应该被评估。从长期的民主安排(democratic arrangement)中获益的那部分人,不能够以自认为合意或可实现的标准来否定其他人,即使后者的国家并未完全达到这些标准。对于民主的论证至今仍然持续,至少所有已知的替代性选择都是很糟糕的。并且,民主避免了疯狂和野蛮,这些是整个 20 世纪不负责任的秘密体制(unaccountable and secretive regime)的基本特征。最佳的情况是,如果存在一种决策体制,能平等对待其公民,对公民的意见和利益反应灵敏,倾向于对自由意志的使用(assertion of will)和专断命令(arbitrary fiat)采取公开说服与和解的态度以保证基本自由,并在避免重大变故和巨大灾难的情况下实现社会和政治革新。每个地方都在为实现这些价值而奋斗,而非仅仅认为理所当然。为了实现这个目的,关于民主审计的论证和争辩可以发挥有效的作用。

注 释

英国的"民主审计"是由约瑟夫·朗特里慈善信托基金(Joseph Rowntree Charitable Trust)资助的,它的前两卷将由凯文·博伊尔(Kevin Boyle)、斯图尔特·韦尔(Stuart Weir)、比瑟姆和弗朗西丝卡·克卢格(Francesca Klug)编辑,于 1995 年由劳特莱奇出版社(Routledge)出版。我对其他编者及欧洲政治研究国际协会(ECPR)"民主化指数"研讨会参与者对本章的评论心怀感激。关于指数的更早版本见比瑟姆(1993a)。

1. 整个 20 世纪 80 年代批评英国政治状况的系列丛书,参见如 K.D.尤因和 C.A.吉尔蒂(Ewing, K.D. and Gearty, C.A. 1990)、C.格雷厄姆和 T.普罗瑟(Graham, C. and Prosser, T.1988)、I.哈登和 N.刘易斯(Harden, I and Lewis, N. 1986)、P.休伊特(Hewitt, P.1982)、J.迈克尔(Michael, J.1982)。

2. 这里的"我们"是集体概念,而非王室的或文学上的"我们"。

3. 这种用法的最低点(nadir)是中欧和东欧将共产主义政权自称为"人民民主"。

4. 近期的两分法主张,参见亨廷顿的观点。他认为:"在熊彼特之后……一方面,理论家越来越多地在纯理论的、乌托邦的、理想主义的民主概念与经验主义的、描述性的、制度和程序的民主概念之间做出区分。另一方面,他们得出结论,只有后一种定义才提供了分析的准确性和实证对象,使民主成为一个真正有用的概念。"(Huntington, 1991:6-7)

5. 从 C.B.麦克弗森(Macpherson, C.B.1966)到 D.赫尔德(Held, D.1987),"存在不同的民主概念或模式"的观点开始得以确定下来。"本质上有争议性"(essentially contestable)的概念,参见 W.B.盖里(Gallie, W.B.1965)。

6. 比起达尔的"对公民偏好的回应",我更偏好使用"民众控制",因为"民众控制"把直接和间接民主囊括进了同一个原则,尽管此处没有对此进行更充分的论证,也无法断定这种控制是否在复杂的社团中起到了居间调控(mediated control)的作用(参见 Dahl, 1971:1-2)。

7. 关于这些指数的发展,参见达尔(Dahl, 1971:ch.1)、博伦(Bollen, 1980)、哈德纽斯(Hadenius, 1992:ch.3)和英格尔斯(Inkeles, 1991:chs.1-3)的作品。

8. 如果没有这种"持续负责",选举民主就会极易遭到卢梭观点的冲击。卢梭认为英国人民只有在五年一次的、选择服从于谁的时候才是自由的(Rousseau,1967:78)。

9. "公民社会"的概念重现于 20 世纪 70 年代和 80 年代关于发展中国家和共产主义体制对民主问题的辩论(参见 Keane,1988)。

10. 这些问题在本书韦尔(Weir)的章节及邓利维、马吉茨的章节中有更为充分的讨论。人们期望对英国民主的审计在将来能够根据第一次审计建立的基线(base-line)重复进行。

11. 在联合国(UN)、欧盟(EU)、英联邦(Commonwealth)等支持下的国际专家组针对选举的监督现已很好地建立起来了,如同一系列国际条约下对人权保护达成的标准和程序。

12. 关于这些因素的最近论述,参见本书邓利维和马吉茨的章节。

13. 关于他们作者对自由之家调查的评论,参见加斯蒂尔(Gastil,1991)。

14. 见上述注释 7 中引用的文献。

15. 这一点在本书的导论中有更充分的论述。

16. 我举了关于公正的例子,这是因为公正在近期的政治哲学中得到了十分详尽的讨论。

17. 对不同变量的经典讨论来自 A.利普哈特(Lijphart,A.1984);也可参见(Lijphart,A. ed.,1992)。

参考文献

Benntham, D.(1993a) *Auditing Democracy in Britain*. Democratic Audit Paper No.1. Human Right Center, University of Essex, Colchester/Charter 88 Trust, London.

Benntham, D.(1993b) "Liberal democracy and the limits of democratization," in D.Held(ed.), *Prospect for Democracy*. Cambridge: Polity. pp.55-73.

Bollen, K.A.(1980) "Issues in the comparative measurement of political democracy," *American Sociological Review*, 45:370-390.

Dahl, R.A.(1971)Polyarchy: *Participation and Opposition*. New Haven, CT and London: Yale University Press.

Ewing, K.D. and Gearty, C.A(1990) *Freedom under Thatcher*. Oxford: Clarendon Press.

Gallie, W.B.(1965) "Essentially contested concepts," *Proceedings of the Aristotelian Society*, 56:167-198.

Gastil, R.D.(1991) "The comparative survey of freedom: experiences and suggestions," in A.Inkeles(ed.), *On Measuring Democracy: Its Consequence and Concomitants*. New Brunswick, NJ and London: Transaction Publishers. pp.21-46.

Graham, C. and Prosser, T (eds.) (1988) *Waiving the Rules*. Milton

Keynes: Open University Press.

Hadenius. A.(1992) *Democracy and Development*. Cambridge: Cambridge University Press.

Hall, J.A.(1993) "Consolidation of democracy," in D.Held(ed.), *Prospects for Democracy*. Cambridge: Polity. pp.271-290.

Harden, I. and Lewis, N.(1986) *The Noble Lie*. London: Hutchinson Education.

Held, D.(1987) *Models of Democracy*. Cambridge: Polity.

Hewitt, P.(1982) *The Abuse of Power*. Oxford: Martin Robertson.

Huntington, S. P.(1991) *The Third Wave: Democratization in the Late Twentieth Century*. Norman: University of Oklahoma Press.

Inkeles, A.(ed.)(1991) *On Measuring Democracy: Its Consequence and Concomitants*. New Brunswick, NJ and London: Transaction Publishers.

Keane, J.(ed.) (1988) *Civil Society and the State*. London: Verso.

Lijphart, A.(1984) *Democracies: Patterns and Majoritarian and Consensus Government in Twenty-One Countries*. New Haven, CT and London: Yale University Press.

Lijphart, A.(ed.) (1992) *Parliament versus Presidential Government*. Oxford: Clarendon Press.

Macpherson, C.B.(1966) *The Real World of Democracy*. Oxford: Clarendon Press.

Michael, J.(1982) *The Politics of Secrecy*. Harmondsworth: Penguin.

Rousseau, J.-J.(1967) *The Social Contract* (ed. G.D.H.Cole). London: J.M. Dent. (Original work published 1762.)

Schumpeter, J.A.(1952) *Capitalism, Socialism and Democracy* (5th edn.). London: Allen and Unwin.

第三章
参与越多就越民主吗?

杰兰特·帕里　乔治·莫伊泽

杰兰特·帕里(Geraint Parry):曼彻斯特大学政府系的 W.J.M.
麦肯齐讲座教授。他的著作包括《政治中的参与》、《公民与地方政
治》(合著),以及《英国的政治参与和民主》(合著)。乔治·莫伊泽
(George Moyser):美国佛蒙特大学欧洲研究中心主任,政治科学教
授。他的出版物包括《世俗时代的教堂与政治》、《公民与地方政治》
(合著)以及《英国的政治参与和民主》(合著)。

在任何测量民主程度的努力中,公民政治参与程度必定构成其中一
项指标。民主最初是指"人民的统治"或"人民的权力"。用最简单的话来
说,人民不参与统治的政体不能称为是"民主的"(即使有些人可能已经称
其民主)。但是,反过来看,我们是否能够得出结论:人民越多地参与到政
治中去,政府体制就越民主? 很遗憾,事情并非如此简单。

将民主界定为人民的权力源自古希腊对其最初的解释。很显然,这
一事实一直提醒着我们,将民众参与作为民主化的一项测量尺度将遇到
诸多困难,尤其因为"民主"的传统经验和现代经验之间的非连续性(参见
Farrar, 1988; Finley, 1973; Held, 1987)。最主要的非连续性在于,在
雅典,人民的"权力"一词具有某些现代社会所没有的含义。"人民"即公
民,在公民大会上通过直接表达自身意志的行为对政策施加控制。此外,
公民有机会通过抽签或拈阄被挑选出来以执行政府的行政事务。很显

然，现代社会的公民参与与此相去甚远。正如约翰·邓恩（John Dunn）所言："没有一个现代国家会让其成员——无论男性还是女性——决定实际上做什么，或者社会成员将其命运掌握在他们自己手里。他们没有这么做，因为他们无能为力。"（1992：vi）

因此，作为人民"权力"的民主，必须被弱化为人民的"统治"（rule of the people）或者某些更缓和的说法，这些说法抓住了我们与现代性相关联的因素——民众影响的制度化和责任程序（procedures of accountability）。在被称为民主的某些东西被重新使用的时代（即使被称为"共和政体"），支持现代民主的断言源自其相对于古代社会直接民众控制形式的优越性，而非任何连续性因素（Wokler，1994）。这种观点可以在《联邦党人文集》第 63 页看到，美国体制"最有利的优越性"中的一个要素在于，从政府中将拥有集体能力的人民整体排除在外。事实上，民众参与并没有被完全排除。在共和制的术语中，民众参与是混合政府的一项要素。但是，这种参与通过政治领袖居间斡旋后，以相对较快的步伐走向了专业化。（Pizzorno，1970）

公民参与因而不再是民主最重要的指标。它汇集了其他一些东西，如精英的竞争力、代表的代表性、对官僚机构的控制、司法的独立性，以及各种自由等。因此，当达尔在《多头政体》（1971）一书中对民主化进行论述时，他使用了两个宽泛的指标。事实上，第一个指标即参与，通过参与选举和进入政府机关的权利进行测量。另一个指标则是"公开竞争"（public contestation），即竞争公共职位和政治支持。这被视为"自由化"的一种测量方法（Dahl，1971：1-9）。达尔认为，在缺少另一要素的情况下，其中一个要素也是可能存在的。在参与没有相应增长时，公开竞争也可能会增长，由此产生了诸如在 19 世纪的欧洲所存在过的竞争性寡头政体（competitive oligarchies）。同样，在没有增加政治选择的情况下，参与选举也是可能的。只有当自由化伴随着参与一起发生时，我们才可以谈及民主化（或者谈及多头政治的出现，因为达尔会对充分民主是否确立添加一系列其他指标）。因此，对于单独将参与作为民主的一项指标而言，实际上并没有人明确宣称只有参与这一指标。的确，对参与或参与的多种形式所赋予的重要意义，很大程度上依赖于我们所持有的民主观念。

在"参与的"或"激进的"观念和"现实主义的"观念之间,我们能够发现一种显著的差异,这一差别强调政治领导、责任性和代表性(参见 Nordlinger, 1981:207; Sartori, 1987:39-55)。在有效区分这两种处置方式时,有人将许多人置于一个阵营(尽管在阵营内部他们确实在多方面存在差别),这对各个理论家之间的细微差别造成了一些损害。将 C.佩特曼(C.Pateman)、古尔德(Gould)和巴伯定位为"参与"学派并不是否认我们所强调的这些重要差别。同样地,对于熊彼特、萨托利和 E.诺丁格(E.Nordlinger)这些"现实主义者"而言,也是如此。然而,处置方式之间的差别将服务于以下目的,即表明不同的民主观念如何导致了对比鲜明的参与评估。

主张参与的民主主义者可能会沿用公民权的古典模型,在现代思想谱系中,这一派的观点包括从卢梭或者密尔到 G.D.柯尔(G.D.Cole)。他们都不认为现存的民主政治体达到了他们参与性公民的理想。的确,当前的体制倾向于阻碍这些理想的发展,因此,参与主义者寄希望于改变政治结构来拓宽公民参与的范围。人们不仅仅会去投票,而且还会去参加政党集会,参与全民公投,甚至是参与到政府的行政机构和工作场所之中。参与过程会成为民主必不可少的一个部分。协商、寻求共识、鼓励沉默的或者弱势的群体发表自身意见的意愿,参与的教育性意义,均以不同方式体现出参与的价值(参见 Barber, 1984; Pateman, 1970:42)。尽管如此,对民主的决定性检验在于其鼓励民众在政府中发挥积极作用的能力。

对于现实主义者而言,情况并非如此。例如萨托利争论道,民主就是"以竞争性方式产生领导者的副产品"(1987:152)。对于民主指标的探究将伴随着政治领导间的竞争而开始。但这并不是止步于此,因为竞争自身不是民主,它只是导致了民主的产生。竞争引发了民主,因为这些政治领导们只有通过呼吁和鼓动民众才能在竞争中获胜。因此,民主"仍然起因于这一纯粹的事实——决定竞争者之间胜负的权力掌握在民众手中"(Sartori, 1987:151;原文的强调)。因此,我们应当在一些关于"领导者对其主导者的回应性"的定性叙述中,探寻民主化的指标(Sartori, 1987:156;原文的强调;同时参见下面的论述)。

即时的公众意见输入很重要,但通常都是最弱的。选举构成了民主的关键点,这是很重要的。我们至少需要保证,普通公民在选举当天不仅仅只是到场而已。的确,熊彼特(1952)甚至积极地劝阻公民介入到两次选举之间的政治活动中去。公民被敦促尊重其自身和职业政治家之间的劳动分工。简而言之,对于萨托利和熊彼特而言,除了选举之外,参与不会被列为民主的关键指标。代表性或精英的回应性将会与民主更具相关性。

作为一项多重指标的参与

一种理论应该对于这种参与方式即选举显示出特别的关注,除此之外几乎没有任何东西来提醒我们关注"参与"的多个维度。自维巴和尼主持的团队开展工作以来,多数的研究已经强调了这一点(Parry et al., 1992; Verba and Nie, 1972; Verba et al., 1978)。参与政治的多种方式,包括选举、政党竞选、集团活动、联系代表和官员、抗议等,具有不同的特征,尤其是它们对于政治结果的影响。因此,将每一种参与方式作为单独的民主化指标,具有强有力的证据。英国可以作为一个实例,关于各种参与方式及其特定活动水平的一些情况具体呈现在表 3.1 中。

表 3.1 五种政治参与方式与相关活动水平(N=c.1 570)

活　　动	% 是/至少一次	% 经常/有时
(A) 联系:		
国会议员	9.7	3.4
公务员	7.3	3.1
地方议员	20.7	10.3
市政厅	17.4	8.9
媒体	3.8	1.6
(B) 集团:		
有组织的集团	11.2	6.7
非正式集团	13.8	6.4
团体事务	4.7	2.3

（续表）

活　　　动	% 是/至少一次	% 经常/有时
（C）抗议：		
参加抗议集会	14.6	6.1
组织请愿	8.0	2.1
签署请愿书	63.3	39.9
阻碍交通	1.1	0.3
抗议游行	5.2	2.1
政治罢工	6.5	2.3
政治抵制	4.3	2.3
（D）政党竞选		
筹募资金	5.2	4.3
游说	3.5	2.6
行政工作	3.5	2.4
参加政党集会	8.6	4.9
（E）投票		
地方	86.2[1]	68.8[2]
国家（%，1983 年投票）	82.5	
欧洲（%，1984 年投票）	47.3	

1　%一些或更多。
2　%最多或全部。

以上表格相当清楚地表明了 5 年内公民所体现出的政治活动的适度水平。数据的第一栏显示了在这一时期内至少参加了一次活动的人的百分比。地方层面的情况较好，但只有很少活动的比例达到了两位数。第二栏的数据设立了一个稍高的标准，并且只包含了那些声称"经常"或"有时"参加活动的人。根据这一标准来看，行动确实下降到了很低的水平（参见 Parry et al.，1992）。在英国，持续参与政治的核心人数在绝对值上数量较大（假设 1%代表 400 000 以上），但他们所占比例较小。

表 3.2 呈现了在替代形式下的参与水平——这里将五种方式并入一个从 0 到 100 的总体量度（参见本章末尾关于量度设置的注释）。因此，普通公民（中位数）的平均分值仅为 6，最频繁的分值（众数）是 5。由于最近的普遍性投票在 5 年时间内至少有一次，因此只有 3.2%受访者的分值为 0。同样地，只有 2.2%的受访者分值在 20 以上。若有人要在行动主义和消极之间，或是在"角斗士"和"观众"之间划出一条界线［使用 L.米尔布拉思（L.Milbrath）的用辞（1977）］就多少有些武断。然而，无论这条界线

划在何处,行动主义者这一类都将只包含一小部分人。

表 3.2 总体政治活动的量度(N=1 434)

分　值	%	累计%
0	3.2	3.2
1	3.9	7.1
2	5.2	12.3
3	8.6	20.9
4	9.6	30.5
5	14.1	44.6
6	8.8	53.4
7	7.8	61.2
8	6.4	67.6
9	5.8	73.4
10	3.8	77.2
11—20	17.1	94.3
21—30	3.5	97.8
31—40	0.7	98.5
41—50	1.0	99.5
51—60	0.4	99.9
61—100	0.1	100.0

注:最小值=0;最大值=86.0;均值=8.2;中位数=6.0;众数=5.0。

<h1 align="center">选　举</h1>

基于各种显而易见的原因,选举在传统上已被认为是民主参与的首要指标。正如一些人所指出的,选举在现实主义理论中扮演了至关重要的角色,通常情况下它的意义不能被主张参与的民主主义者所否认。然而,即便假设一场选举的其他特征是实际存在的(真实的选择、不存在欺诈等),将选举投票率作为首要的民主检测指标仍然存在许多问题。

选举是一项由绝大多数人参与的政治活动,这赋予了选举活动以相当大的重要性,但同时也意味着选举是衡量行动主义一项不是很典型的活动。此外,选举投票率时常被政治阶级(political class)所操控,同时也容易受到选举法规的影响,如选民登记制度(Steed, 1972)。因此,与70%左右的投票率或是与美国50%左右的水平相比,98%的投票率并不必然代表着对民主更深层次的民众承诺。

抛开选举在现实主义学派中的重要性,我们确实不清楚选举投票率对这一观点有多重要。它仅仅是关于选举的一个重要事实:将恶人剔除在外的机会,以及行使否决权的概率(Riker, 1982)。20世纪60年代的一些作者提出了"为冷漠辩护"(defense of apathy)的观点,我们并不必然将他们归于该学派的所有成员。不过,熊彼特对于政治理性和公民能力的责难会在H.麦克罗斯基(H.McCloskey)多次引用的一些作品中找到共鸣也是可以理解的,虽然这些作品中引用的关于舆论和意识形态的文章声誉欠佳。对他而言,民众之中广泛潜存的权威主义和意识形态矛盾其实是因祸得福——他们并没有参与更多的政治活动(McCloskey, 1964:376-379)。

这在萨托利的作品中没有多少迹象。尽管他对公民理解能力不足、低于正常理解能力所导致的危机,以及政治信息的劣质性表示担忧(Sartori, 1987:115-130, 428-439;1989),但萨托利更担心的是政治家缺乏理解能力,而非普通公民。当然,能力方面的问题为萨托利反驳参与式民主或"公投式民主"的提供了更深层次的理由。但实在地讲,这点与熊彼特形成某种对照,民众能力的欠缺并没有那么重要。"事实上,在民主的选举理论中,如果选举决定了谁将拥有决定权,这就意味着选民无需时刻保持理性,因为践行理性的职责被转移到了他们的代表身上"(Sartori, 1987:110)。

对于主张参与的民主主义者而言,将选举作为民主化的一项措施的问题在于其负担过重,正如选举在自由民主国家的运行状况一样。就民主公民权而言,在人的一生中,在一张选票上平均画12个叉并不是一项充分的检验。此外,正如维巴和尼所认为的那样,选举像是一种笨拙的工具(1972:322-327)。当选举具有平等主义取向的时候,选民也根据政策偏好将相对较少的信息传递给精英。如果投票人能够根据他们的收益和成本更为细致地辨别各项政策之间的差别,他们就有可能增加投票的机会(参见如Barber, 1984:284-290)。

在一个更为显著的层面上，美国对选举开放的政府机关和公职的多样性也为该国选举投票率的一般状况（usual picture）提供了一个不同的视角。艾弗·克鲁（Ivor Crewe）指出，"一个普通的美国人有权比其他任何民主国家的公民参与更多选举——可能增加到 3 倍或 4 倍"（1981：232）。因此，作为一项指数的普选投票率并不如选举质量来得重要。罗塞尔·多尔顿（Russell Dalton）的问题十分相关："为什么欧洲公民的选举机会未能与民主政治的大体发展趋势保持同步呢？"（1988：57）。

其他参与方式

为了补救选举的低质量（thin quality），主张参与的民主主义者寻求公民行动主义的辅助方式。与选举相比，参与可能具有更高的强度和专属性。但在目前情况下，这种经验只被少数人所分享。即使是在比许多国家"表现更为出色"的美国，也并没有某种方式能够实现大多数人的参与。例如在英国，大部分人并没有参与接触官员、政党竞选、集团活动或直接行动（参见表 3.1），积极的行动者（intense activists）会偏离常规并表现得几近反常。

这些参与活动的水平是否能表明民主的范围或是民主的健康状况呢？有各种不同的方式对它们进行了解释。有人可能会认为，导致人们去联系本地议员或进行示威游行的诱因是不满意而非满意。在英国，1989—1990 年期间由于民众对保守党政府引入人头税的不满，激起了广泛的抗议，甚至是在不太可能出现抗议的地区也发生了。因此，行动主义者普遍感到担忧的，不仅包括政策，而且还有对于政治体系回应人们所感知到的需求（felt needs）的能力。某些种类的抗议，包括采取直接行动的极端形式，试图将精英的注意力转移至某些被长期忽视的问题上。经由这些方式，行动主义者将会表明民主的成功之处及其失败之处。对于沉默者的解释（表 3.1 的主旨）同样存在问题。虽然沉默在部分情况下反映出满意，但我们肯定不能假定所有情况都是如此。一些人会像"退出"一样感觉很疏离,另一些人则感觉行动的成本高于收益,而其他一些人则认为问题根本无法解决。因此,对于人们的情绪和民主的健康运行,我们不能轻易作推断。

政 治 参 与

潜存于这种讨论之下的是这样一个假设,即上文所描述的活动确确实实构成了"政治参与"的界定范围。但这也会产生一些问题,影响测量指标的建立,这些问题围绕着这一疑问:什么是"政治的"参与(Parry,1972)?

举例来说,困难经常存在于如何描述与代表或官员具有更多联系的个人的政治特征(political character)。民主国家中的这些活动在何种程度上应该被视为参与? 如果有人将其的注意力仅仅局限于普通公民所认为的"政治"活动或议题,那么政治科学的范围将会大大缩减。在英国,低于20%的当地受访者认为他们的活动是"政治性的"。更多的人认为地方议题是政治性的,但即便如此,也只有不足半数的人从这个角度看待住房供给、交通事务、法律、秩序或环境和规划问题(Parry and Moyser,1988:38—51)。其中的具体原因有待推敲,但"政治"与政党的介入有着普遍的联系,同时"政治性"长期带有贬义色彩。

政治是一个构建出来的术语,我们没有必要受限于日常语言。然而,为何一些联系活动可以被解释为非政治性的,且与民主指标并无关系,这个问题还存在另一原因。也许有人会说,维巴和尼(1972)所界定的"特殊联系"(即为了个人或家庭事务而联系代表和官员)缺乏普遍性,这种普遍性在概念上属于政治性的一部分。从理论上讲,这是一种具有说服力的观点。但从实践上讲,它很值得怀疑。首先,个人和公共之间的尖锐分歧难以厘清。为个人私利披上公共利益的外衣是一种很精明的策略,许多环境问题就是如此。在其他情形下,个人和公共之间存在着某种真正的混合。家长会为孩子及其自身而对学校地址的可接近性提出疑问,此类质疑日积月累,最后可能上升为地方当局的问题。同样地,一旦私人"消费者"对于公共住房状况和其他服务的投诉不断集中,也可能成为地方政治的主要议题,促成进一步的集体"政治"活动。其次,由于消费主义的因素与民主的任何测量指标无关而遭到排斥,这是一个错误。及时回应实施服务方面的投诉可能并不是民主最崇高的方面,但我们不能忽视它是形成公民尊重和支持民主的一个因素。公民宪章的想法是很有道理的,将发言权与忠诚相结合比鼓励疏离和退出要好得多!

参与和政治机会结构

对于主张参与的民主主义者而言,他们寻求重新定位公民生活将会扩大参与的机会。相反,现实主义者在很大程度上则对自由民主国家中发展出来的参与机会感到十分满意。这些参与机会的范围可能更易被清晰的跨国比较所接受。美国公民参与选举的频繁机会已被提及。类似地,实行全民公投且具备公民创制权(the initiative)的国家不胜枚举,但是机会结构要更加深入。密尔(1991)建议,应该让尽可能多的人从事陪审团(jury service)或教区办事处(Parish offices)的志愿服务,这构成其公共精神学派的重要内容。对这些人而言,密尔创造性地表达了工人合作的主张,这"使民主精神的最好愿景得以实现,至少是在工业部门"(Mill, 1965:793)。

参与机会的扩展可能会围绕官僚机构、教育、社会服务和家庭(Held and Pollitt, 1986,提供了一项有用的调查)而展开。几乎全部的参与机会都涉及某种形式的权力分散或权力下放,而且很多参与机会都需要对组织化知识体系的控制提出根本性挑战。从主张参与的立场来说,尽管在许多情况下将会出现对这些机会结构是否属于真正的民主特性的争议,它们仍然应当被纳入民主化的指数之中。举例来说,主张选举产生家长式政府的学术流派,就会涉及一些社会服务的运行,比如日间护理中心、住房经营合作社、参与当地环境保护机构,以及公民对医疗资源分配的政策输入(有多种可能,可参见 Boaden et al., 1982; Gyford, 1991)。类似地,在英国,作为介于市场和国家之间的"第三股力量"的组织势力得到了大规模扩张,美国也已经形成了崭新的参与平台(Ware, 1989a, 1989b)。但是,在消费主义和对这些发展的公民权定位两者之间,应该划清一条界线。一些人,或者说是大多数人,他们致力于地方政府和福利消费者服务分权化。其他一部分人更倾向于自下而上,并且尝试增加公民参与(Gyford, 1991; Hoggett and Hambleton, 1987)。

几乎可以肯定,在这些领域内有着大量的机会可以增加公民参与,以使得像消费者或者公民这样的普通人有能力成为信息灵通者(Parry, 1989)。同样地,主张参与的民主主义者希望强化代议程序。尽管多元民主政治将重点放在代表上,但在代表性非充分方面,至少仍然存在两个可争议的方面:第一,利益以一种不平等和有些随意的方式被代表;第二,利益并未以一种充分民主的方式进行内部的自我组织。

传统的多元主义者对于第一个问题以压力集团的市场化运行作为回应。进入到这个市场以后,因参与不足和其他障碍而导致的偏见能够得到充分的了解,至少对全盘接受提出质疑。目前,大多数多元主义者已经认同这一点(Dhal, 1982)。近些年的另一种回应是,对基于功能代表制的早期多元主义形式的兴趣被重新激发(Hirst, 1989)。与此相伴随但却不同的是,对集团权利存在一种全新的兴趣(Kymlicka, 1989)。一般而言,如果代表是民主的一项测量指标,那么,现代公民社会的密集性和复杂性可能就需要整合进指标量表中。目标通常是一个更为密集的代表体系(另见 Bobbio, 1987; Leca, 1992)。

任何集团代表的第二个维度——无论是否正规化——是团体的内部民主。所有团体都趋向于寡头统治,这意味着它们未必会像自己所声称的那样代表团体成员的利益。从激进的立场出发,长期以来,这都是驳斥传统多元主义民主主张的有力论据(McConnell, 1966)。然而,地方社区行动者的代表质量,就如全国性团体代表的质量一样重要。因此,在《多元民主的困境》一书中,达尔(1982:80)指出,团体多元主义体系提出了根本性的问题:对公民和民选代表提出的公共议题实施的最终控制造成了冷漠。如果分权意味着发展成为不负责任的寡头政治,那么分权将不是民主的(Smith，1985)。相反，对于现实主义民主论者而言，所有这一切是毫不相干的。萨托利认为，"在结构中寻求民主而非在相互作用中寻求民主"是反精英主义者所犯的错误之一(Sartori，1987：151；原文的强调)。

平 等 和 参 与

对于一个民主政体而言，维巴和尼的团队主要关心参与平等性就像参与数量一样具有潜在的重要意义。确实，维巴和尼提出了一个困境，单纯提高公民参与的水平而不随之进行任何其他改变，可能会强化不平等。此外，参与越有效，社会中的有利条件就越可能被发现(另见 Pizzorno，1970)。

"一人一票"应该被涵括在选举制度中，这使得选举成为一种相对平等的参与方式。但对任何其他的公民参与方式而言，"每个人都有发言权"当然不真实。参与的多维度性意味着各种不同的方式恰恰不会集中于一种方式(Parry et al.，1992；Verba and Nie，1972；Verba et al.，1978)。以英国为例，就参与活动的每一个维度而言，拥有更多更好的财富和教育资源似乎并不会自动转化为更高的参与程度。当然，或许更具意义的是那些参与不足的弱势者(Parr et al.，1992：63-84)。他们还未能成功地通过提高其政治发言权来为自己弱势的经济地位寻求补偿(Parry and Moyser，1991)。

如果所有的参与方式被归纳为一个单一的总体性指标量度(如果剔除其他重要变量，这一测量指标可能具有误导性)，那么参与方式的倾向将会表现得更具一致性。这一点可以在表3.3中看出，表3.3阐明了参与水平(使用0—100的量度，参见本章末尾的注释)如何根据社会背景或个人背景的变化而变化。因此，将参与和教育水平联系在一起的习惯性做法得到了支持。即使其他的阶级差别相对较小，由个人资源的集合而形成的阶级概念还是表明了工薪阶层所拥有的优势。公民参与的性别差异较小，可能只是较多地强调了精英层面的女性地位不平等。如果有人开始解释"集体资源",如志愿团体的成员身份,我们就可以看出,这与更高水平的行动主义紧密联系在一起。一个人越是趋向于做合作者,其参与就越多。很明显,这其中包含着很多相互作用的力量,但就当前的目的来看,我们的研究兴趣主要存在于个人资源和团体成员资格之间比较普遍的正向联系之中。从总体上讲,众多的团体也意味着大量的优势。优势较小的志愿团体显示出最少的政治活跃度,并因此不去推动参与(Parry et al., 1992:85-111)。当然,也会存在许多例外的情况。以下可能性并未被排除:部分优势人群可能活跃在一些为劣势人群进行活动的团体中。尽管如此,在检测政治参与状况时,境况更好的人为了自我保护而进行共同组织的能力应当引起关注,而不只是在研究压力政治(Pressure politics)时才予以关注。

表 3.3　各种社会和个人特性下总体政治活动的分值

(A) 教育

	无资格	O 级以下	O 级	A 级	大学和成人教育	级别
分值	6.6	7.8	8.5	10.3	10.8	13.9
(N)	(686)	(169)	(247)	(89)	(146)	(98)

(B) 阶级

	工人阶级	体力劳动者和工头	小资产阶级	非体力的常规工作	工薪阶层
分值	7.2	7.9	7.2	7.6	11.2
(N)	(445)	(76)	(127)	(231)	(301)

(C) 性别

	女性	男性
分值	8.7	8.1
(N)	(621)	(806)

(D) 政党成员、工会和正式团体

	无	1	2	3	4	5
分值	5.2	6.8	7.3	9.9	11.5	18.3
(N)	(366)	(350)	(267)	(230)	(111)	(106)

　　注:每组分值代表一种双变量关系,即不受其他因素的控制。多变量分析请参见帕里等人(Parry et al., 1992)。

　　表3.4总结了即使是在一个被誉为民主典范的国家，资源分配的不平等所导致的参与方式的差异。在这里，总体政治活动的量度是根据一个"资源"测量指标而设置的，这个测量指标包含了教育资格、财富和组织成员的数量（参见本章末尾关于量度设置的注释）。其显著的相关性强调：一个人所拥有资源的越多，他就越有可能去参与政治。身处底层的人声音微弱，而身处顶端的人才会慷慨陈词。这些原因对于机会结构的扩展具有显著意义。情况很可能如此：分权制的决策中心会增加优势人群参与政治的机会，并且更为高效，这是对他们自身利益的实质性关照。权力分散可以保护那些稳固且资源丰富的集团自主行动的范围。毫无疑问，许多例子都可以证明，地方环境保护只是一块公共的屏障，这块屏障的背后其实是境况良好的人在抵制那些可能造福于失业人群或低收入人群的发展机会。我们常见的"邻避主义"（NIMBYism）的指控直接针对当地参与，这种指控可能会变成一个被主要利益团体所利用的武器，而这种通行的看法正是承认公共利益可能遭受参与团体的损害。

表3.4　不同资源水平下的政治活动分值(N＝1 210)

资源分值	活动分值	类别的%
0	3.94	1.5
1	4.45	6.6
2	6.11	8.6
3	5.90	10.3
4	6.53	11.6
5	7.58	11.9
6	7.59	11.2
7	9.43	8.2
8	8.07	8.2
9	9.84	5.5
10	9.87	5.4
11	13.93	4.1
12	13.90	3.3
13	16.64	1.7
14	20.13	0.9
15	24.81	0.5
16	41.29	0.3
17	51.71	0.2
	均值:8.39*	总计:100.0

　　* 与表3.2相比，资源变量的缺失值影响了均值(mean score)。

因此,权力分散可能会提高民主化的一项测量指标——参与决策的机会,它不一定能根据输入或输出来确保平等的必然实现,并确实可能带来不平等或不公正。公平需要同等的关切和对待,在这一层面上,它指向了权力集中的测量指标。起码有一点,对于分权制的决策中心而言,其自主权必须接受最低限度的宪法规则的限制。

参与的有效性和民主的回应性

参与的"有效性"至少有两个维度。其中一个是最活跃的参与者对大量不活跃人群主要关注问题的代表程度。第二个是精英对公民参与的回应度。这两个维度都不易测量。

当然,活跃分子的代表性与参与的平等性紧密相关。即使行动主义偏向于优势人群,这也并不一定意味着他们考虑的重点与境况较差的人完全不同。在英国的一项比较中,活跃分子与不活跃分子的议题存在着某些差别,但这些差别并不是很大。不太活跃的人趋向于优先考虑薪水和失业等实质性问题,而活跃分子则更多地强调"生活质量"问题或教育(Parry and Moyser,1991:89-92)。此外,当有人将关注重点转移到"谁表达了对哪些问题的关心"时,就将有证据表明这些"公众议题"包含了对那些期望获得物质收益的人的过度代表。因此,工薪阶层和富有者在环境和规划问题上更活跃,受教育程度最高的人更多地代表了那些对教育表现出关心的人。即使如此,受过大学教育的人也非常关心失业问题,虽然这些问题并没有必然直接影响到他们自身(Parry et al.,1992:254-266)。

然而,这些证据也存在着局限性。第一个局限性涉及议题,即优先考虑的问题,而非解决方案。这个问题我们到后面再谈。第二,政治机会结构也与之相关。劣势人群关心很多物质问题,如薪水或失业,而并不太在乎有效的公民政治参与。相比之下,规划、交通管理或学校停课等地方性问题或许会为有效的干预提供更多机会和渠道。

精英对公民参与的回应程度会成为人民统治的核心指标,但糟糕的是它很难检测。对于政党纲领的承诺和政府立法的研究鼓励选举问责的观念(Hofferbert and Budge,1992)。然而,公民将意见输入政党纲领的程度而非通过预期反应规则,是存有疑义的。在有关参与的研究中,关联性的测量指标已经得到运用(Parry et al.,1992;Verba and Nie,1972)。不过,不得不承认的是,它们的运用存在很大的局限性。它们将活跃分子优先考虑的问题与不太活跃的公众成员关联在一起。即使受到一些背景因素的控制,他们还是认为精英优先考虑的问题与那些活跃分子更为一致,这种一致性是指议题而非解决方案。如果我们不清楚最佳解决方案是否达成了某种程度的共识,那么在"什么问题需要解决"上达成这种一致性就不一定是信息充足的。这并不是在削减一致性,而是它还需要改善和发展。

对于现实主义学派的一些人来说,在议题上达成模糊的一致性可能是我们能合理预期的全部东西。尽管公众或许明白有些问题在影响他们,但事实上只有政治阶级清楚且详细地了解各种可供选择的解决方案(Nordlinger,1981)。这就是政治阶级被选举出来以后要做的事。选举决定了谁来治理,但没有清楚地说明要做成什么事(Sartori,1987:109)。这些理论美化了将领导回应性作为民主测量指标的想法。这种观点在传统关于代表的讨论中很常见,但它具有持久的相关性。这里再次引用萨托利的观点:

> ……回应性仅仅只是代议制政府的一个要素而已。一个轻易向需求妥协和轻易让步的政府,会变成一个极不负责任且有辱使命的政府。代表不仅是对民众负责,更要为民众负责。(Sartori,1987:170;原文的强调)

回应性和责任之间的差别表明:公民观点(不论是参与者还是不太积极的人)和政治代表之间的尖锐分歧没有给自由民主人士(a liberal democrat)造成任何疑虑。再者,争论的焦点在于,在最后的分析中,只有一种参与方式需要被考虑纳入民主指标——选举期间在一些职业政治家之间所进行的自由投票(参见 Beentham,1993:64)。

关于指数的问题

如果没有进一步的解释或界定,似乎就不存在完全无可争辩的参与指数,因此我们可以认为,无需更多解释或证明,更多的活动确凿地表明:集体中的民主才更为广泛。民主的竞争性理论给出了一个截然不同的评估体系,通常用于测量参与及其各种组成部分。

这背后潜伏了一个更大的问题,这个问题涉及政治科学或社会科学中指数的效度问题。也许值得一提的是一些案例,它们表明了这场大辩论是怎样影响参与研究的。政治科学常常希望对不同国家的参与水平作出比较。原始数据有时被引用,但却很容易受到背景条件的限制(contextual qualification)。前文中已经提到了英国和美国的选举水平,它们必须置于有关选举的不同政治机会结构的背景下。但对于剔除一些解释性因素而言,例如美国例外论表明自己具备了不同的参与方式,这可能只是问题的开始。首先,A 国的参与水平较高,B 国的参与水平较低,可能并不表示 A 国更具参与式的文化,这可能只是一种复合效应(compositional effect),区别可能在于 A 国比 B 国有着更高的平均教育水平,控制这种复合效应可能将两国的相对位置转换为参与指数(参见 Przeworski and Teune,1970;另见 Verba et al.,1978:32-45)。比较的做法可能面临的第二个困难在于,识别各国是否存在一个与参与模式共有的深层结构。袪除复合效应的第一个阶段意味着,在被比较的每个国家中,资源和参与的基本关系,以及各种参与模式的分化都是相似的。如果这些关系存有差异,比较实质上就没什么意义了,这是因为从某种意义上讲,被调查的现象根本不具有可比性。无疑,维巴等人声称不仅存在这种深层结构,而且这种深层结构还很明显,即使其存在受到"最大差异"(maximum difference)这种研究设计所提出的最为严峻的考验,这种研究设计中截然不同的文化是为了研究而被精心挑选的。

对于使用跨国界、跨文化指数而言,最彻底的攻击来自于"阐释主义"

学派。对于该学派的论者而言,"参与"的含义取决于特定的文化、亚文化,甚至是个体。因此,J.施瓦兹(J.Schwartz)认为,通过"概念透镜"可以观察到大量的活动,而参与是一个依"概念透镜"而定的主观现象(Schwartz, 1984)。对他来说,除了通过文化帝国主义的形式——它将一整套观念和意义施加给每个人,伊朗人和西方人将会赋予参与完全不同的意义,这使比较成为可能(Schwartz, 1984:1128-1132;另见 Parekh, 1993: 171-172)。

这样的论断必然存在一些问题。例如,对于中东欧的"基础选举"和成熟民主国家的"常规"选举,两种参与情况的比较是存在问题的(参见《选举研究》中的文章,*Electoral Studies*, 9(4), 1990)。总体而言,他们提醒我们要仔细审视指数的"功能对等"(functional equivalence),而不是单纯地依赖一两个指标。除此之外,施瓦兹提到的文化帝国主义也会为我们提供另一个解答——西方自由主义民主(对萨托利来说,这是唯一的民主)及其概念框架的传播。只有在基于同意的政治词汇这一语境下,我们才能理解民主化指数的产生。但正如我们所见,即使在民主观念达成了某种共识的地方,对于哪些因素及其以何种权重纳入到指标体系这一问题,不同的观念还是会导致不同的替代性方案。

注　释

表3.2—3.4中运用的总体政治参与分值(0—100)计算方式如下。有19项对应地进行了赋值:"从不"＝0;"1 次"＝1;"有时"＝3;"经常"＝5。国家和欧洲选举的两项赋值:"是的,投了票"＝1;"没有投票"＝0。地方选举的项目赋值:"从不"＝0;"部分选举"＝1;"多数选举"＝2;"每场选举"＝3。这就得出了最大值19×5＋2×1＋3＝100。需要注意的是这个最大分值是指在五年时间内。这项调查是在1984至1985年间进行的,ECRS提供了资金,非常感谢他们的支持。调查的主持者是杰兰特·帕里和乔治·莫伊泽。总体资源量度(0—19)是根据增加教育水平(0代表未受过教育,5代表最高水平)、财富水平(0代表财富拥有量最低的5%,5代表财富拥有量最高的5%)和组织化成员的数量(0—9)来计算的。这就产生了一个从0—19的指标体系,但是最高的资源分值是17。

参考文献

Barber, B.(1984) Strong Democracy: *Participatory Politics for a New Age*. Berkeley: University of California Press.

Beentham, D.(1993) "Liberal democracy and the limits of democratization," in D.Held(ed.), *Prospects for Democracy*, Cambridge: Polity. pp.55-73.

Boaden, N., Goldsmith, M., Hampton, W. and Stringer, P.(1982) *Public Participation in Local Service*. London: Longman.

Bobbio, N.(1987) *The Future of Democracy*. Cambridge: Polity.

Crewe, I.(1981) "Electoral participation," in D.Butler, H.R.Penniman and A. Ranney(eds), *Democracy at the Polls: A Comparative Study of Competitive National Elections*. Washington, DC: American Enterprise Institute. pp.216-263.

Dahl, R.A.(1971) *Polyarchy: Participation and Opposition*. New Haven, CT and London: Yale University Press.

Dahl, R.A.(1982) *Dilemmas of Pluralist Democracy: Autonomy vs Control*. New Haven, CT and London: Yale University Press.

Dalton, R.(1988) *Citizen Politics in Western Democracies*. Chatham, NJ: Chatham House.

Dunn, J.(ed.)(1992) *Democracy: The Unfinished Journey 508 BC to AD 1993*. Oxford: Oxford University Press.

Farrar, C.(1988) *The Origins of Democracy Thinking*. Cambridge: Cambridge University Press.

Finley, M.(1973) *Democracy Ancient and Modern*. London: Chatto and Windus.

Gyford, J.(1991) *Citizens, Consumers and Councils: Local Government and the Public*. Basingstoke: Macmillan.

Held, D.(1987) *Model of Democracy*. Cambridge: Polity.

Held, D. and Pollitt, C.(1986) *New Forms of Democracy*. London: Sage.

Hirst, P.(ed.)(1989) *The Pluralist Theory of the State*. London: Routledge.

Hofferbert, R. and Budge, I.(1992) "The party mandate and the Westminster model: election programmes and government spending in Britain, 1945—1985," *British Journal of Political Science*, 22:151-182.

Hoggett, P. and Hambleton, R.(eds.)(1987) *Decentralization and Democracy: Localizing Public Service*, Occasional Paper 28, Bristol: School for Advanced Urban Studies.

Kymlicka, W.(1989) *Liberalism, Community and Culture*. Oxford: Oxford University Press.

Leca, J.(1992) "Questions on citizenship," in C.Mouffe(ed.), *Dimensions of Radical Democracy*. London: Verso. pp.17-32.

McCloskey, H. (1964) "Consensus and ideology in American politics," *American Political Science Review*, 58:366-381.

McConnell, G.(1966) *Private Power and American Democracy*. New York: Knopf.

Milbrath, L.(1977) *Political Participation: How and Why Do People Get Involved in Politics*(2nd edn). Chicago, IL: Rand McNally.

Mill, J.S.(1965) *Principles of Political Economy: Collected Works of John Stuart Mill Vol. III* (ed. F.E.L.Priestley). Toronto: Toronto University Press. (Original work published 1848.)

Mill, J.S.(1991) *Considerations on Representative Government*(World's Classics edn).Oxford: Oxford University Press. (Original work published 1861.)

Nordlinger, E. (1981) *On the Autonomy of The Democratic State*. Cambridge, MA: Harvard University Press.

Parekh, B.(1993) "The culture particular of liberal democracy," in D.Held (ed.), *Prospects for Democracy*. Cambridge: Polity. pp.156-175.

Parry, G.(1972) "The idea of political participation," in G.Parry(ed.), *Participation in Politics*. Manchester: Manchester University Press. pp.3-38.

Parry, G.(1989) "Democracy and amateurism—the informed citizen," *Government and Opposition*. 24:489-502.

Parry, G. and Moyster, G.(1988) "What is 'politics'? A comparative study of local citizens and leaders," in D. Sainsbury (ed.), *Democracy, State and Justice: Critical Perspectives, and New Interpretations. Essays in Honour of Elias Berg*. Stockholm: Almqvist and Wiksell International. pp.33-54.

Parry, G. and Moyster, G.(1991) "Voices and signals—active citizens and the market-place," in M.Moran and M.Wright(eds), *The Market and the State: Studies in Interdependence*. Basingstock: Macmillan. pp.81-99.

Parry, G. and Moyster, G. and Day, N.(1992) *Political Participation and Democracy in Britain*. Cambridge: Cambridge University Press.

Pateman, C.(1970) *Participation and Democracy Theory*. Cambridge: Cambridge University Press.

Pizzorno, A.(1970) "An introduction to the theory of political participation," *Social Science Information*, 9:29-61.

Przeworski, A. and Teune, H.(1970) *The Logic of Comparative Social Inquiry*. New York: Wiley.

Riker, W.(1982) *Liberalism vs Populism: A Confrontation between the Theory of Democracy and the Theory of Social Choices*. San Francisco, CA: Freeman.

Satori, G.(1987) *The Theory of Democracy Revisited*. 2 vols Chatham, NJ:

Chatham House.

Satori, G. (1989) "Under-comprehension," Government and Opposition, 24:391-400.

Schumpeter, J.A. (1952) *Capitalism, Socialism and Democracy* (5th edn). London: Allen and Unwin.

Schwartz, J. (1984) "Participation and multisubjective understanding: an interpretivist approach to the study of political participation," *Journal of Politics*, 46:117-141.

Smith, B. (1985) *Decentralization: The Territorial Dimension of the State*. London: Allen and Unwin.

Steed, M. (1972) "Participation through western democratic institutions," in G. Parry (ed.), *Participation in Politics*. Manchester: Manchester University Press. pp.80-101.

Verba, S. and Nie, N. (1972) *Participation in American: Political Democratic and Social Equality*. New York: Harper and Row.

Verba, S. and Nie, N. and Kim, J.-O. (1971) *The Modes of Democratic Participation: A Cross-National Comparison*. Beverly Hills, CA: Sage.

Verba, S. and Nie, N. and Kim, J.-O. (1978) *Participation and Political Equality*. Cambridge: Cambridge University Press.

Ware, A. (1989a) *Between Profit and the State*. Cambridge: Polity.

Ware, A (1989b) *Charities and Government*. Manchester: Manchester University Press.

Wokler, R. (1994) "Democracy's mythical ideals: the Procrustean and Promethean paths to popular self-rule," in G.Parry and M.Moran(eds), *Democracy and Democratization*. London: Routledge. pp.21-46.

第四章

民主的持续性：制度因素与
社会—经济因素

阿克塞尔·哈德纽斯

阿克塞尔·哈德纽斯(Axel Hadenius)：瑞典乌普萨拉大学，政治
科学教授，也是《民主与发展》一书的作者。

在一篇值得我们吸取教训的文章中，尤其是在拉丁美洲，利普哈特根
据欧洲南部地区发生的政治变迁指出了制度安排对于维持民主制度的重
要性。举例来说，他提醒我们：比例选举制（proportional electoral
system)比相对多数制(plurality formula)更具指导性，行政机关选择(ex-
ecutive selection)的议会模式比总统模式更好，分权的联邦制政府形式比集
权的单一制政府更可取(Lijphart, 1990:71-81)。这些建议与利普哈特著作
的主要宗旨相联系，即这些政治制度的建立可以促进社会中不同团体间的
合作，因而有助于减少政治冲突。他在《多元社会中的民主》(1977:25-44)
这项开创性研究中全面而详尽地阐释了这一观点。在书中，他提倡一种所
谓的协和式民主(consociational democracy)*，这是一种基于妥协与和解

---

   * 利普哈特在 1969 年首先提出了协和式民主(Consociational Democracy)。1977 年,他
在其代表作《多元社会中的民主》里对奥地利、比利时、荷兰、瑞士、加拿大、以色列、北爱尔
兰、黎巴嫩、马来西亚、塞浦路斯、阿尔及利亚和乌拉圭等国家和地区的政府结构及权力配置
进行了广泛的跨国比较和分析,系统完整地提出了协和式民主的理论,指出协和式民主具有
以下四个特征:(1)大型联合政府(Grand Coalition)。多个政党组成大型联合政府,实行行政
权力的分享。(2)社会局部自治权(Segmental Autonomy)。国家结构实行联邦(转下页)

的民主,除了比例代表制和分权化以外,还以大型联合政府(Grand Coalition)、决策过程中的相互否决为显著特征。

利普哈特可以说是强调政治制度对于民主的支撑具有显著重要性这一"学派"的关键人物。尽管某些社会与经济条件可能会产生一些负面影响,但有人认为,这些障碍能够利用一些巧妙的政治设计予以避免,这意味着首先要找到解决问题的合适的制度性措施。

一些倾向于政治与社会因素关联(politico-cum-sociological bent)的学者持与之相对的观点,S.M.利普塞特(S.M.Lipset)是其中最突出的代表。利普塞特并未忽视制度方面的问题。例如,在一项关于民主的先决条件的经典研究中,他建议关注联邦制和议会制度,以及根据多元主义方法构建一种选举制度。但他明确表示"虽然事关政府体制的这些变量十分重要,但也不及那些来源于社会结构方面的根本差异那样意义重大"(Lipset, 1959:98)。

何种条件对于民主的维系最为关键,这一问题自然得到了极大的学术关注,同时也极具现实意义。如果利普哈特所代表的观点是正确的,那么这将意味着那些护卫民主(这是当前国际舞台上最热的话题)的人应该致力于政治制度的调整与设计。人们就应该像美国宪法的创始者们那样行事,当然,这并不必然导致相同的结果。相反,如果利普塞特一方言之有理,那么人们就应当关注并试图去改变那些从根本上决定政府形式的物质与社会条件。为了维持民众的统治(popular rule),各种各样的经济与社会工程将会成为优先考虑事项。从这个角度上讲,根据这一观点,与诸如詹姆斯·麦迪逊(James Madison)和汉斯·凯尔森(Hans Kelsen)这些集中关注宪法制定问题的人相比,像亨利·福特(Henry Ford)这样的

(接上页)制,在族群聚居地区实行区域自治,享有高度的自治权。(3)权力分配的比例性(Proportionality)。议会选举实行比例代表制,根据得票多少,按比例分配议席;行政权力和公共资源的分配也实行比例制。(4)少数派的否决权(Minority Veto Rights)。少数派在一些主要的议题上拥有否决权,这包括语言、宗教、文化与教育等问题。协和式民主强调包容而非排斥,强调扩大统治多数的容量,而非仅仅满足于单一的多数。这种模式适用于异质性较强的多元社会,即在宗教、民族、种族、语言、文化和意识形态等方面严重分裂和尖锐对立的社会。在这类社会中,多数统治模式往往是非民主的,甚至是非常危险的。这是因为少数派被长期排除在权力之外,会失去对政权的认同,从而会导致政治不稳定,甚至激烈的暴力冲突和内战。——译者注

实业家或是贝弗里奇勋爵(Lord Beveridge)这样的社会政策领域的改革者,对实现和维系民主将做出巨大的贡献。

然而,在回顾了以上两大阵营的研究之后,我们很难判定哪一方正确,或者是否双方都有合理之处。在利普塞特的研究中,他对自己假设的与维系民主有关的诸多因素进行了详细论述,但他更为系统性的调查主要集中在与社会—经济发展水平(财富、工业化、教育和城市化)相关的变量上。继利普塞特之后,菲利普·卡特赖特(Philip Cutright)在若干年后进行的后续探究活动中也十分重视类似的解释性因素(Lipset,1959:75-100;Cutright, 1963:256-259)。爱德华·N.穆勒(Edward N. Muller)在其关于民主稳定性的一项最近的研究中,发现了另一类型的社会—经济条件的重要性。在他的研究中,公民间的收入分配差异是其主要兴趣之所在,但作为控制变量的经济发展程度也考虑在内(Muller,1988:61-65)。

在利普哈特所进行的经验性研究中,通过宽广的历史性展示,他仅仅着眼于作者自己所支持的制度安排(Lijphart,1977:119-222)。安德烈·布莱斯(Andre Blais)和斯蒂芬纳·迪翁(Stephane Dion)不久前提出了一项更为系统的调查。这两位学者探究了选举制度对于民主存活的影响,此外,殖民背景也被考虑在内。然而,与利普哈特的研究一样,社会—经济条件的重要性并未在两位学者的研究中提及(Blais and Dion,1990:255-262)。

因此,我们可以得出结论:首先,总的来说,只有少量、相对合适的关于民主持续性的经验研究是可用的。其次,现有的研究要么集中于社会—经济条件,要么集中于制度的特性。因此,本章节所呈现的调查研究包含了两类解释变量,这在同类型研究中尚属首次。

为了更显准确,我们引入了下列解释性条件。在制度方面,我将解释:(a)选举制度的类型,(b)是否存在联邦式的政府形式,以及(c)通过总统制还是议会制选择行政机构。除此之外,我还将探究(d)殖民背景的重要性。其他解释性因素首先包含了一些社会和经济发展指标,此外,社会收入分配也将被考虑在内。

在下文中,我将全面地探讨这些条件是怎样影响了民主的生存状况,不过首先还是对将要解释的对象以及进行调查的方法做出详细说明。

民主持续性和研究案例

不言而喻,民主持续性问题不应与民主水平(在某一个时间点上,从最低水平至最高水平)问题相混淆(Hadenius,1992:2;Muller,1988:52)。对前者而言,我们感兴趣的只是那些在某一时期内能够维持较高民主水平的国家,我们想探究这部分国家为什么能使这种政府形式持续的时间更长久。而对于后一问题而言,研究者们则必须首先划分出临界标准,即明确认定一个国家民主(或不民主)需要满足什么条件。

利普塞特的研究同时运用了以上两类标准。作者将欧洲和英语国家(即英属领地)区分为以下两类:(a)稳定的民主政体,(b)不稳定的民主政体和独裁政体。要被归为第一类,必须满足"自第一次世界大战以来,政治民主未曾间断;在过去25年里,未曾发生反对民主游戏规则的重大政治运动"。对于拉丁美洲,利普塞特(1957:73-74)的划分更为稳健:一类是民主政体和不稳定的民主政体,另一类是稳定的独裁政体。我们并没有得到相关国家对于政治民主所代表事项的说明,有关反民主运动的标准也很难被视为与之相关。[1]除此之外,这一划分方式也涉及方法论问题。由于它包含了一些在某一时期内从未实践过民主政府模式的国家(稳定的独裁政体),因此它不仅是一项对于民主持续性的调查,同时也是一项对非民主政体持续性的研究。此外,对全世界的各个地区使用不同的标准必然存在缺陷,这不仅会对可比性造成障碍,而且也难以从民主理论的角度得到证明(Hadenius,1992:35)。

卡特赖特想建立一套更为详尽且统一的测量指标。利普塞特运用了二分法(实际上是两类测量指标),而卡特赖特的目的则是在量表中建立一个因变量。因此,他提出了一套指标——在1940年至1960年期间的每一年,各国政府的立法机构与行政机构的选举和产生状况都将被赋予分值(Cutright,1963:255-256)。相应地,这套指标只关注民主的选举方面（不涉及政治自由）。此外，由于这套指标是对年度民主水平高低的概括性测量，因此它存在方法论上的缺陷，并由此兼具民主水平和民主持续性两类问题的缺陷（Bollen，1980：382-384；Muller，1988：52）。

与利普塞特相类似，穆勒也使用了二分法，不过他运用的标准更为普遍和适当。他对1960年以后共20年的情况进行了检测，区分了稳定的民主政体和不稳定的民主政体。不稳定的民主政体是指那些"由于军事或政府政变，选举舞弊或长期限制政治自由，或内战爆发"而转变为威权统治的国家（Muller，1988：52）。

布莱斯和迪翁研究了从1900年直到1985年期间的情况，他们的兴趣集中在有关选举程序的基本方面："通过以秘密投票、全民普选为特征的常规性和竞争性选举选定政治决策者。"（Blais and Dion，1990：253）如果某个国家在10年间（1975—1985）都达到了这些标准，那么该国就会被划分为稳定的民主政体。两位学者同时考虑了民主政体在失败（这里主要是指政变）之前能存在多久的问题，并对这一问题作了附加测量。在对政治民主观念的普遍认知方面（Dahl，1989：220-224；Hadenius，1992：28-32；Satori，1987：21-33），布莱斯和迪翁（像卡特赖特一样）并未对违反政治自由的情况（例如通过大量的紧急状态法规）作出解释，这必然被视为一项缺陷。据此，印度、马来西亚和斯里兰卡都被认定在10年间是民主的，但这似乎并不能令人信服（参见Muller，1988：55；Powell，1982：5-6）。两位学者坚持认为，只要是以合理方式选举产生的机构所作的决定，那么像紧急状态这样的干预就不是非民主的（Blais and Dion，1990：352）。但这真的只是个怪诞不经的观点。如果真的这样，那么1933年希特勒当选之后的上台执政（*Machtübernahme*）或1992年藤森（Fujimori）在秘鲁采取的一系列措施都完全可以被判定为民主的。[2]

我的研究中所运用的标准包含了一些与选举程序和维持基本政治自由相关的前提条件。就前者而言，首先，普选权是法定的。此外，选举必须是公开的（竞争性的）和真实的，选举产生的机构不应受制于其他非民选产生的权力机构（比如军事力量）。除此之外，还应该包括以下政治自由：组织自由（建立政党和其他社团、举行会议、集会等权利）、言论自由（表达自由和新闻自由）以及不存在政治暴力与镇压（例如政治谋杀、政治失踪、政治折磨和关押政治犯)。[3]

在专门检验制度因素的影响时,集中研究那些政治生活更为脆弱的国家似乎比较合适,这是因为那些国家的制度(如选举制度等)被赋予最高期望。在那些早已建立了较为稳定的民主秩序的国家,没有理由假设制度安排的变化会对政府模式的维持造成实质意义上的阻碍。相反,在这类国家中,与民主政体的微调(而不是其存在)相关的其他后果则成为了研究的对象(Blais and Dion, 1990:250; Taagepera and Shugart, 1989:235)。

因此,国家的选取被限定在所谓的第三世界国家。由于我们讨论的是民主持续性的问题,因此我们感兴趣的当然只是那些在一定研究时段内表现出了较高民主绩效的国家。此外,还需满足以下条件:第一,所有国家必须在同一个研究时段内。如果像布莱斯和迪翁的研究那样对不同国家设置不同的研究时段,将不利于进行比较研究。第二,在研究时段内,所有国家都必须是独立的,这是为了确保政府形式不受到某些超级大国(superior power)的强制。考虑到这些限制条件,有两项目标逐渐明确。为了确保牢固的实证基础,一方面我们得有大量的案例,另一方面研究时段要尽可能地长。不幸的是,这些想法与实际情况存在出入。我们越是想延长研究时段,就越得削减可用的国家数量(这是由于以上的假定,即在调查期间,所有国家必须是独立的)。因此,1970年至1989年这20年的时间段可能是一种合理的折中选择,在这个时段内,我们选择了31个国家。

民主持续性的测量主要需要一个能够显示出政治民主得以维持的所有年份的量表。[4]为了与前人的研究相结合,我也进行了另外两项测量,即选举民主与政变,这与布莱斯和迪翁建立的标准有关。前者(例如政治民主)是一个时间量表,但程度有所不同,因其忽视了政治自由。相反,后者是两分的,表明在某时段内政变是否会发生,或某国是否进入一个政权通过政变而登上历史舞台的时期。[5]各个国家在各方面的赋值已在表4.1中展示出来。[6]显然,政治民主和选举民主的数据相当一致,但仍有两个例外:毛里求斯和斯里兰卡,这是由于紧急状态法规的延长。在斯里兰卡这个案例中,从20世纪70年代初开始,直到该时段结束;在毛里求斯,是从该时段的开始,到20世纪70年代中期。

表 4.1　民主持续性的三项测量

	政治民主(年 *)	选举民主(年 *)	政变
阿根廷	6.1	7.9	X
玻利维亚	7.2	7.2	X
巴　西	4.8	4.8	X
智　利	3.7	3.7	X
哥伦比亚	19.8	20.0	
厄瓜多尔	5.4	5.4	X
秘　鲁	9.3	9.5	X
乌拉圭	7.2	8.0	X
委内瑞拉	20.0	20.0	
哥斯达黎加	20.0	20.0	
洪都拉斯	5.6	8.1	X
巴巴多斯	20.0	20.0	
多米尼加	11.5	11.5	X
牙买加	19.1	20.0	
特立尼达和多巴哥	18.8	20.0	
博茨瓦纳	20.0	20.0	
冈比亚	16.5	20.0	
加　纳	3.9	4.2	X
毛里求斯	3.1	20.0	
尼日利亚	3.9	3.9	X
塞内加尔	6.8	6.8	X
塞浦路斯	19.7	20.0	
以色列	20.0	20.0	
黎巴嫩	5.4	6.4	X
土耳其	6.1	8.1	X
印　度	18.2	20.0	
巴基斯坦	1.1	3.1	X
菲律宾	6.6	6.6	X
斯里兰卡	1.3	20.0	
斐　济	17.3	17.3	X
瑙　鲁	20.0	20.0	

* 政治民主(PD)时期与选举民主(ED)时期:

阿根廷 PD:1973 年 5 月—1974 年 5 月,1984 年 12 月—;ED:1973 年 5 月—1976 年 3 月,1984 年 12 月—;玻利维亚:1979 年 8 月—1979 年 11 月,1982 年 10 月—;巴西:1985 年 3 月—;智利:—1973 年 9 月;哥伦比亚 PD:—1989 年 9 月;厄瓜多尔:1984 年 8 月—;秘鲁 PD:1980 年 7 月—1989 年 10 月;ED:1980 年 7 月—;乌拉圭 PD:—1973 年 2 月,1985 年 11 月—;ED:—1973 年 2 月,1985 年 3 月—;洪都拉斯 PD:1971 年 4 月—1972 年 12 月,1986 年 1 月—;ED:1971 年 4 月—1972 年 12 月,1981 年 12 月—;多米尼加:1978 年 7 月—;牙买加 PD:—1976 年 7 月,1977 年 6 月—;特立尼达和多巴哥 PD:—1970 年 4 月,1970 年 11 月—1971 年 10 月,1972 年 6 月—;冈比亚 PD:—1981 年 8 月,1982 年 2 月—;加纳 PD:—1971 年 8 月,1979 年 9 月—1981 年 12 月;ED:—1972 年 1 月,1979 年 9 月—1981 年 12 月;毛里求斯 PD:1976 年 11 月—;尼日利亚:1979 年 10 月—1983 年 9 月;塞内加尔:1983 年 4 月—;塞浦路斯 PD:1974 年 7 月—1974 年 12 月;黎巴嫩 PD:—1975 年 5 月;ED:—1976 年 5 月;土耳其 PD:—1971 年 3 月,1974 年 1 月—1978 年 12 月;ED:—1971 年 3 月,1973 年 10 月—1980 年 9 月;印度 PD:—1975 年 6 月,1977 年 3 月—;巴基斯坦 PD:1988 年 12 月—;ED:—1971 年 12 月,1988 年 12 月—;菲律宾:—1972 年 9 月,1986 年 2 月—;斯里兰卡 PD:—1971 年 4 月;斐济:—1987 年 5 月。

观察表 4.2 中记录的三项测量变量之间的统计学联系,我们可以发现政变的发生与选举民主持续性之间密切相关,这不难理解。从定义上讲,政变是假设在民主背景下,由某种非法的、非制度性的力量驱逐民选官员和废除选举程序。出于某些不难理解的原因(已在上文中详细论述),政治民主和其他两项测量指标之间的关联性没有那么完美,不过这一相关性也相当强。事实上,就同质性而言,我们所选取的主要民主指标相当合理。无论我们是否考虑民主的两大组成部分——选举和政治自由,事实上只选择其中一个也不会有太大差别(参见 Hadenius,1992:70)。因此,假设这三个变量一般会在解释性测验中产生大体相同的结果是合理的。当论及社会—经济变量时,在这里确实与我们运用何种测量指标无关,情况就是如此。然而,对于制度性因素而言,却不是全然如此。因此,在后者这种情况下,我们应当注意政治民主以外的其他测量指标。

表 4.2　民主持续性的三项测量之间的关系:相关系数

	政变	选举民主
政治民主	-0.79	0.87
选举民主	-0.93	

解 释 性 变 量

就选举制度而言,我们将只观察多数选举制与比例代表制之间的区别。多数选举制("得票最多者当选"法则)的主要优点是通常会在议会中产生明确的大多数,并由此产生强势且稳定的政府,人们相信这也会有利于总体的政治稳定。这种制度在议席分配中有利于较大的政党,会导致有效政党数目的减少。在多数制法则的催生下,少数几个社会基础深厚且意识形态极为同质化的政党得以形成。由于其分散性特征,这种政权可被视为制度化的政治联盟。而这些政党则可以充当吸纳大部分人口的机构,或是融合社会中不同政治利益的工具。人们设想可以借助于政党的作用,进一步推进国家整合、培养政治宽容与政治节制。由于小党系统性的代表能力不足，那些会对民主进程产生威胁的极端团体被隔离在决策中心之外，这些团体的追随者们最终也会被"正常"政党所吸纳。此外，由于多数制容易造成赢家和输家之间的显著差别，这使得选举活动通常会对政府构成和政策实施造成直接影响。因此，若公民对现任政府的绩效普遍感到失望，他们便会轻易地将选票投给在野的政党。通过这种方式，多数制规则强化了政治职责和义务（Blais，1991：240-243；Blais and Dion，1990：253-254；Powell，1982：120-132；Taagepera and Shugart，1989：67-69）。

比例代表制（proportional representation，PR）的基本前提：社会意见的多样性应当在主要政治机构中有所反映。所有政治利益及其相应的党派，无论党派大小，都应该享有根据其所获票数而被代表的同等机会。这种更加公平的情况（就机会均等而言），应该会促进民主程序的合法性。然而与多数制相比，比例代表制也确实呈现出一些明显的缺陷。比例选举制在组建政府上经常缺乏决断力。由于许多相对较小政党的存在，组建内阁常常变成一种艰辛的事务，政党间相互讨价还价的游戏似乎比来自选民的"信息"更为关键。基于同样的原因，在比例制规则下，政府总体上更为弱势，存在时间也会短许多。然而另一方面，比例代表制的支持者也能够指出这一制度的不少优点。这一制度为少数派和新政治倾向的有效代表提供了一个良好前景，与多数制方式相比，它具有更大的包容性和回应性，也能保证社会的各组成部分都能在政治决策中发出自己的声音。因此，人们相信它可以减少潜在的冲突与社会混乱，并强化政治秩序。此外，在比例代表制下，选举投票率一般较高，原因在于这一法则使选民拥有更广泛的真正替代性选择，这将刺激公民的参与。随着与比例代表制相伴而生的政党制度日益碎片化，一般来说，政党与各类社会团体间的关系也更为紧密，这使得人们更加认同现有的一些政党。由于在议会中缺乏明确的政治多数派，反而产生许多必须通过相互合作组建政府执政平台（government platform）的少数派，因此，比例制可以增强政治领导人之间达成妥协与进行折衷的意愿，这样可以增强政治宽容并最终削减政治反对派之间的敌意。由此，妥协与折衷的政治风格被认为是不同政党之间博弈的后果。反之，在多数制下，党内关系的逻辑被假定为服务于同等的目标(Blais,1991:243-246; Blais and Carty,1990:175-179; Crewe,1981:251-252; Lijphart,1990:74-75; Powell,1982:111-132)。

这场关于选举制度的争论涉及了大型联合政府(Grand Coalition)的优点。正如上文所提到的,这种内阁形式是利普哈特强调的协和式"一揽子计划"(package)的一部分。这一想法最初是由阿瑟·刘易斯(Arthur Lewis,他是利普哈特诸多灵感的来源)提出的。这种观点认为,较大规模政府的优势是能使多个政党(与相关支持性团体)参与到国家决策的关键机构中去。因此,社会的任何重要部分都不会被排除在内阁名单所带来的权力与庇护(patronage)之外。人们认为,在一些欠发达的国家中,这一点是尤为重要的。这类国家亟需各种政治职位(political positions),因为这些政治职位几乎是提升经济与社会地位的唯一途径。在这种情况下,政治竞争的风险变得非常高,政治生活就可能呈现为一种不可调和的零和博弈状态。然而,通过建立广泛的权力分享制度,这一趋势会与那种零和博弈状态相匹配。通过这种权力分享的制度安排,相关的政治行动者将会与其政治对手合作,并依据双方协议来制定政策。这会为最初极为分化的团体逐渐形成一种和解、信任和理解的文化开辟道路(Lewis,1965:64-66; Lijphart,1977:25-30)。

与比例代表制概念紧密相关,大型联合政府的观念(我们可以将比例代表制的观点应用于政府行政部门)已经被批评为具有相似的缺陷。一直以来,它的主要缺点在于缺乏回应性与责任性。由于政府的一般形式不会在选举中受到争议,因此,投票过程必然会失去某种更为激动人心的因素。从公民的立场来看,投票(以及其他类型的参与)似乎是一件没什么政治意义的事。不管结果如何,政府的组建其实早已成为定局。大型联合政府模式常常通过巩固政治议程(political agenda),冒着减少政治制度中民众信任与参与的风险,强化政治精英的影响。除此之外,一些大型联盟内阁已经因为在有效治理方面得分较低而受到批评。由于这些大型联盟内阁由不同的(有时是强烈敌对的)政治阵营组成,为了确保各阵营的根本利益不受威胁,决策因而成为一项非常耗时的工程,决策结果也往往呈现为打过折扣的、于双方无害的妥协。正是由于这一原因,大型联合政府被指责为削弱了民主体制的整体合法性(Horowitz,1985:569-575;

Lijphart，1977：47-52）。

就联邦制和单一制政府而言，民主派学者通常会赞成前者。特别是当涉及一些发展中国家（其中很多国家饱受民族和地区分裂之苦）时，联邦制被认为能够为维持民主统治奠定基础。有种观点认为，联邦制能够提供更多可供分配的政治职位，在国家层面之外，还存在着大量具有重要意义的政治舞台（political arenas）。那些无法在国家层面的竞争中获取自身位置的政治团体，也许会在地区（州）层面看到成功的希望。在公共机构的政治职位被主要政治行动者奉为要务的社会中，联邦制结构可能会因此而消解赢者通吃（winner-takes-all）的局面，以及必然发生的强极化现象。除此之外，这种赢者通吃的极化现象非常容易出现。在另一方面，联邦制可以在缓和政治冲突方面发挥作用。由于联邦制蕴含了分权化的决策模式，因此，它能够在各种问题上增加自由裁量权的范围，社会中的各个阶层因此可以获得某些重大事务的自主权（例如教育、文化和税收领域）。这样一来，国家政治进程就可以从一些潜在的极具争议性的话题中抽身。联邦制的基本原理表明，联邦制可以为政治凝聚（political schooling）提供更多的机会。在这种制度下，即便是少数群体也有控制重要部门和运用政治权力的可能，这被认为能够增加少数群体的社会化程度，使其接受一种民主政治文化的熏陶。提供一个在地理位置上近在咫尺具有影响力的舞台（close at hand geographically），联邦制也被期望有助于促进地方层面的政党与利益团体的组建。此外，由于联邦制自身的性质，该制度本身就意味着政治权力的扩散。对于美国宪法的创始者们来说，一种联邦主义秩序的原型（archetype of a federalist order）是他们最为核心的关切。按照他们的理解，作为继承者，联邦制有助于形成一种分权制衡的秩序，这种秩序能够抑制权力的滥用，并维护民众的统治（Dahl，1971：226；Horowitz，1990a：217-226；Lijphart，1977：41-43；Lipset and Rokkan，1967：53）。

相应地，人们也假定联邦制存在一些优点。它创建了一种分散的权力结构，将社会各部分吸纳进立法和行政过程之中。同时，它也会通过各种方式缓解敌对政治团体间的紧张局势。因此，该制度也被认为是一种典型的和解与妥协的政权组织形式，"联邦制就是中间路线"（Rothchild，

1970;220；也可参见 Powell，1982；270）。尽管有一些广为称道的优点，但是许多国家的政治领导人并不相信联邦制的观念。由于联邦制意味着小规模的行政机构，不断重复的工作任务，以及经常是缓慢且复杂的决策过程，因此，该制度已经因为花费高、效率低而备受谴责。此外，人们还认为权力的下放会助长政治的离心力量。人们担心，建立（或维持现有的）联邦秩序会为分裂主义倾向提供契机，因为权力的分散往往是走向分裂的第一步。因此，运用中央集权的单一制政府形式是维护国家和平、民族和睦的一个重要前提条件（Horowitz，1990a；224；1985；222-224；Rothchild，1970;207，218；Zolberg，1966;62-63，70）。

与那些已然被引入的制度性因素相比，人们对这一问题关注较少，即行政机关选举方式上的差别。议会制或者总统制对于民主的持续性而言，是否具有重要意义。然而，由于胡安·林茨（Juan Linz）的著作，这一问题近来已经成为各种学术讨论的中心问题。他坚持认为，总统制确实在一些方面不利于民主政治。在他看来，总统制的一个主要缺点是，在总统选举中，各政党所冒的风险实在是太大了。也就是说，获胜的候选人能够获得全部的权力与荣耀，而失败者却一无所有。在这种情况下，政治斗争将会变为一种零和博弈，其特点是严重的社会极化。在议会制下，由于考虑到了让步，选举的结果其实并没有那么明确。在这种情况下，联盟政府以及其他的权力分享形式都是很常见的，这为各个党派孕育了合作与团结的氛围。由于授权期限无法更改，失败者们必须等待很多年才有可能掌握（通常是较为核心的）行政部门的权力资源，总统的固定任期会进一步加重这个问题。这种状况可能会导致政治对手的疏离，并最终削弱其民主忠诚度。即便某一政府无能、身陷丑闻，或是已经失去了追随者的信任，这种由固定任期带来的僵化体制使得变更政府成为极度困难之事。如果是在议会制下，面对类似情况，必要的变革将会进行得更为顺利。与前面的问题有一定关联的另一个更进一步的问题是，如果代表某种政治倾向的议会多数派倾向于反对总统，就将导致可能引爆政治与社会冲突的制度竞争（institutional rivalry）。为了打破僵局，这种冲突有时会引起军队的干预。此外，总统的两个角色（既是国家元首，又是行政首脑）与人民授予的个人化权力相结合，这可能会使权力持有者沉浸于一种最高政治地位的假想,导致他/她拒绝承认该职务受宪法性限制。相反,在议会制下,首相/总理更像是一位政治家,他担任议会多数派的发言人,不代表国民的意见,也不扮演民众领袖的角色(Lijphart,1990:75-79;Linz,1990:52-68;Linz and Stephan,1989:56-57;Przeworski,1991:34;若要参见一些不同观点,参见 Horowitz,1990b:73-76)。

最后,我们要谈及殖民背景的制度性因素。传统观点认为,从民主的角度来看,英国的遗产有其优点。主要观点如下:相比于其他殖民国家(法国、葡萄牙、西班牙等),英国在其殖民领地内建立代表机构的时间更早,也更深入。虽然这些机构的能力有限,但它们使得当地民众(或者至少是精英阶层)熟悉了多元主义的政府形式,并通过自由而公正的选举形成了代议传统。即使在获得独立后,这种传统可能会在一些地方保留下来。此外,人们还认为英国在殖民地发展出了功能良好的行政管理体系,特别是司法制度。同时,当地民众通过所谓的"间接统治",在很大程度上被纳入了这种行政管理过程。因此,有人宣称前英国殖民地的民众经受了这种行政管理文化的社会化熏陶,这有助于消解权力滥用与专断(Emerson,1960:230-236;Killingary,1986:416-418;Smith,1978:71-72;Weiner,1987:19-20)。

如果我们转向问题的社会—经济方面,我们首先得探明社会与经济发展的影响,这可以根据识字率、能源消耗量与农业从业人员的百分比予以测量。根据现代化理论,这些领域的发展将会带来社会的整体性变革,继而将推进民主政治。人们认为,如果民众拥有较高的文化程度,就可以进一步促进开放与宽容,可以赋予普通人更多的知情权并让他们对政治问题的认识更为深刻。这会转而促进政治参与,集中表现为更高的投票率、更多的政党与社团活动等方面。随着国民教育程度的提高,与之相伴随的工业化,以及随之不断上升的整体繁荣,那些正式排除在影响力之外的团体将会获得更多的政治资源,并因而在政治生活中拥有更多的发言权。经济发展也将创造出更多用于实现分配目标的国有资产。因此,对于公共部门而言,满足多种需求并没有那么困难,这有可能会降低竞争性团体间的紧张程度,为缓解社会对抗、建立民主所包含的和平的冲突解决模式奠定基础(Apter,1987:25;Deutsch,1961:474-478;Pennock,

1979:223-232；Randall and Teobald，1985:18-21）。

从古至今，人们普遍推测，公民之间收入与财富的分配对于民主政府的运转是至关重要的。社会中过分悬殊的贫富分化被认为不利于民主的维持。一直以来，问题的核心都在于，经济资源容易转化为政治资源。一种不平等的经济分配不仅会决定人们的社会地位与生活方式，同时也会影响人们采取有效政治行动以维护自身利益的潜能。更为重要的是，经济与政治影响力的相互强化将会引发快速的资源集中，这将会加剧不平等，并进一步激发社会中的紧张局势与不信任。另一方面，试图通过政治改革来彻底解决这些问题并不是一件容易的事。其中一项选择是直击不平等的根源，推出财产再分配计划，例如进行土地改革等。但是，这一做法似乎只有两种结果：如果议程的制定非常审慎，那就会遭到利益受损团体的顽固抵抗，这将最终促使其采取不民主的行动；或是（由于上述原因）沦为一纸空文，使本应从计划中获益的人们产生不满。另一项选择是通过加大（就业、住房、教育等方面的）公共支出，改善穷人的处境。在短期内，这些投入会深得民心，但从长远角度看，这种被称为经济民粹主义的政策会在诸多情况下导致一些经济不平衡问题，如财政资产流失（drained fiscal assets）、大量外债和恶性通货膨胀，并削弱社会对民主制度的支持。换句话说，人们认为，严重的经济分化会导致深刻的社会与政治冲突，也正因为如此，要想在民主的背景下有效地化解这些基本困境，将会非常艰难（Dahl，1971:54-55，88-89；Pennock，1979:232-233；Sachs，1989:2-10，23-25）。

前 人 的 研 究

上文已经表明，前人的研究已经探讨过我们现在所考虑的两项制度性因素，即选举制度与殖民背景。在实证检验中，布莱斯与迪翁发现，在采用比例制选举的国家中，民主更容易遭受挫折。他们因此得出结论，"相对于比例代表制而言，多数制更有利于民主的存活"（Blais and Dion，

1990:256)。但通过对一些受英国制度遗产影响但民主稳定性却比其他国家更好的欠发达国家观察,他们对这一观点进行了修正。然而,由于这些条件是彼此紧密关联的,即几乎所有的前英国殖民地都采用了多数制,他们将自己的研究局限于选举制度与殖民背景这两项被认为很重要的因素(Blais and Dion,1990:258,262)。

就民主持续性而言,早前的研究并未对大型联合政府、总统制、议会制的重要性进行探讨。不过,对各个国家在社会—经济发展水平和收入分配方面的差别却一直有所讨论。利普塞特(1959:75-79)表明,在他的全部社会—经济指标与民主维系之间,存在明显的正相关关系。在卡赖特(Curight,1963:256-260)进行的技术更为先进的调查研究中,这种关系具有更大的显著性。人们认为,这两项研究中的证明过程其实是对两位作者的理论前提进行证实,即一个事物(社会—经济条件)在影响着另一事物(政府形式)。但是,这里所表明的只是一种统计关系,我们或许可以用其他方式来解读这种统计关系:持续的高民主绩效也为社会—经济领域的发展与进步奠定了基础。换句话说,以上的测量只能表明存在某种关系,但是我们无法测定是哪种因果关系,即谁决定着谁(Rustow,1970:342)。

穆勒研究了收入不平等对民主稳定性的影响。正如理论推导所预料的那样,作者发现,在被研究的国家中,前五分之一的高收入群体所占的国民收入份额(upper-quintile income share)与其维持民主体制的能力之间,存在紧密的负相关关系。即便对经济增长的差别进行控制,情况也大致相同。因此,穆勒认为,"如果民主政体创建于一个收入分配极不平等的国家,这种高度不平等很可能会破坏该政体,并导致民主制度被独裁统治所取代"(1988:66)。但即便是在这种情况下,这种因果关系也会产生一个问题,这是由于这些事物之间的相互影响可能恰恰就是我们所假设的。[7]

非常多的早期研究都曾经探讨过这一问题。现在,让我们来仔细地看一看,基于本研究的现有依据,制度与社会—经济的解释方案分别是如何接受检验的。

研 究 发 现

对制度因素的重要性进行探索之后,我们可以在表 4.3 中发现,四项制度因素与政治民主持续性之间存在一致性。众所周知,人们已经普遍假定:联邦制结构下的就业率会对民主产生激励。但是,这里使用的是非常宽泛的联邦制定义,这意味着,只要是宪法规定了区域自治及其官员民选的国家,都在这一范畴内。我们没有给予这种假定以论证,这是由于在民主持续性方面,联邦制国家与非联邦制国家显示出了十分平均且几乎相同的记录。[8]

表 4.3 制度因素与政治民主:平均年数的差异与相关系数

	平均	(N)	
联邦制的	11.8	(9)	
非联邦制的	11.5	(22)	$r = 0.02$
联 盟	13.0	(7)	
非联盟	11.1	(24)	$r = 0.11$
多数制	12.2	(19)	
比例代表制(PR)	11.2	(12)	$r = 0.08$
议会制	15.0	(13)	
总统制	9.0	(18)	$r = 0.43$

我们可以从表中的 N 值看出:在被研究的国家中,联邦制结构并不是特别普遍,对大型联合政府而言更是如此。如果要对调查期间及调查前十年的大型联合政府进行解读(在这种情况下,考虑最近的历史遗产似乎也是合理的),我们已经探明,只有不足四分之一(33 个国家中只有 7 个)的样本国家曾有过这一经历。就民主绩效而言,这部分国家是否与其他国家截然有异呢?事实上,情况是这样的:与其他国家相比,曾经经历过大型联合政府的国家一般具有更长的民主持续性。显然,这一发现与利普哈特提出的观点是一致的。但是,我们必须得出这样的结论:这很难有力证明利普哈特的看法。[9]

在选举制度方面,我们可以看到,采用多数制的那类国家有着更理想的结果。[10]这一结论反过来支持了布莱斯和迪翁的研究发现,尽管他们的研究中所显示的效应更为显著。从一定程度上讲,这一分歧是由测量上的差异造成的。如果我们使用选举民主(这与布莱斯和迪翁所运用的标准更为接近),而不是政治民主,那么我们就可以看到一个更为显著的结果:与那些采用比例代表制($r=0.19$)的国家 12.0 年民主持续的平均值相比,采用多数制选举的国家平均值为 14.5 年。但即便如此,这也只能被判定为一种非常温和的趋势(a quite modest tendency)。

当谈到林茨所特别强调的主题——各个国家在行政机关选举方式上的差别时,就会表现出更为显著的效应。[11]这意味着,议会制下的政治民主通常比总统制下的政治民主维持的时间长很多。毫无疑问,这一发现支持了林茨对后一项制度的批评。如果我们的检测往前更进一步,从双变量测试转变为多变量测试,那么对林茨观点的支持就会变得更为明显。如表 4.4 所示,在对现有的其他制度条件进行配对检测时,议会制与总统制的差异非常显著,已经成为了主要解释因素。

表 4.4　制度因素与政治民主:三项多元回归

	标准回归系数	T 值	解释方差(%)
议会制	0.44	2.518	
联邦制	0.06	0.351	18.5
议会制	0.42	2.501	
联　盟	0.11	0.564	19.3
议会制	0.47	2.522	
多数制	0.11	0.564	19.1

我们回忆一下,布莱斯和迪翁的研究曾表明:与其他国家相比,那些受到英国影响的国家更可能支持民主程序。本研究的这一发现也表明了这一点。然而,表 4.5 和表 4.6 显示,效应的变化很大程度上取决于我们对民主持续性运用了何种测量。变量的匹配证明了政治民主持续性与我们所讨论的因素之间存在明显的关联性:英国殖民背景造成了民主统治的平均数存在 5 年的差异。而在讨论选举民主时,这一效应更为显著。与前英国殖民地国家相比,此处存在近 7 年的差距。同时我们也可以注意到,相关系数高达 0.5。如果看一下政变的发生情况,这是一项与选举

民主体制的崩溃与否有关的测量指标,我们可以发现一个同样显著的趋势:前英国殖民领地鲜少发生政变,而在一些具有不同殖民联系的国家则普遍呈现出这种政变模式。

表 4.5　殖民背景与政治民主:年平均数的差异与相关系数

	平均	(N)	
英国背景	14.2	(15)	
非英国背景	9.2	(16)	$r = 0.37$

表 4.6　殖民背景与选举民主:年平均数的差异与相关系数

	平均	(N)	
英国背景	16.6	(15)	
非英国背景	9.7	(16)	$r = 0.50$

众所周知,某些民主特征是与英国遗产相伴随的,不仅包括多数制,还有议会内阁制。因此,考察议会制或总统制是否影响殖民背景的差别(还是说,这只是后者的一个虚假反映),当然是很有意思的。表 4.7 和 4.8 阐释了这一点。我们再一次从测量中得到了迥然不同的结果。对于我们主要的检测对象——政治民主而言,我们可以放心地认定殖民因素并不是问题的答案(不能够以 T 值 0.77 为标准,而判定其在统计上显著[12])。造成这一重大差别的原因,是各个国家在行政机关选举方式上存在差异。因此,议会制的积极效果,就成为支撑政治民主的关键性制度前提,而在总统制下,反之亦然。

表 4.7　行政机关选举、殖民背景与政治民主:多元回归

	标准回归系数	T 值	解释方差(%)
议会制	0.32	1.505	
英国背景	0.16	0.766	19.7

注:这两项解释变量的相关系数(r)是 0.62。因此,应当没有共线性(colinearity)风险。

表 4.8　行政机关选举、殖民背景与选举民主:多元回归

	标准回归系数	T 值	解释方差(%)
议会制	0.20	1.505	
英国背景	0.38	1.772	28.4

　　至于选举民主,情况则相反。在这一情况下,英国因素显示出重大的影响,而内阁选举因素的影响则较为次要(且在统计学意义上并未被确认)。换句话说,在维持选举民主方面,前英国殖民地国家常常身处有利地位。这一发现反过来更为准确地解释了"英国因素如何作用于有关国家政治环境的形成"这一问题。正如前文所述,本章强调了两个方面:(1)英国人留下了定期和公正选举的长期传统;(2)为了保护公民权利与法治而建立的行政与司法制度是另一个值得注意的问题。由于后者与政治自由的维持(被列入政治民主指标,该指标与英国因素的关联较少)有关,因此我们有理由相信前者更为重要。除此之外,这也更普遍地表明,某些民主程序可以通过重复实践得到加强。因此,较早引入民主政府的一些基本前提条件,似乎更有可能使后面那些条件(即行政和司法制度)得到应用(参阅 Huntington, 1991:40-46)。

　　就政治民主最重要的制度条件,即政府所运用的选举形式而言,很难令人相信其本身就是维持民主统治的结果。这意味着,随着时间的推移,民主国家会从一种形式走向另一种形式,这是一个似乎没有证据证实的模式。这样一来,毫无疑问,因果关系会在我们预测的方向上运行。[13] 然而,出现反向关系的可能性必须普遍地视为社会—经济因素方面的问题(Muller, 1988:52)。要应对这一困境,我们必须从较早的时候就开始收集有关这一问题的信息,由此假定的因果情况才会先于政府模式的最终变化。我们有可能获取这种信息(自 1970 年开始)并用于社会与经济发展的测量。但在研究时段内,收入分配不均方面的有效信息可能十分分散。所以在这种情况下,我们的因果推论(仅限于出现重要相互关系)必须立足于"收入分配模式一直保持稳定"这一假设,并出于同一原因,不易随政治行动而改变。除此之外,我们还面临着一个问题:在三分之一以上的国家样本中,我们都找不到任何有用的收入分配数据。基于以上原因,我们应当谨慎地解释这部分结果。

　　表 4.9 呈现的是社会—经济变量的双变量测试结果。以一些符合现代化理论的特征为起点,通常情况下,人均能源消耗被视为衡量普遍生活水平的一项指标(人均 GNP 作为等效测量,得出了几乎相同的结果[14]),而农业从业人员的百分比是为了更具体地说明生产生活的进步程度。除

此之外,民众识字率表明了国民教育的发展水平。[15]不难发现,所有这些变量都表现出与某种可预测属性之间存在联系,并因此表明,这些方面的发展会促进民主政府的持续性。这一结果明显符合利普塞特和卡特赖特在先前的相关检测中得出的结论。[16]

表 4.9　社会—经济因素与政治民主:相关系数

能源消耗	0.43
农业从业人员	−0.46
识字率	0.30
收入份额,最低的 20% 群体	−0.36

在关于政府形式的先决条件的理论话语中,长期存在这样一种看法:人们在经济方面的贫富差距会损害民众的统治。在对于这一问题的实证调查中,穆勒(1988)提供了一些证据以证明这一推论的准确性。如果看一看表 4.9 所呈现的研究发现,我们可以得出结论,即穆勒的研究与当前研究指向了同一个方向。数据显示,在政治民主指数与不同国家中收入最高的 10% 人口的个人收入份额之间,存在一致性,并显示非常显著的负面联系。这表明(考虑到我们假定的因果关系),在那些富裕人口占有"蛋糕"的最大份额的国家里,民主常常更为脆弱。

因此,在双变量测试中,我们考虑的所有社会—经济因素都显示出与民主持续性存在本质的联系。既然如此,那么在何种程度上,这种联系模式会转变为这些变量之间的相互控制呢?由于发展水平的三项测量之间存在十分紧密的内在联系[17],因此,计算出虚假关系(spuriousness)的存在是合理的。此外,有趣的是,我们可以检验一下这项研究是否能够证明穆勒的发现。也就是说,即便控制了各个国家社会—经济发展上的差别,收入平等与民主持续性之间的联系也依然存在。

从表 4.10 中我们可以发现,在另外两项社会—经济变量的背景下,识字率(即国民教育程度的指标)的重要性大幅降低。这两项变量在相互控制方面做得相当好,但由于目前考虑了能源消耗量,因此,它们的统计显著性水平较低(在单尾检验中,只有 0.10 的水平)。[18]至于第二个疑问——关于收入不平等的影响,我们发现与穆勒的结论相反。也就是说,即使采用统计显著性最适度的要求,收入不平等这一变量也没有在成对比较(pair-wise confrontation)中取胜。换句话说,这一调查表明了这样一个事实:在民主持续性的社会—经济前提方面,经济发展水平是最为重要的决定性条件。

表 4.10 社会—经济因素与政治民主:五项多元回归

	标准回归系数	T 值	解释方差(%)
能源消耗	0.37	1.865	
识字率	0.10	0.505	18.9
农业从业人员	−0.41	−2.162	
识字率	0.11	0.578	21.9
能源消耗	0.26	1.380	
农业从业人员	−0.36	−2.162	26.0
能源消耗	0.33	1.745	
收入份额,最低的 20% 群体	−0.21	−1.112	21.6
农业从业人员	−0.37	−2.015	
收入份额,最低的 20% 群体	−0.20	−1.081	24.1

然而,本研究一个最为核心的问题仍待解决,即民主政府形式是否运行良好,究竟取决于制度特征还是社会—经济特征(抑或二者兼有)。在制度方面,我们自然需要关注主要的解释变量——行政机关的选举形式。当首要经济变量也能够进行解释时,这一制度因素的影响是否仍然存在?反之是否亦然?在表 4.11 中,我们可以发现这一问题的结果。从中可以看出,即便是在这些检测中,主要的制度变量(议会制或总统制)都表现出了重大的影响。同样有趣的是,我们的两项经济发展变量也一直充当着解释性因素的作用。这些发现对解释性方差的总体性水平并不是特别高(约30%)的事实持保留态度,这表明其他情况或许也很重要。在这种情况下,这些发现必然引导我们得出这样的结论,即对于支撑民主统治而言,两方面的条件都很重要。[19]

表 4.11 制度因素、社会—经济因素与政治民主:两项多元回归

	标准回归系数	T 值	解释方差(%)
议会制	0.40	2.561	
能源消耗	0.35	2.211	30.4
议会制	0.30	1.781	
农业从业人员	−0.35	2.076	29.0

结　语

　　虽然应当承认,研究中案例数目的有限性带来了不确定性,涉及收入分配变量时更是如此,但这一调查还是传递了十分不同的信息。在民主持续性的制度前提方面,有一项特征是最为重要的,即政府行政机关的选举方式。更准确地说,在议会制下,民主似乎更容易兴盛,而在总统制下,民主更不容易存活。此外,我们可以发现,社会—经济条件即经济发展水平,也具备一定的重要性。简而言之,与其他国家相比,那些达到较高生活水平且业已突破农业生产阶段的国家更容易维持政治民主。因此,为了更有效地支撑民主统治,应当还有很大的改进空间,这需要同时借助于经济创新者和宪政改革者。

注　释

　　1. 此处利普塞特所关心的是:到底是共产主义政党还是法西斯主义政党获得了多于 20% 的选票。然而目前看来,民主的关键问题不在于选举时选票的分配,而在于它对政府模式的实际影响。

　　2. 从历史的观点来看,这种观念可以追溯至雅各宾派的大众政府理念(Holden, 1974:41-42)。

　　3. 关于这些标准,更详细的说明请见 Hadenius(1992:ch.3)。如果一个国家被认定为民主的,那么它应当在给定的 0—10 分的 10 个民主水平指数中获得 75 或更高的分数。此外,对于每项标准,该国应该被置于个体量表的最大四分位点上。

　　4. 应当注意:民主制度必须存在一个月以上。实际上,这一限制只影响到了一个国家,即 1991 年的智利。

　　5. 此处指的是,在新政权存在一个月以上的地区所发生的成功干涉活动。因此,1981 年冈比亚发生的政变未被考虑在内(政变并未成功),1974 年塞浦路斯的权力转移也未被考虑在内(只持续了一周)。目前,最普遍的政变模式是军事干涉,但也可能是政府中的政党(例如塞内加尔的情况)或是总统个人(例如菲律宾的情况)篡夺权力。

　　6. 使用的主要资料来源:《大赦国际组织年鉴》(*Amnesty International Year-*

book,多个年份)、《不列颠百科全书》(*Encyclopaedia Britannica*)、《世界自由》(*Freedom in the World*)、《政治权利与公民自由》(*Political Rights and Civil Liberties*)和《基辛氏世界大事记》(*Keeting's Record of World Events*)。

7. 正如穆勒所指出的,他的结论是在以下条件中得到证实的:对不平等的观察先于或同时发生于民主政治的崩溃时期。考虑到手头数据的性质,这一要求只能得到粗略的满足(Muller,1988:52,54-55)。

8. 如果不采用二分法,我们可以采用一个量表,按照程度对联邦制进行划分:(1)较强的联邦制(如阿根廷和印度);(2)较弱的联邦制(如巴基斯坦和委内瑞拉);(3)部分区域自治(如毛里求斯、特立尼达和多巴哥)与(4)非联邦制。我们几乎得到了相同的结果($r = 0.04$)。需要指出的是:就选举制度与行政机构的选举而言,如果这些形式在调查期间发生了变化(这在少数情况下曾经发生过,如斯里兰卡在1978年时从比例代表制与议会制变为了多数制与总统制),那么,我们的分类会立足于运作时间更久的那项制度。

9. 如果进行限制性更强的测量,对长期的联盟经历与短期的联盟经历进行区分,也不会显著改变测量结果($r = 0.10—0.15$)。

10. 在不止一个代议机构的情况下,我们所指的是下议院。

11. 如果要被划归为总统制,应当达到以下两个标准:(a)直接的民众普选,以及(b)固定任期。此外,值得一提的趋势是,反对选举民主的相应强度和政变这两个变量与民主持续性的相关系数分别为 $r = 0.44$ 和 $r = 0.41$。

12. 以下两项显著性水平是可适用的:

双尾检验	T值	单尾检验	T值
0.01 水平	2.58	0.01 水平	2.33
0.05 水平	1.96	0.05 水平	1.65
0.10 水平	1.65	0.10 水平	1.28

13. 这的确也应当适用于选举民主中的英国影响因素。

14. $r = 0.42$。

15. 社会—经济状况的信息来源于:《国际贸易和发展统计手册》(*Handbook of International Trade and Development Statistics*),1988年的联合国贸易和发展会议(UNCTAD)、国际劳工组织(*ILO*)的《劳工统计年鉴:人口普查回顾 1945—1989,1990》(*Labour Statistics:Retrospective of Population Censuses*);以及1988年联合国教科文组织(UNESCO)的《统计年鉴》。

16. 如果采用20世纪80年代末以来的信息,我们将会得出以下结果:能源消耗,0.43;农业,0.24;识字率,0.33。这表明,在此期间,这些被测量的相互关系在很大程度上是持久稳固的。

17. $r = 0.46—0.53$。另见哈德纽斯(1992:84)。

18. 见上面的注释 12。

19. 就选举民主而言，我们得出了以下结果：

	标准回归系数	T 值	解释方差（%）
英国背景	0.44	2.783	
能源消耗	0.24	1.498	31.1
英国背景	0.44	2.812	
农业从业人员	−0.31	2.010	34.9

参考文献

Apter, D.E.(1987) *Rethinking Development: Modernization, Dependency, and Postmodern Politics*. Newbury Park, CA: Sage.

Blais, A.(1991) "The debate over electoral systems," *International Political Science Review*, 12(3):239-260.

Blais, A. and Carty, R.C.(1990) "Does proportional representation foster voter turnout?," *European Journal of Political Research*, 18:167-181.

Blais, A. and Dion, S.(1990) "Electoral systems and the consolidation of new democracies," in D.Ethier(ed.), *Democratic Transition and Consolidation in Southern Europe, Latin America and Southeast Asia*. London: Macmillan. pp.250-265.

Bollen, K.A.(1980) "Issues in the comparative measurement of political democracy," *American Sociological Review*, 45:370-390.

Crewe, I.(1981) "Electoral participation," in D.Butler, H.R.Penniman and A. Ranney(eds.), *Democracy at the Polls: A Comparative Study of Competitive National Elections*, Washington, DC: American Enterprise Institute. pp.216-263.

Cutright, P.(1963) "National Political development: measurement and analysis," *American Political Science Review*, 28:253-264.

Dahl, R.A.(1971) *Polyarchy: Participation and Opposition*. New Haven, CT and London: Yale University Press.

Dahl, R.A.(1989) *Democracy and Its Critics*. New Haven, CT and London: Yale University Press.

Deutsch, K.W.(1961) "Social mobilization and political development," *American Political Science Review*, 55:403-414.

Emerson, R.(1960) *From Empire to Nation: The Rise of Self-Assertion of Asian and African Peoples*. Cambridge, MA: Harvard University Press.

Hadenius, A.(1992) *Democracy and Development*. Cambridge: Cambridge University Press.

Holden, B.(1974) *The Nature of Democracy*. London: Thomas Nelson.

Horowitz, D.L.(1985) *Ethnic Groups in Conflict*. Berkeley: University of California Press.

Horowitz, D.L.(1900a) *A Democratic South Africa? Constitutional Engineering in a Divided Society*. Berkeley: University of California Press.

Horowitz, D.L.(1900b) "Comparing democratic systems," *Journal of Democracy*, 1(4):73-79.

Huntington, S.P.(1991) *The Third Wave: Democratization in the Late Twentieth Century*. Norman: University of Oklahoma Press.

Killingray, D.(1986) "The maintenance of law and order in British colonial Africa," *African Affairs*, 85:4411-4437.

Lewis, W.A.(1965) *Political in West Africa*. London: Allen and Unwin.

Lijphart, A.(1977) *Democracy in Plural Societies: A Comparative Exploration*. New Haven, CT: Yale University Press.

Lijphart, A.(1990) "The southern european examples of democratization: six lessons for Latin America," *Government and Opposition*, 25:68-84.

Linz, J.J.(1990) "The Perils of Presidentialism," *Journal of Democracy*, 1(1):51-70.

Linz, J. and Stepan, A. (1989) "Political crafting of democratic consolidation or destruction: European and South American Comparisons," in R. A.Pastor(ed.), *Democracy in the Americas: Stopping the Pendulum*. New York: Holmes and Meir. pp.41-61.

Lipset, S.M.(1959) "Some social requisites of democracy: economic development and political legitimacy," *American Political Science Review*, 53:69-105.

Lipset, S.M. and Rokkan, S.(1967) "Cleavage structures, party systems and voter alignments: an introduction," in S.M.Lipset and S.Rookan(eds.), *Party System and Voter Alignments: Cross-National perspectives*. New York: Free Press. pp.1-64.

Muller, E.N.(1988) "Democracy, economic development, and income inequality," *American Sociological Review*, 53:50-68.

Pennock, J.R.(1979) *Democratic Political Theory*. Princeton, NJ: Princeton University Press.

Powell, G. B., Jr (1982) *Contemporary Democracies: Participation, Stability, and Voice*. Cambridge, MA: Harvard University Press.

Przeworski, A.(1991) *Democracy and the Market: Political and Economic Reforms in Eastern Europe and Latin America*. Cambridge: Cambridge University Press.

Randall, V, and Teobald, R.(1985) *Political Change and Underdevelopment: A*

Critical Introduction to Third World Politics. London: Macmillan.

Rothchild, D.(1970) "The limits of federalism: an examination of political institutional transfer in Africa," in M.E.Doro and M.S.Newell(eds.), *Governing Black Africa: Perspectives on the New States*. London: Macmillan.

Rustow, D.A.(1970) "Transitions to democracy: toward a dynamic model," *Comparative Politics*, 2:337-363.

Sachs, J.D.(1989) *Social Conflict and Populist Politics in Latin America*. Cambridge, MA: National Bureau of Economic Research, Working Paper No.2897.

Sartori, G.(1987) *The Theory of Democracy Revisited*. 2 vols Chatham, NJ: Chatham House.

Smith, T.(1978) "A comparatives study of French and British decolonization," *Comparative Studies in Society and History*, 20:70-102.

Taagepera, R. and Shugart, M.S.(1989) *Seats and Votes: The Effects and Determinants of Electoral Systems*. New Haven, CT and London: Yale University Press.

Weiner, M.(1987) "Empirical democratic theory," in M. Weiner and E. Ozbudun(eds.). *Competitive Elections in Developing Countries*. Durham, NC: Duke University Press. pp.3-36.

Zolberg, A.R.(1966) *Creating Political Order: The Party-States of West Africa*. Chicago, IL: Rand McNally.

第五章
选举民主的程度可测量吗？
——来自保加利亚、肯尼亚、拉脱维亚、
蒙古和尼泊尔的经验

约根·埃尔克里特(Jørgen Elklit)：丹麦奥尔胡斯大学，政治科学资深讲师，同时担任丹麦外交部的顾问。他撰写的作品主要涉及选举制度、选举行为和政党。1994年间，他曾是南非独立选举委员会的成员。

承袭达尔(1971:1)的观点，本章写作的基础：将民主理解为一种政府对其公民偏好不断进行回应为特征的政府体制，在政治上对公民一视同仁。

达尔认为，为了让一个政府持续地对公民偏好做出回应，所有公民都必须拥有以下机会：(a)形成偏好；(b)通过个体和集体行动来向政府表明其偏好；以及(c)使他们的偏好在政府行为中受到同等的重视，也就是说，不因偏好的内容或来源而受到歧视(Dahl, 1971:2)。

当这些民主的理想被应用到现实世界，很显然的是：(a)没有哪个国家完全满足这些要求；(b)各国对这些要求的满足程度有所不同。为了能够区分理想的民主和实现这一理想的现实路径，达尔使用多头政体(*Polyarchy*)这一术语来指代后者(1971，1986a，1986b，1989)。[1]

在《民主及其批评者》一书中，达尔将多头政体定义为"由存在七种制

度所区分的一种政治秩序,一个被归类为多头政体的政府必须存在这七种制度"。这些制度指的是实际的、而不仅仅是名义上的权利和制度,具体包括选举官员、自由与公正的选举、包容的选举权、竞选公职的权利、言论自由、替代性的信息源(alternative information)以及结社自治(Dahl,1989:221)。

这七个要求可以被视为构成了民主化的两个不同维度——自由化(或公开争论)和包容性(或参与),民主化因而可被理解为是这两个维度的一种发展(Dahl,1971:4-8;也可参见 Svensson,1991)。在秉持同一传统的近期实证研究中,包括哈德纽斯(Hadenius,1992)、博伦(Bollen,1991)及 M.科皮奇和 W.H.赖尼克(M.Coppedge and W.H.Reinicke,1991)。

戴蒙德等人(Diamond et al.,1988:xvi;Sørensen,1993:12-13)基本上用同样的方法将政治民主定义为一种满足竞争、政治参与、公民自由和政治自由等条件的政府体制。显然,这些特性并不是衡量民主的全部变量。因此,各种政府体制或多或少都是民主的。

有观点进一步指出,相对于上述那些政府体制层面的改变,民主化是一个更为宽泛的过程。人们还必须关注那些有促进民主潜能的主要社会制度的发展,寻求人类基本需求的满足,以及加强民主训练和提升对民主的认识(Kusterer,1992)。

A.里夫和 A.韦尔(A.Reeve and A.Ware)提出了一个更为狭义的民主定义(1992:26)。他们认为,一个由选举产生的机构要想达到完全民主,需要满足三个条件:选民应该由直接受该机构决议影响的所有人组成;该机构的所有成员应是完全负责的;所有选民必须有平等的选举权。

本章聚焦于民主化进程中的选举因素。这一因素在概念上接近于通常所谓的政治民主,政治民主也关注政治权利和政治自由。然而,我更愿意谈论选举民主,一个与选举民主化进程相似的概念,因为这个概念直接关注领导选拔和公共参与这些因素。因此,必须有实际的政治自由和高效的选举管理,特别是竞争性选举作为促进民主重要的手段。K.库斯特雷尔(K.Kusterer,1992)认为,选举民主化嵌入民主相关先决条件(维护政治自由和公民自由、一个政治中立的政府、新闻媒介和非政府组织能够

获取信息的能力、公民教育以及教育体制和司法管理的有效性等)的程度
也应考虑在内。

M.哈罗普和 W.L.米勒强调:为了维持自由和民主的选举,更为宏观
的政治环境必须满足特定的条件。沿袭麦肯齐(Mackenzie)的观点,他们
列出了四个条件。其中一个特别重要,尽管它并非总是被明确地提及,那
就是"政治共同体普遍认可建构和限制权力斗争的特定游戏规则"(M.
Harrop and W.L.Miller, 1987:6-7)。

政治发展和民主化的比较研究通常主要是定量研究。一个原因是其
测量民主化和政治制度化的指标,具体包括参与、选举投票率、给予选举
权的比例、政治化的程度,还有各种解释因素的指标,如社会现代化的指
标,也易于使其适合测量和定量分析。尽管这些研究具有重要价值,它们
仍可能受到指责。也就是说,太过依赖易于进行定量分析的变量,将付出
没有更彻底地研究政治制度自身对民主化的影响,或者所包含的变量仅
与核心概念关系甚远两种代价。

本章还遵循另一种路径,认为对民主化的研究将受益于对政治制度
重要性重新开始的关注。这种对政治制度及其对民主化贡献的评估需要
对民主化个案进行深入、持续的思考。该观点是对 G.索伦森(G.
Sørensen)的主张的继承,即为了以更深刻的方式探知特殊个案的民主特
质,需要对它们进行详细分析(1993:19)。同时也内含在 K.格拉迪什对利
普哈特的评论中(K.Galddish, 1993; Lijphart, 1991)。

一次选举的民主性和单个制度对选举民主化的贡献,应该通过关注
这一选举制度的所有构成要素来更好地进行研究。这意味着一次选举
(及一种选举制度)的民主程度如果可以测量,其评估应该建立在对所有
相关行政程序和规章、相关机构的行为、政府提供公平竞选的可能性等进
行详细审查的基础上,而不是仅仅通过把现代化指数与投票率相关联等
来予以评估。

因此,本章所使用的选举民主化的比较研究方法是一种个案比较的
方法。由于评估通常会有直观性和定性的特点,如何测量选举民主的程
度这一问题成为关键之所在。

人们立刻会想到测量尺度的问题。这一测量所包括的大多数变量都

仅能够从分类量表或定序量表(nominal and ordinal scale)的层面测量。以此类变量为基础的任何聚集表达式(aggregate expression)都将与测量指标本身停留于同一层面,即分类量表或定序量表的层面。人们也必须考虑选举民主化的一些单项指标的不可比性以及多维度性。

因此,本章也将为正在进行的两大争论做出贡献:(a)定性方法与定量方法对于民主化之研究意义的对比;以及(b)由自由之家(McColm et al., 1991)、联合国开发计划署(UDNP, 1991, 1992)和哈德纽斯(Hadenius, 1992)所提供并为博伦(Bollen, 1991)所倡导的区间或比率水平(interval or ratio-level)的民主化指数的真实特性。(也可参见 Kusterer, 1992:19ff.; Sørensen, 1993:17-20)

1989 年后的民主化浪潮由令人眼花缭乱的多种因素构成,具体包括:改变宪法以提供更多的民主;改革司法机关;引入(或严肃对待)公民自由;电子和印刷媒体变得更具开放性和批判性;给予反对派媒体以财政支持;实行全民公投和以多党制为基础的竞争性选举;允许议会辩论;以及强化政治家对其行为的责任性。

因此,本章主要聚焦于某项具体选举制度和选举民主化程序的定性比较,而对整体民主化进程只做部分说明。此外,各国民主化进程并没有相同的时间起点,参与者、举行选举的次数和事件发生的顺序也不是完全相同的。然而,这五个国家都处于向民主过渡的决定性阶段(decision phase)(Rustow, 1970; Sørensen, 1993:40ff.),这就减少了对这 5 个国家进行比较时会出现的问题。

作为一个多维概念的选举民主应该如何实现可操作化呢? 本章将通过 14 个[2]因素进行概念的可操作化,把这 14 个因素作为达尔近几年所主张的多头政体所必需的 7 个制度保障的出发点(1971:3; 1986b:230; 1989:233)。

这七个制度是通过着眼于一个或更多具体的指标来实现可操作化的。基本概念与操作性定义显然存在密切的联系,科皮奇和赖尼克也注意到了这一点(Coppedge and Reinicke, 1991:49)。在一个民主/非民主连续统一体的一端中,操作性定义涵盖了民主理想。由于每种选举制度在每个维度/变量上都有其特定的价值,我们就应当能够测量一种选举制度是否比另一种选举制度在那一特定维度上更多还是更少民主。而我们是否也能够断言一种选举制度比另一种选举制度更加民主,这还有待进一步观察(Reeve and Ware,1992:3)。

达尔多头政体的 7 种制度	14 个操作性要素
1. 选举官员	在事先确定的固定任期内,议会的所有成员和总统(如果有)都必须在政治上对选民负责。
2. 自由与公正的选举	不同选民的投票应该有同等的价值。 选举制度及其管理部门不得被任何政党或候选人的利益所操纵,应该尽力避免选举欺诈和舞弊或者计票期间的渎职。 必须提供平等接触和使用公共电子媒体、报纸和杂志的机会,至少对全国性政党如此。 不得出现与选举有关的暴力或胁迫事件。
3. 包容的选举权	选民应由所有直接受到被选举机构所做决定影响的成年公民组成(Dahl, 1986a;May, 1978;Reeve and Ware, 1992:26, 52)。 在选举登记中,所有拥有公民权的个体都应该包括在登记程序中(Harrop and Miller, 1987:44-45)。
4. 竞选公职的权利	所有投票人都有竞选公职的权利。
5. 表达自由	不得妨碍言论自由。 不得妨碍集会自由。 所有政党和政治团体都应该被允许参加竞选,即登记。
6. 可供选择的替代性信息的存在和可获取性	不得妨碍寻求可供选择的替代性信息的权利。
7. 结社自治	不得妨碍结社自由。 所有类型的政治组织都应被允许;不应对民族的、种族的、宗教的或其他党派有歧视。

来自五个国家的证据

我们的经验证据来自五个国家:保加利亚、肯尼亚、拉脱维亚、蒙古和尼泊尔。之所以选择这些国家,部分原因是作者作为选举法顾问和选举观察员的经历所决定的。当然,在比较的视角下,样本的主要特质是既包含了前共产主义国家,也包含了非共产主义国家;既包括第二世界国家,也包括了第三世界的国家；既包括前一党制国家，也包括"无政党"国家（non-party state）。此外，这五个国家尽管都还处于民主转型的决定性阶段，但在最近几年中都达到了不同的民主水平。比起通常情况下的数据收集，这里所使用的数据收集允许对近期发展做出更新的讨论和分类（这些国家的相关背景参见 Ashley, 1990；Barkan, 1993；Batbayar, 1993；Bell et al., 1990；Borre et al., 1991；NEMU, 1993）。

表 5.1 给出了五种选举制度的基本信息。事实性信息是经过多种渠道收集而来的，包括作者的实地观察，但其中一些信息包含的判断还有待公开探讨。因此，此表只应该视为构建比较性简要概述的首次尝试。它可以被用于单个国家间的比较，也可用作国家群体之间的比较。

表 5.1　5 个国家在 1990—1993 年间有关选举民主 14 项指标的表现情况

	保加利亚	肯尼亚	拉脱维亚	蒙　古	尼泊尔
选举官员	是，任期四年	是，任期五年，**总统任命 12 位（共 200 位）国会议员**	是，任期三年	是，任期四年	是，任期五年
选票的权重	**1990：1/2 简单多数制；1/2 比例代表制**（汉狄法 *，门槛是 4%）**1991：比例代表制**（汉狄法，门槛是 4%）	简单多数制	**比例代表制（完全的圣拉古计算法****，门槛是 4%）	**全额连记法（Block vote）；26 个多议席选区（有 2、3 或 4 个议席），选民分别有 2、3 或 4 张选票。**	简单多数制；门槛是 3%（在上次大选中）

---

　　* 汉狄法为比例代表制的选举形式之一。基本规则为：每一党派所取得票数，除以一予以第一候选人，除以二予以第二候选人，除以三予以第三候选人。然后各党派所有候选人得票最多者（与议席数目比较）为胜。在澳门，不论是直接或间接选举，都采用"改良"的汉狄法，即一组别取得票数除以一予以第一候选人，除以二予以第二候选人，除以四（而非一般汉狄法的除以三）予以第三候选人，以几何级数除之分配予同组各候选人。此法首次应用在1992 年的澳门选举中。——译者注

　　** 圣拉古计算法（Sainte-Laguëmethod），又译圣拉格计算法，为以最高均数方法为基础的比例代表制选举形式之一。基本规则为：每一党派所取得票数，除以一予以第一候选人，除以三予第二候选人，除以五予以第三候选人。然后各党派所有候选人得票最多者（与议席数目比较）为胜。在经改良的圣拉古计算法中，第一个除数由 1 改为 1.4，以确保选举结果比起原来的计算方式更合乎比例。——译者注

（续表）

	保加利亚	肯尼亚	拉脱维亚	蒙　古	尼泊尔
选举舞弊	1990 年有一些,1991 年据我所知,没有。	是,有一些(但少于失败者所声称的)	没有	据 我 所 知,没有	不是很明显
平等使用大众传播媒体	在某种合理程度上是	否	在某种合理程度上是	是,由选举法保障	否
与选举有关的暴力或胁迫事件	**1990 年有,但很难确定具体数量。1991 年,据我所知没有。**	是,有一些	无	无	不是一个主要问题
选民	18 岁以上的男性和女性	18 岁以上的男性和女性	18 岁以上的男性和女性,**超过 30%的非拉脱维亚居民被排除在外**	18 岁以上的男性和女性	18 岁以上的男性和女性,**特莱(Te-rai)的印度居民被排除在外**
登记	自愿,选举人名单有很大的误差	自愿,管理不尽如人意;**15%或以上的人因"技术"原因不包括在内**	投票以拥有护照为依据	自动	**自动,5%—10%的人不包括在内,双重登记**
竞选公职的权利	年龄:21 岁以上,国家公职人员不得参选	**年龄:21 岁以上,必须会说英语和斯瓦希里语,警察、军队和其他国家工作人员不得竞选;不允许独立候选人竞选**	年龄:21 岁以上,前任或现任苏联国家安全委员会及安全部门的职员等不得竞选	年龄:25 岁以上,所有符合条件的蒙古公民	年龄:25 岁以上,一些公职人员不允许参加竞选
言论自由	是,宪法保障	原则上是	是	是,宪法保障,并在选举法中进行强调	是
集会自由	是,宪法保障	**获取集会许可的机会不平等**	是	是,宪法保障,并在选举法中进行强调	是,宪法保障
所有政党都应该被允许参加竞选	**1991 年:权利和自由运动党在登记时遭遇困难**	肯尼亚伊斯兰党(还有几个小党)登记遭拒	是,社会组织也获准推举候选人	是	**尼泊尔萨德瓦巴那党登记时被拖延,四个政党登记遭拒**

（续表）

	保加利亚	肯尼亚	拉脱维亚	蒙 古	尼泊尔
获取可替代性信息的权利和可能性	是,宪法保障	是	是	是,宪法保障	是,宪法保障
结社自由	是,宪法保障	仍然需要登记	是	是	仍然需要登记
组建政党不应受到妨碍	禁止民族、种族和宗教类政党	宗教类政党不得登记	没有限制	没有限制	以共产主义和教派为取向的政党不得登记

注:黑体字表示该要素需要给予特别关注。

尼泊尔可以作为第一种途径的一个例子。在 1990 年春天的民众起义之后,政党合法化了,并任命了临时的联合政府。该政府的主要目标是确保新宪法的实施和于 1991 年 5 月之前举行多党选举。随着 1990 年 11 月《宪法》的颁布和 1990 年 12 月/1991 年 1 月《选举法》的制定(由政府制定,政府被赋予了立法权),选举日期被确定为 1991 年 5 月 12 日(Borre et al., 1991)。公民自由、分权等也在宪法中得到很好的规定,并将立法机关分为两院。下院由自动注册的选民在 205 个单议席选区中以相对多数票选出。上院部分由间接选举选出,部分由国王任命。选民年龄原则上是 18 岁,而实际上介于 18 岁到 19 岁之间。

关于选举民主的程度,其主要问题是登记机构不能确保:(a)所有符合条件的选民都参加选举登记;(b)那些参加登记的人只在一个选区进行登记。首席选举专员估计,5%到 10%之间的目标选民(target electorate)没有参加登记,同时他不想评估双重登记的选民数量(Tiwari, 1992:215-216, United States Election Observer Report, 1991:20, 28)。但是,没有理由怀疑选民登记的状况危及了选举的结果公正。不过,它剥夺了相当一部分尼泊尔选民的选举权,从而拒绝他们参与议会代表的任命,这就难免使得议会和政府的合法性稍有降低。尼泊尔对民主规范和民主程序的其他背离有:

1. 竞选运动期间，各政党在使用媒体和曝光时间上存在显著差别；

2. 一些政党被拒绝予以登记；[3]

3. 年轻的选民和一些公职人员没有被允许竞选议员；

4. 由于最大选区的选民数量是最小选区的 17 倍，因而选票的价值差别很大。当然，小选区位于喜马拉雅山，那里的交通既困难又耗时。

5. 尼泊尔宪法规定：一个政党想要登记，就必须在上次选举中获得至少 3% 的全国选票。[4]这使小党实际上不可能第二次出现在选民面前。因此，它限制了选民的选择范围。

6. 只有尼泊尔公民可以登记。由于特莱地区有许多印度背景的居民，他们深受尼泊尔议会决议的影响。人们可以辩称，在真正的民主制下，他们应该被赋予投票权。

与 1990 年以前的情况相比，尼泊尔的选举民主化有了很大的进步。除了确保在登记程序中有更高的质量这一难题外，应鼓励其变为自动登记，还存在六个方面的问题，这些问题在不同程度上有损于尼泊尔达到完全的选举民主。同时，值得忧虑的这几个方面几乎与达尔指出的多头政体所必需的其中三项制度范围相同，即自由与公正的选举、包容的选举权和竞选公职的权利。这些制度或多或少属于达尔的包容（或参与）维度。因此，科皮奇和赖尼克（1991：51）对包容维度的看法似乎有些轻率（另见 Hadenius，1992：39ff.）。

这几个令人忧虑的方面在多大程度上降低了尼泊尔 1991 年大选总体上的民主性？这里无法给出确切的答案，定量研究显然无法给出。但是，在实际情况完全符合理想民主理论的要求之前，相关制度安排仍有相当长的一段路要走。[5]有关其他四种制度安排的情况（将会在自由化的标题下进行概述），显然好很多。

各种问题很难进行比较或者整合进一个评估方案。然而，我要指出其中两个最为重要的问题：对相当一部分符合条件的选民事实上拒绝给与其投票权，以及不平等地使用大众传媒。后一个因素给了主要政党过度的好处。选举制度的选择也有类似的影响。但是与其他因素相比，这些因素到底有多重要呢？

比较的一些问题

尼泊尔和保加利亚之间的比较显示：从达尔的三项制度安排（自由与公正的选举、包容的选举权和竞选公职的权利）的表现来看，保加利亚比尼泊尔更接近民主理想。在这一特定视角下，两种制度的相对排序是很明显的。

拉脱维亚和尼泊尔（或拉脱维亚与其他任一国家）之间的比较显示：拉脱维亚与其他国家不同，它否定（或推迟）很大一部分居民的选举权，即否定俄罗斯人的选举权。尽管这一政策的原因不难理解，但拉脱维亚在选举民主这一指标上得分很低。[6]

由于他们预设了明确的定位，拒绝给非本国公民的居民以投票权，所以很难进行准确的评估。此处的排位即是尼泊尔和拉脱维亚这两个国家分别位列第二和第三，排于其他国家之后（鉴于肯尼亚东北省的情况，肯尼亚可能处于一个中间的位置）。哈德纽斯（1992：39-42）指明了一国如何既关注选举权的要求，又关注如何根据除选举之外的一些其他基本原则来分配议席比例。然而，无论是哈德纽斯还是科皮奇和赖尼克（1991），他们都没有关注登记程序的有效性，这是有问题的。

投票权事实上的分配也取决于其制度是自愿登记还是自动登记，以及登记制度的管理能力（Harrop and Miller，1987：44ff.）。在这方面的相对排序是：蒙古、拉脱维亚和保加利亚并列、尼泊尔第四、肯尼亚第五。对于肯尼亚，人们会有这样的感觉：登记制度，包括登记成为选民的先决条件的国民身份证的发行，也故意用实际上拒绝给与一些选民以投票权的方式来管理（Kenya：Pre-election Assessment Report，1992；Macrory et al.，1992）。

对满足达尔衡量选举权的程度的两个指标，我们至少在理论上可以将两者结合在一起，以相对准确地判断有多大比例的成年居民在选举人名单中，以及多少人可能行使选举权。尽管很难确定可靠的人口数据，但可以提供一个该方面的评估性的相对值：蒙古为 1.00，保加利亚为 0.97，尼泊尔为 0.87，肯尼亚为 0.86，拉脱维亚为 0.70。

　　如果将这一评估值乘以哈德纽斯所测量的由选举选出的议会议席所占的比例，就能对选举权做一个相当有效的测量，尽管这仍是一种估计。由于只有肯尼亚的这一因素（在这里值为 0.93）偏离了 1.0，唯一发生了变化的也就只有肯尼亚，其值降到了 0.80，而其他四个国家仍是上述值。这样，这几个国家的排列顺序不变。

　　下一个需要关注的是所提供的竞选公职权利的程度。所有五个国家都规定议会的准候选人不能是最年轻的人群，三个国家设立了 21 岁的最低年龄限制，而另两个国家规定候选人要达到 25 岁。此外，保加利亚、肯尼亚和尼泊尔不允许一些国家工作人员竞选议员，而拉脱维亚不允许安全部门职员或与安全部门有关联的人员竞选议员。肯尼亚还规定竞选议员的人要精通两门语言，这一规定对于想要成为候选人的人不是一个重大的障碍。更值得批判的是，在肯尼亚，有政治抱负的人如果没有一个已登记的政党的支持，是不允许参加竞选的。此外，不可忽略的是许多反对党候选人在规定的期限内上交提名文件（nomination papers）时受到实质性的阻碍，他们的提名期限被限制为仅仅 5 个小时。

　　这些限制应当如何进行比较呢？在此，计算（易受相关数据有效性的影响）有多大比例的选民被允许担任公职候选人在理论上有可能的。对这些限制的定性判断可能更恰当，但却并不容易实现。我们姑且给出尝试性的答案，保加利亚、拉脱维亚和蒙古在同一水平，尼泊尔第四，肯尼亚显然是第五。

自由与公正的选举？

　　在对一个国家内部的制度条件进行比较，并在几个国家之间进行选举权和资格要求的比较之后，本部分在四个指标的基础上，讨论达尔的第二种制度要求——选举必须是自由和公正的，且仅伴有很少的或者没有胁迫。这些指标是：选票的权重、选举舞弊事件、政党使用大众传媒的平等程度、与选举相关的暴力和胁迫事件。

关于选票的权重，四个国家都是一人一票、同一选区内每票等值，因此选举权是平等的。但在蒙古，根据投票人所在多议席选区的议席数量，投票人有2、3或4张投票权。[7]这种制度被称为"全额连记法"*，其裁定制度是相对多数制。出于很多充足的理由，这种选举制度极少在全国层面使用。[8]

选票的权重不仅是每个投票人可投几票的问题，它还必须包含平等的成功机会和选区的大小，因为正如里夫和韦尔（1992：21）所指出的，保证民主就是保证政治平等。在简单多数选举制下，选区的大小尤为重要。而平等的成功机会与每位选民对总体选举结果的影响有关，这就导致相对多数制和绝对多数制下成功机会的平等性小于比例代表制下的平等性。

不同选举制度所追求的不同目标可以全部视为是与民主价值相容的（Lijphart，1984）。所以，没有理由说此处所考虑的任何一种制度是不民主的，蒙古的全额连记法可能是例外。然而，有人会认为，选票的权重应该通过同时考虑选举权平等的三个方面来测量（Garonne，1992：5；Poledna，1988）。成功机会的平等在拉脱维亚是最为显著的，其后是保加利亚、肯尼亚、尼泊尔和蒙古。三个国家有平等的投票权（下院的投票权），但蒙古和肯尼亚却违背了这一原则，两国的总统可单独任命12位议员。选区划分在多议席选区的国家里并不是什么问题（因为议席通常根据比例原则分配给选区），然而在肯尼亚和尼泊尔却是传统上一贯受关注的问题。[9]这些因素导致这些国家在自由和公正选举方面的排序：拉脱维亚、保加利亚、尼泊尔、肯尼亚和蒙古。

---

* 全额连记法规定，视应选名额的多寡，选民在选票单上可圈选足额的候选人。举例来说，如果有个选区要选三名代表，每个选民有三张选票，分别投给三位候选人。全额连记法的一个缺点是，掌握多数选票的党、派系或宗族易垄断选举结果，使得只占少数的一边完全没有代表。举例来说，假如一个选区要选出二名代表，而这个选区内有个家族控制了六成的选票，那么，如果使用全额连记法，这个家族支持的二位候选人，每位可得六成的票。因此，在全额连记法下，另外四成的选民，完全没有可能选出代表他们意愿的候选人。——译者注

一种选举制度的公正性也可以根据政党所获得的选票份额与议席份额是否相称来评定。表5.2对选举制度的这种公正绩效进行了测量。

表5.2　选举制度绩效的测量

	1990年6月的保加利亚	1991年10月的保加利亚	1992年12月的肯尼亚	1993年6月的拉脱维亚	1992年6月的蒙古	1991年5月的尼泊尔
最大党:议席的%——选票的%	5.7%	11.5%	**26.1%**	3.6%	**35.2%**	14.2%
最大党:人为制造的还是赢得的多数,抑或是自然的少数党	赢得的多数	自然的少数	**人为制造的多数**	自然的少数	赢得多数	**人为制造的多数**
参选政党的有效数量	2.8	4.2	4.2[1]	6.2	2.7	3.9
议会党的有效数量	2.4	2.4	2.8	5.1	1.2	2.5
r	12%	42%	34%	15%	57%	37%
D	5.4%	**24.8%**	—[2]	11.3%	**35.2%**	**19.3%**
投票率	90.8%	83.9%	66.1%[1]	89.4%	95.6%	65.1%
无效票	3%	?	1%—2%	?	**6%**	**4.4%**

1. 以170个选区为基础,也就是,不考虑无竞争对手而当选的17个选区和在本章写作时没有选举资料可用的一个选区。

2. 没有计算。当存在很多无竞争对手而当选以及一些议席不由选举产生时,D指数(比例失调指数)不能传达很多信息。黑体字表示需特别关注的要素。

这里使用了三种测量指标:(a)对于最大党而言,议席比例减去选票比例,以及这种选举制度是否产生人为制造的议会多数党、赢得的议会多数党还是自然的少数党? (b)r,从参选党到议会党,政党有效数量的减少;(c)D,汉比(Hanby)和卢斯莫尔(Loosemore)的比例失调指数(对这些测量指标的界定可以从下列著作得知,如 Elklit,1992;Lijphart,1984;或者 Taagepera and Shugart,1989)。

显然,保加利亚(1990)和拉脱维亚在选举得票数与议席相称的测量指标中得分最高,在此被认为是"选举制度公正"的衡量标准。对保加利亚1991年的制度[10]、尼泊尔和肯尼亚三者选举制度的公正程度做出明确的区分较为困难,但蒙古显然是排在最后的。比例代表制国家的得分通常比相对多数制的国家要好,所以这一排列顺序并不令人吃惊。

保加利亚和肯尼亚存在选举舞弊的问题,但即使在肯尼亚,选举舞弊问题也比 1992 年 12 月选举前国内和国际观察员的预期要轻微得多。此处的选举舞弊是指选举日实施的各种违规行为,包括非法驱逐选民、向选民提供党派补助、向投票箱投入额外的选票、计算"错误"以使其所偏爱的政党受益等。显然,其他的违规行为都比选举日所发生的违规行为更为重大,比如肯尼亚的例子。这些其他违规行为不视为此处所定义的选举舞弊行为,而是将它们视为与表 5.1 的相关要素有关。小规模的选举舞弊事件在尼泊尔 1991 年 5 月的选举中也有发生,但并不严重,也没有影响最终的结果。

国家民主化过程中的一个主要问题是:在竞选期间,大众传媒不能被各政党平等地使用。这不等于说应该在所有方面平等对待各政党,因为新闻工作的标准仍然决定日常新闻报道。然而,这一标准的使用也通常会对现任政府有好处,因此必须采取措施来纠正随之而来的不均衡。经验表明了这有多困难,但可以说蒙古和保加利亚的情况要比尼泊尔和肯尼亚更好。值得注意的是,蒙古选举法的第 21 条规定,竞选期间平等使用电子媒体。

保加利亚在 1990 年发生了与选举相关的暴力和胁迫事件,肯尼亚和尼泊尔也有发生。显然,由于对此类事件的报道也被用作竞选的武器和失败方的口实,因而很难说明此种暴力和胁迫事件的准确数目。

如果综合考虑选举公正的四个操作性指标,拉脱维亚位列第一,接下来是蒙古、保加利亚、尼泊尔和肯尼亚。

可以对五个国家进行排序吗?

剩下的四项制度安排,是民主政体/多头政体所必需的制度,达尔将其总结为自由化维度,其操作也并不那么困难。首先来看"选举官员",这一制度通过政治人物对选民负责的程度而测量。五个国家都采用这一制度，尽管议会任期长短的不等意味着负责程度的轻微差别。此外，有人可能质疑肯尼亚不由选民选举而由总统任命的 12 位议员对选民负责的程度。尽管差距很小，但通过对比仍可得出以下的排序：拉脱维亚第一，蒙古和保加利亚并列第二，尼泊尔和肯尼亚排在最后。

关于对表达自由的广泛保护，包括对现任政府的批评，对于这一点，五个国家与民主化进程肇始之前相比都有相当大的改善。在四个国家中，言论自由一般而不受侵犯，集会自由受到宪法保障。然而，在肯尼亚大选的前一年里，反对党受到公然歧视，很难获得事实上的集会许可权，以至于它们不能对其成员及潜在选民发表演说。

还应该注意：在保障表达自由标题下的第三个操作要素，就是政党应被允许参加竞选。但这一点并不是在所有国家应允的。这一要素与最后一个要素密切相关，它要求政党的组建不受妨碍。三个国家有宪法规定拒绝给有特殊倾向的政党登记：保加利亚禁止民族的、种族的和宗教党派（然而，在国际压力下，权利和自由运动党登记参加了 1991 年选举[11]），肯尼亚禁止宗教党派登记（所以肯尼亚伊斯兰党被拒绝予以登记），尼泊尔禁止共产主义的和教派的政党[不过特赖的萨德瓦巴那党（Sadvabana）最终还是登记了]。在这一变量上的排序是很明确的：拉脱维亚和蒙古第一，保加利亚和尼泊尔并列第二，肯尼亚最后。

随着过去几年状况和技术的改善，获取可选择的替代性信息对任何一个国家都不是问题，至少在原则上不是。然而，仍然存在一个问题，即由于缺少经济资源使得获取可供选择的信息成为少数人的特权。

关于成立结社自由，在政党的情况中已经有所论及。在所有五个国家中，其他组织在先前是需要登记的——申请时常遭到拒绝。现在情况不同了，尽管尼泊尔和肯尼亚仍然有旧制度残余——例如，各小型团体被拒绝登记。

在达尔多头政体的七项制度上的排序已写入表 5.3。此表也代表了一个首次尝试；因此，对一些制度的排名（包括不分胜负）是否应有不同的排序也可以进行公开讨论。

表 5.3   五个国家在达尔多头政体制度上的排列顺序比较

	第 1	第 2	第 3	第 4	第 5
1. 选举官员	拉脱维亚	保加利亚 +	蒙古 +	尼泊尔	肯尼亚
2. 自由与公正的选举	拉脱维亚	蒙古	保加利亚	尼泊尔	肯尼亚
3. 包容的选举权	蒙古	保加利亚	肯尼亚 +	尼泊尔 +	拉脱维亚
4. 竞选公职的权利	保加利亚 +	拉脱维亚 +	蒙古 +	尼泊尔	肯尼亚
5. 言论自由	拉脱维亚 +	蒙古 +	保加利亚	尼泊尔	肯尼亚
6. 可供选择的替代性信息	保加利亚 +	肯尼亚 +	拉脱维亚 +	蒙古 +	尼泊尔 +
7. 结社自由	拉脱维亚 +	蒙古 +	保加利亚	肯尼亚	尼泊尔

注:"+"表示不分胜负,不分胜负的这些国家按字母顺序排列。

结   论

对五个国家选举民主程度的讨论证实了测量和比较选举民主程度的困难程度。这一论断与民主测量行业(democracy measurement industry)所绘制的蓝图相反,该行业将政治制度及其向民主的发展细分到惊人的精确程度:自由之家采用七分制量表(*Freedom Review*, January-February, 1993; Gastil, 1991; McColm et al., 1991),而联合国开发计划署先前所使用的累加"人类自由指数"(additive Human Freedom Index),将国家的得分记为 0 到 38 之间(1991:20)。联合国开发计划署近期又公布了一个改良版的复合型"政治自由指数"(composite Political Freedom Index)(1992:28-33),它不仅有利于覆盖狭义上的政治自由,又对涵盖像库斯特雷尔所理解的广义民主(Kusterer, 1992:23)大有帮助。

哈德纽斯(Hadenius, 1992:36-71)提出了一种民主指数。他在将 132 个第三世界国家指数化的过程中,考虑了大量的相关因素,其中一些是"选举"范畴内的内容,其他因素属于"政治自由"的范畴。哈德纽斯的方案还包括公民权普遍的包容性问题,对这一问题的考虑简单而有力。然而,由于其研究基础是将绝对分数进行一种纯粹的有序分类(ordinal cat-egories)的定位,所以那种令人印象深刻的精确程度(Hadenius, 1992:
61-62),其形式意义大于实质意义。尽管哈德纽斯探讨了一些问题,但似乎并非有关维度的所有问题及每个因素的权重分配都得到了解决。

探讨民主测量的其他近期成果也有同样的问题。博伦(1991)拒斥顺序量表测量(ordinal scale measure)反映出他坚持主张正被讨论的这些变量的连续性特征。但这并不意味着量表水平(scale level)比量表顺序更高明。科皮奇和赖尼克(1991)遵循另外一种研究路径,他们根据各国接近多头政体的程度对这些国家进行单一维度的、相当粗糙的分类。他们的方法仍然是很有意思的,但有一个严重的缺点,即缺乏对这些国家的区分。把此处所采用的五个样本国家应用到他们的分类表中,保加利亚、蒙古和尼泊尔都被归类为类别1,但上面表5.1到表5.3的数据却已证明这三个国家并非那么相似!

联合国开发计划署的政治自由指数的要素之一是"政治参与",大体上包含了此处所说的选举民主的程度。每个要素被赋值为0到10之间。令人遗憾的是,出于政治考虑,尽管分级工作显然已经完成了,但联合国开发计划署决定还是不公开各国的分级。[12]加斯蒂尔也提出了一个民主发展指标体系的计划(进一步的讨论详见 Kusterer, 1992:31ff.),他的计划大量涉及选举民主化这个领域。

达尔的理想型民主概念很容易理解,同时,将政府体制视为与完美的民主制度有着不同的差距,以及把民主化进程设想为政府体制向理想体制迈进的过程,这在概念上是很有吸引力的。但是,这一理论概念并不容易操作,部分原因在于它太过多维,还有部分原因在于对于测量标准和各维度占据总体性的复合测量的权重并没有共识。

在这里,我们坚持选举民主概念是多维化的,并且倾向于坚持大多数测量标准都是顺序量表水平的,这就需要对每个国家在14个维度上排序的相关矩阵进行因子分解,以了解是否会出现一种只包含可控数量的要素/维度、且易于理解的模式。[13]然而,实践中并没有发现这种模式。

由此可以推导出这样的结论:在选举民主化的过程中,民主的理论概念以及接近理想目标的程度很难公平对待不同的政治、行政、社会和文化背景,并以适当的方式进行可操作化,如果这种可操作化是可能的话。

本章的标题是拷问选举民主的程度是否可以测量。因此,耐心的读者会期待这一问题的答案,如果在前面还未想追问这一答案,那么在最后一部分中也会期待这种最终结论。我们的答案似乎是:这一问题似乎比人们所预想的更加复杂,并且也比人们基于近期文献的贡献所预想的更为复杂(Bollen,1991;Coppedge and Reinicke,1991;Hadenius,1992;Sørensen,1993:17ff.)。

然而,尽管是多维度的,达尔关于民主的理论概念却足够清晰。选举民主,作为一个从单个或更多维度近似于民主理想的概念,也是如此。但是,对这些概念的操作化必须考虑有关尺度层面、数据可用性和各维度权重问题的基本方法论,更不用说效度和信度的问题(在近期,这些问题已经引起了一些关注)。同时,如何把民主化进程自身的动力也包括在内?换言之,在民主化进程中应该赋予这一因素多大的权重?是采用迄今为止的进展程度还是行动者的民主承诺?

对民主化进程各要素的权重也只是略有涉及而已,原因之一是不可能令人信服地论证一个要素对于选举民主化进步的重要性是一些其他要素的 X 或者 Y 倍。也不可能像联合国开发计划署(1991)那样,把所有要素视为同等重要的。但问题依然存在:各政党接触大众传媒的平等机会是否真的比选民登记的质量更重要呢?相对于给予所有想要成立的政党(不管其规模有多小)提供同等的登记可能性,拥有一个颁发集会许可权的无党派政府是否更为重要吗?

似乎可以得出一个明显的结论:由于肯定会严重违反方法论的基本规则,所以应避免选举民主程度的精细测量。

不过,对一种民主的理想概念进行渐进而可比较的接近,这一理论构想是可取的。如果有人还记得这种比较必须依靠多维的顺序量表法来进行测量,人们也没有理由放弃各国的民主化进程可以进行比较这一观点。因此,人们应该停止如"这种制度比那种制度更加民主"或"这种选举民主化的进程使 X 国比 Y 国更加接近民主理想"这样的念头。这也就是科皮奇和赖尼克(1991)所发展的多头政体的尺度,但只是在他们所提出的 10 或 11 个主要类别之间,而不是在这些类别之中。

以达尔对民主化的包容性维度和自由化维度的区分为基础,P.斯文森(P.Svensson,1991)认为,在东欧的民主化进程中,自由化维度比包容性维度更加重要。对保加利亚和拉脱维亚的论述支撑了斯文森的观点。有人甚至会认为,在肯尼亚、蒙古和尼泊尔也存在自由化维度相较于参与维度的比较优势。科皮奇和赖尼克(199:51ff.)得出了同样的结论,这几乎使他们不再考虑参与的维度。显然,这也走得太远了。

因此,似乎人们无法对选举民主的程度做出无可争议的分类。造成这种境况的主要原因是人们不可能对各组成要素和各种维度的权重达成一致意见。尤其是如果哈德纽斯所提出的解决方案不适用时(虽然还有其他原因),人们应该如何将不分配给非拉脱维亚居民投票权同其他基本问题相比较呢?

看来,走出僵局的唯一办法就是使各种制度在达尔的两个维度上互相审视,如图 5.1(也可参考 Svensson,1991:56)。当然,此图仅应被视为是这一观点的一种说明,而五个数据点之间的距离并不具有特殊的重要意义。从这个意义上说,选举民主的程度事实上是可测量的,向民主政治/多头政体更高程度的迈进也是可以用图表来阐明的。

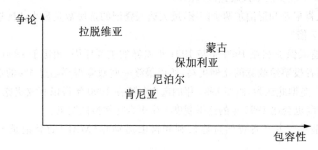

图 5.1 争论和包容性

注 释

本章受益于厄于斯泰因·加斯霍尔特(Øystein Gaasholt)、汤姆·麦凯(Tom Mackie)、彼德·南内斯塔(Peter Nannestad)、P.斯文森(P.Svensson)和索伦森的评论与帮助,还受益于欧洲政治研究国际协会的"民主化指数"研讨会参与者。文中所含的错误和含糊之处乃是我个人的责任。

1. 当然,如果只是为了适应日常用语而没有其他原因,那么,我将把"民主的"和"多头政体的"视为同义词使用。

2. 如果有人认为组成政党的权利和为选举注册自己政党的权利是同一回事,那就是 13 个原则。

3. 这些拒绝在宪法上是正确的。权利主张是宣称:否认一些公民组织政党的权利仍然是不民主的,因为这些政党只是为了有序竞选;同样,拒绝这些政党登记也是不民主的。

4. 大多数顾问都反对这一条款,在初稿中这一比例甚至被设置为 5%,仅在最后版本中由于第一次选举而搁置! 我们建议的一个原因是,选举门槛对于"简单多数"(first-past-the-post)选举制是个累赘。选举门槛的作用是歧视某些政党,即在比例代表制中排斥那些不应被允许参加增补议席分配的政党。

5. 不过,我完全赞同 L.戴蒙德(Diamond, L.1992:36)的观点。他宣称,尼泊尔的民主化发展如此令人钦佩,且具备令人鼓舞的潜力,因而美国国际开发总署(USAID)不应该在发展援助中减少尼泊尔的份额。

6. D.A.罗斯托(Rustow, D.A.1970:350)强调,国家统一问题的解决是向民主持久而不可逆转的转型的一个背景性条件。

7. 26 个多议席选区与中层行政区、省(*aimags*)相符合。

8. 然而,这种选举制度在 1981 年、1986 年的尼泊尔全国村务委员会(*panchayat*)选举中的 37 个双议席选区得到运用,这些选区的投票人可以投两张选票。其余的 38 个议席由单议席选区选出。

9. 在肯尼亚和尼泊尔两个国家,最大选区登记的选民数是最小选区选民数的 15 倍至 17 倍。

10. 造成保加利亚 1990 年与 1991 年差异的主要原因:相比于 1990 年,1991 年的投票者投票给政党的比例更高,所以最终一些政党得到超过 4% 的选票。因此,人们不能据此认为,假如 1991 年的选举制度在 1990 年得以有效实施,1990 年的选举制度也会比 1991 年的选举制度产生更合比例性的结果。

11. 前共产主义者仍然宣称权利和自由运动党(MRF)的登记是不合乎宪法的。

12. 官方解释宣称:不公开单个国家分数的原因在于数据不完全,研究方法也存在问题。但如果真的认真对待此事,那联合国开发计划署自身就不应该在 1992 年的人类发展报告(*Human Development Report*)中公布如表 2.1(1992:32)的那种分析。

13. 南内斯塔小心处理所涉及的计算机工作(运用 PRELIS 程序),还帮助解释研究结果。

参考文献

Ashley, S.(1990) "Bulgaria," *Electoral Studies*, 9:312-318.

Barkan, J.D.(1993) "Kenya: lessons from a flawed election," *Journal of Democracy*, 4:85-99.

Batbayer, T.(1993) "Mongolia in 1992: back to one party rule," *Asian Survey*, 33:61-66.

Bell, J.D., Gould, R.A., Lasham, C.E., Sklar, M.H., Smolka, R.G., Yasharoff, N.J. and Kimball, R.D.(1990) *An Orderly Rebellion: Bulgaria's Transition from Dictatorship to Democracy*. Washington, DC: IFES.

Bollen, K.A.(1991) "Political democracy: conceptual and measurement traps," in A.Inkeles (ed.), *On Measuring Democracy: Its Consequences and Concomitants*. New Brunswick, NJ and London: Transaction Publishers. pp.3-20.

Borre, O., Pandey, S.R. and Tiwari, C.K.(1991) "The Nepalese election of 1991," *Electoral Studies*, 10:357-362.

Coppedge, M. and Reinicke, W.H.(1991) "Measuring polyarchy," in A. Inkeles (ed.), *On Measuring Democracy: Its Consequences and Concomitants*. New Brunswick, NJ and London: Transaction Publishers. pp.47-68.

Dahl, R.A.(1971) *Polyarchy: Participation and Opposition*. New Haven, CT and London: Yale University Press.

Dahl, R.A.(1986a) "Procedural democracy," in *Democracy, Liberty, and Equality*. Oslo: Norwegian University Press. pp.191-225.[First published in P. Laslett and J.Fishkin(eds.), *Philosophy, Politics, and Society*(5th series). Oxford: Basic Blackwell, 1979. pp.97-133.]

Dahl, R.A.(1986b) "Polyarchy, pluralism," in *Democracy, Liberty, and Equality*. Oslo:Norwegian University Press. pp.226-243.(First published in 1984 in Scandinavian Political Studies, 7:225-241.)

Dahl, R.A.(1989) *Democracy and Its Critics*. New Haven, CT and London: Yale University Press.

Diamond, L.(1992) "Promoting democracy," *Foreign Policy*, 87:26-46.

Diamond, L., Linz, J.J., and Lipset, S.M.(eds.)(1988) *Democracy in Developing Countries. Vol.2: Africa*. Boulder, CO: Lynne Rienner.

Elklit, J.(1992) "The best of both worlds? The Danish electoral system 1915—1920 in a comparative perspecive," *Electoral Studies*, 11:189-205[也可参见 P. Gundelach and K. Siune (eds.), *From Voters to Participants: Essays in Honour of Ole Borre*. Aarhus: Politica, 1992. pp.236-254].

Garonne, P.(1992) *Electoral Law: General Principles and Regulatory Levels*. Strasbourg: Council of Europe.

Gastil, R.D.(1991) "The comparative study of freedom: experiences and suggestions," in A.Inkeles(ed.), *On Measuring Democracy: Its Consequences and Concomitants*. New Brunswick, NJ and London: Transaction Publishers.

pp.21-46.

Gladdish, K.(1993) "The primacy of particular," *Journal of Democracy*, 4: 53-65.

Hadenius, A.(1992) *Democracy and Development*. Cambridge University Press.

Harrop, M. and Miller, W.L.(1987) *Elections and Voters: A Comparative Introduction*. London: Macmillan.

Kenya: Pre-election Assessment Report(1992) November. Washington, DC: International Republican Institute.

Kusterer, K.(1992) "What is it, how is it encouraged, and how is its progress measured?" Paper for the International Conference on the Democratic Process in South Assia, Colombo, Sri Lanka,19-22 August.

Lijphart, A.(1984) *Democracies: Patterns of Majoritarian and consensus Government in Twenty-One Countries*. New Haven, CT and London: Yale University Press.

Lijphart, A.(1991) "Constitutional choices for new democracies," *Journal of Democracy*, 2:72-84.

Lyager, P.P.(1991) "Valgmaraton i Bulgarien," *Vindue mod Øst*, 17:12.

McColm, R.B. et al.(1991) *Freedom in the World: Political Rights and Civil Liberties 1990—1991*. New York: Freedom House.

Macrory, P.F.J., Elklit, J.and Mendez, R.S.(1992) *Facing the Pluralist Challenge: Human Rights and Democratization in Kenya's December 1992 Multiparty Elections*. Washington, DC: International Human Rights Law Group.

May, J.D.(1978) "Defining democracy: a bid for coherence and consensus," *Political Studies*, 26:1-14.

NEMU(1993) *The Multi-party General Elections in Kenya 29 December 1992. The Report of the National Election Monitoring Unit(NEMU)*. Nairobi: NEMU.

Poledna, T.(1988) "Wahlrechtsgrundsatze and kantonale Parlamentswahlen," PhD thesis, University of Zurich.

Reeve, A. and Ware, A.(1992) *Electoral Systems: A Comparative and Theoretical Introduction*. London: Routledge.

Rustow, D.A.(1970) "Transitions to democracy: toward a dynamic model," *Comparative Politics*, 2:337-363.

Sørensen, G.(1993) *Democracy and Democratization: Process and Prospects in a Changing World*. Boulder, CO: Westview Press.

Svensson, P.(1991) "The liberalization of Eastern Europe," *Journal of Behavioral and Social Sciences*, 34:54-64.

Taagepera, R. and Shuagart, M.S.(1989) *Seats and Votes: The Effects and*

Determinants of Electoral Systems. New Haven, CT and London: Yale University Press.

Tiwari, C.K.(1992) "Electoral experience and process in Nepal," in P.Gundelach and K.Siune(eds.), *From Voters to Participants: Essays in Honour of Ole Borre*. Aarhus: Politica, 1992. pp.208-223.

UNDP(1991) *Human Development Report 1991*. Published for the United Nations Development Programme. New York and Oxford: Oxford University Press.

UNDP(1992) *Human Development Report 1992*. Published for the United Nations Development Programme. New York and Oxford: Oxford University Press.

United States Election Observer Report(1991) *The Kingdom of Nepal Parliamentary Elections*, May 12, 1991. Washington, DC: IFES.

第六章

首要控制和辅助性预防措施
——六个国家民主制度的比较研究

斯图尔特·韦尔

斯图尔特·韦尔(Stuart Weir):英国埃塞克斯大学,资深研究员,也是《英国民主审计》的合作编辑。他最近与人合著了第一份关于政府行政机构的审计报告,名为《自我之旅》(*Ego Trip*,1994年5月)。

而政府本身是什么,它是人类本性最彻底的反映……建立一个由人来管理又凌驾于人之上的政府,最大的困难就在于:首先,你必须保证政府能够控制被统治者;其次要迫使政府控制它自己。毫无疑问,依靠人民是对政府的主要控制·但经验也教会人类辅助预防的必要。
 ——詹姆斯·麦迪逊(James Madison),美国民主党人,
 美国总统,1788年(Hamilton,1961:322;着重号是作者所加)。

[宪法规范]除非存在于一个政治文化的能使其有效运行的国家中,否则就是没有意义的……在英国,公民权利最好的护卫者就是公民自己……自由的最终保护力量是政治文化,而不是一些文件,不论这些文件有多么重要。
 ——约翰·帕特恩(John Pattern),英国政府部长,1991年。
民主的诉求源自于一个国家的公民管理自己社会这一观念。古希腊的dēmokratiā一词,字面意思是"人民的权力"。当然,在一个现代自由民

主政治体中,人民并不直接统治,而是通过一种政府管理的代议制度。在这种代议制度中,通过公平和定期的选举,人民对他们选举的代表享有最终的投票权。如果这一制度是要履行代表的职责,它就应该大体上力求满足本书比瑟姆一章所提出的两个基本原则:一是对政治代表和决策程序进行民众控制的原则;二是在公众监督实践中政治平等的原则。

先前对不同国家民主质量的测量是一种基于对欧洲成熟的民主国家和盎格鲁—撒克逊世界(Anglo-Saxon world)共有制度安排的描述。在仔细观察之下,对呈现在各种制度中的每个组成要素都在一个量表中予以评分。这种方法的缺点是:它极难准确解释特定制度的民主之处;并没有密切审视制度及制度之间的关系,因而所提供的分析缺乏对各种制度程序的优势与劣势的思考及其与整个体系运作的关系;以及这一标准太过粗糙,不能够对成熟的民主国家之间的区别做细致深入的分析。

英国的民主审计力图通过把比瑟姆的两个基本原则提炼成一系列问题来克服这些弊端,这些问题被用来从系统性的角度对一个特定国家的制度安排做出描述性分析,系统性地测量各不相同的制度程序和政治实践在多大程度上满足这两个原则。这些问题,或"民主的标准",必然诱发各种相关的答案。正如比瑟姆所认为的,民主不能被看做一件"要么全有要么全无的事物",不是一个国家是否有还是没有民主,而是一个程度不等的问题,不同的民主程度取决于在具体实践中民众控制和政治平等原则多大程度上得以实现(Beetham, 1993)。

根据这些标准,"审计"程序将会同时使用"定量"和"定性"的测量技术,具体包括统计数据、社会学研究、民意调查、比较材料、国际文件、判例法(case law)、理论分析(academic analysis)、从业者和评论员的声明(Weir, 1993)。例如,在国家和地区层面,可以收集定量数据来测量不同选举制度的"偏离比例"(参见本书邓利维和马吉茨所写的章节)。在准确测量每个国家公民投票的平等价值和政党议席与获得选票相称度的方面,这些数据对民主化的分析水平超过了"清单"方法(checklist approach)。但是,在特定环境中,"控制"与"问责"的问题并不以定量测量为准,选举结果也是如此。这些问题的解答可能受益于统计数据,但不能简化为精确的数字。最后,这种分析是一种评价,审计的一个目的就是精炼评价的程序,并使其系统化。

比较的目的和程序

提高评价质量的一种途径是,对英国民主程序和实践的测量以其他成熟的自由民主国家的相关制度安排为参照。本章初步尝试对英国的制度安排与其他五个民主国家做比较。这一尝试的目的不仅在于为测量英国民主体制提供程序和实践的细节,并且在于创立有关被审计的民主各个不同方面的"最佳实践"。表格提取重要而详细的信息,以便提供一看即明的可比较数据。这些表格将提供大量民主审计的文本以便对英国的制度安排进行深入分析,以及提供了有关特定国家更为详细的相关信息。我们选取了政治体系相对精密和稳定、且生活水平类似的(高的)五个自由民主国家作比较:

1. 法国:英国在西北欧最近的邻国,欧盟的成员国。并且,同英国一样,曾经是个帝国。[并且,戴高乐总统把英国的"强政府"传统吸收进法国的管理体系(governing system)之中。]

2. 德国:西北欧的又一个欧盟成员国,其宪法是 1939—1945 年的大战之后,部分由英国制定的。

3. 丹麦:一个较小的欧盟成员国,在过去的几个世纪经历了相对和平的政治演进的君主国。而和平的演进也是英国政体的一个重要方面。

4. 澳大利亚:经济发达国家建立原始的"威斯敏斯特模式"(Westminster model)体制改良版的一个典型。

5. 美国:被引用最频繁的自由民主政体模式,它既继承了英国历史上的政治传统,但又有叛逆性的调整。

收集有事实根据的判断

建立比较表格的进程已经准备妥当。一些展示正式宪法性安排的标准化比较文本[1]，可以作为进一步研究的基础。这样做的目的是记下每个国家的制度在实践中的表现如何，这些制度在不同的政治体系中发挥什么样的作用，以及这些制度单独或是联合在一起时，能在多大程度上满足审计的基本原则。同时，详细的调查问卷已经分发给5个国家的政治科学家、新闻工作者以及其他各种拥有专门知识的人，这些调查问卷陈述了有关制度的正式地位，并对每种制度及制度间的相互关系设置了问题。我对他们的回答进行了分析，并将分析结果吸收到了表格当中。这个过程在访谈[2]中又得到了补充。实际上，审计已经收集了一系列"有事实根据的判断"（informed judgments），所有这些意见都在反复核对及与调查对象的磋商中得到认证。由于审计资源是有限的，在图表中，我只能收集到不同制度安排并不完整的图像，尤其在地方政府层面。我很乐意接受对于所收集数据的任何评论。这些数据至少意味着一种分析方式的开端，这种分析方式在其他领域或许可以显示出其成效性。例如，在"欧洲审计"的背景中，使用于欧盟的成员国（也可能是申请国）。[3]

　　表格是特别为英国与其他民主国家做比较而设计的。尽管本次审计所采纳的两个基本原则本质上倾向于具有普适性，但表格所优先考虑的问题和措辞从文化角度上不可避免地反映了某种特定的成见。不过，表格原则上应该是任何可比较的政体都能使用的。审计组织正在举办来自印度、澳大利亚和其他国家的学者及其他人士参加的联合学术研讨会，来检测这些表格的普遍适用性，并发展出更有普适性的标准。

政治文化的问题

　　与对其评论一起出版的这些图表完全聚焦于选举程序和制度安排。它们并不涉及不同国家的政治文化。一个国家的政治文化对它的民主质量及其制度安排都极为重要，尽管它们之间的相互作用十分复杂：政治文化决定制度的形成，反过来又受制度安排的影响。例如，丹麦的政治文化显示出对直接民主形式的强烈要求,这在选举产生的权威当局和参与型的服务机构的地方网络中显而易见。这种趋势直接导致 1953 年丹麦废除了上议院,并引入全民公决(national referendum)取代其位置,将全民公决视为是对众议院有争议的或不得人心的议案的一种制衡。在德国,1945 年后,在盟军影响下制定的《基本法》最初不得人心,但它促进了关注宪法价值的文化的形成,并成为德国人民最引以为荣的国家制度。[4]在法国,战后第四共和国议会制政体的不稳定导致人们对"弱政府"的普遍失望,戴高乐 1958 年执政不仅处理了阿尔及利亚危机,也得到法国人民的广泛授权,以改变宪政制度来缔造一种更为强大的总统制,并扩张行政权。

对英国民主制度的一个总体评估

　　表格主要涉及代议制民主的两个方面:对政府采用麦迪逊所描述的公平和定期选举的"首要控制";在两次选举的间隙中用于支撑民众控制的"辅助性预防措施"。在审计的范畴之下,这些"预防措施"涉及这样一些原则:不同政府机构之间的分权,规定这些机构如何行使权力及如何对它们行使的权力负责。例如,这些原则确保政府或其执行者作为一个整体,一方面,能民主地向议会负责;另一方面,通过司法系统使之符合法治原则。立法机关的审查权、政府决策的透明性、制衡机构和"分权制衡"(checks and balances)的存在以及行政咨询和回应的范围,这些都是任何代议制政府显示民众控制程度的重要指标。

　　对任何政府而言,民主的痛处最终在于政府可能在选举后倒台。就如爱尔兰作家乔伊斯·卡里(Joyce Cary)所评论的,"唯一仅有的好政府是处于地狱般诚惶诚恐的坏政府"(1944)。但是,选举通常时隔四年或更久才进行一次。如果民主是对行政机关的持久控制,两次选举之间的民众控制机制就必须是有效的,且这种有效性具备一种可持续的基础,选举制度自身也要提供一种能保证直接负责制的有效手段。

表6.1 基本宪政结构

国 家	政体	国家结构	国家元首	实际的行政首脑	行政机关与立法机关的关系	上议院	上议院的权力	投票制度[1]
澳大利亚	君主制	联邦制	世袭君主（总督是英女王的代表）	总理	议行合一	直接选举产生；是州而非选民的平等代表	与众议院平等，但不能修改预算	混合制：参议院选举是单记可让渡投票制（按比例的）；众议院选举是依顺位投票制（alternative vote）
丹麦	君主制	单一制	世袭君主	首相	议行合一	无	没有上议院	比例代表制：多议席选区复合制配以国家性增补（National top-up）
法国	共和制	单一制	民选的总统	总统和总理的混合	部分议行合一，没有凌驾于总统行政行为之上的议会权力	间接选举	与国民议会平等，其权力取决于政府	单议席选区两轮投票制
德国	共和制	联邦制	议会投票选举的总统	总理	议行合一	由州政府任命	在某些事务中权力平等，其他方面有否决权	比例代表制：政党列出"增补"名单以平衡选区选举结果
英国	君主制	单一制	世袭君主	首相	议行合一	世袭贵族、高级增侣、大法官和政府任命的终身贵族	只有搁置权	单议席选区"简单多数制"
美国	共和制	联邦制	民选的总统[2]	总统	分权	州民直选	平等，但是上下议院在不同领域各自有优先权	单议席选区的"简单多数制"

1. 选举制度更为详细的内容见表6.5。
2. 通过选举人团。

表 6.2 对宪法的保障

国　家	何种机构行使违宪审查权?	法律的合宪性如何受到质疑?普通公民质疑法律合宪性的难易程度如何?	政府修改宪法的难易度如何?
澳大利亚	高等法院*	在审理案件的过程中。技术上是对所有公民开放的。尽管在实际中,其代价限制了这种机会。	困难 必须经过全民公决中全国选民的多数赞成,并得到六个州中至少四个州的多数通过。
丹麦	最高法院	如果有案件发生。实际中,法院从未判决一个法律是违宪的。	非常困难 必须在选举期同经任的议会多数通过;并得到全民公决中至少40%选民的多数同意。
法国	宪法委员会(行事务的国家委员会)	共和国总统,总理或者两院中一院的议长或60名议员的诉请。	不是很容易 国会两院的简单多数通过,然后得到公民投票的承认或两院联席大会60%的多数通过。(如果修改倡议是由议会提出的,就必须经过公民投票)
德国	联邦宪法法院*	通过单个公民的诉讼和投诉,或者政府(州或联邦)、下议院提出请求,可获得诉讼费豁免。	部分不可修改,部分很困难 宪法有两个部分:第一部分不得修改(包括对民主、自由和权利的保障);第二部分的修改需要国会两院议员2/3以上的多数赞成。
英国	没有这种机构	不可能对宪法的合宪性提出质疑。	容易 没有成文宪法。任何政府都可以通过议会程序修改宪政安排。
美国	最高法院*	在审理案件的过程中。	非常困难 修改宪法需要国会两院议员2/3以上多数通过,并且50个州中至少38个州批准。

* 各州法院保障本州宪法。

保障宪法和政治权利

　　总的来说，表格在于证实英国政府体制广为人知的"例外论"。英国是唯一一个不成文宪法的国家，"不成文"宪法的许多宪政规范具体体现为政府可以更改、废除或忽略的非法律性（non-legal）的"惯例"。英国是六个国家中唯一一个没有司法机构保护其宪政制度安排的国家，在这个国家里面，法院没有提升宪法性条例的地位并给与其特殊保护，并且宪法性法规可以像其他任何法律一样被轻易地修改或废除（参见表 6.1 和表 6.2）。两个"威斯敏斯特模式"的国家，澳大利亚和英国的另一个例外之处在于，政治权利和公民权利没有专门的法律文本做保障。[5]在澳大利亚，高等法院创造性地构建起支撑一个民主国家所需要的原初法律体系，以保障被视为民主本质的政治权利和自由。英国是《欧洲人权公约》（European Convention of Human Rights）的签约国。因此，尽管从时间、代价和距离的角度看，英国公民的政治权利和公民权利保护具有一定的局限性，但是这些权利还是受到斯特拉斯堡（Strasbourg）的欧洲人权法庭的保护（参见表 6.3）。在六个国家中，英国是唯一一个将高级法官的任命权赋予行政机关[通过上议院的大法官（Lord Chancellor），他同时也是内阁大臣，来"接受"专业性的意见]独立斟酌决定的国家（参见表 6.4）。

表 6.3　对政治权利和公民权利的保障

国　家	宪法是否包含对个人政治权利和公民权利的保护？	国内法院是否积极保障权利和自由？
澳大利亚	无正式规定。宪法是一个框架性的文件，没有权利法案，但是包含不同州政府的澳大利亚公民之间有关歧视的条款、宗教自由以及陪审团审判制。	一个激进主义的高级法院最近规定：最初的法案想要建立一个民主政体，并利用这一解释来支持民主政体必需的权利和自由。
丹　麦	是	最高法院可以推翻部长做出的违反惯例或成文法规的决议，但不会对这种已存在的法规做出解释。在美国的观念中，它不是一个积极的法院。

（续表）

国　家	宪法是否包含对个人政治 权利和公民权利的保护？	国内法院是否积极保障权利和自由？
法　国	是，依据 1789 年的《人权宣言》和 1946 年的宪法序言。	偶尔
德　国	是，提供特别保护，因为政治权利和公 民权利保障是宪法中不可修改的 部分。	是，积极对权利做出慷慨大度的解释， 但也使它们与"实际政治现实"和安全 需求平衡，比如 1962 年的《明镜周刊》 （Spiegel）事件。
英　国	否，无成文宪法	依赖于普通法特定而非系统性的支持。
美　国	是	是，非常积极，有时还做出宽泛的解释。

表 6.4　最高法院的任命

国　家	最高法院的成员 是如何挑选的？	谁握有 任命权？	他们的正常 任期是什么？	他们能否被提前 免职？如果可以， 如何被免职？
澳大利亚	联邦内阁在与州政府磋商 后挑选成员。	政府	70 岁时 必须退休	只有国会两院基于 "证实行为不当或能 力不足"的理由共同 做出决议才可以。这 从未实行过。
丹麦	他们由内阁挑选（经过司 法大臣提名），并且由君主 正式任命。在法院有（至 今没有使用过）拒斥权之 前，被提名者必须主审过 3 起案件。	最高法院	70 岁时 必须退休	65 岁以下的法官只 能在法院自己的司法 判决下被撤职。65 岁到 70 岁之间的法 官可以被强制退休 （但在达到 70 岁之前 一直享受薪水）。
法国	总统和议会两院议长各任 命 1/3 的成员。前总统由 于职务原因是当然成员， 但从不就职。	总统和两院 议长（这些是 个人性的 任命）	9 年任期， 不可连任	宪法中没有规定。无 论如何，他们的任期 相对较短。
德国	议会两院各任命一半的法 官。一位法官需要联邦（下） 议院的 2/3 多数或者适当 的联邦参议院委员会任命。	议会	12 年任期	只有在法院自己的动 议下才能被免职。
英国	在大法官和政府的推荐 下，由国王任命。	政府	必须在 70 岁 退休（有 5 年 延期的规定）	议会两院共同提交呈文 后，他们可能被英王（也 就是行政长官）免职。
美国	总统挑选，但就职必须得到 参议院多数通过的确认。	政府和国会	品行良好者 为终身制	国会通过弹劾罢免 法官。

注：两个"威斯敏斯特模式"的国家坚持要求拥有行政官员任命高级法官的所有自由裁量权。

"首要控制":选举安排

在分析选举安排时,我们搁置了一些基本事项,比如投票的安全性和保密性,而集中聚焦于选举制度。尽管盎格鲁—撒克逊模式(威斯敏斯特模式)和欧洲模式的差异显而易见,结果仍体现了民主国家所采用的选举制度呈现出多样性。大体上,英国和美国的选举都建立在 19 世纪早期的单个选区相对多数原则(或"简单多数票当选")的基础上。澳大利亚在众议院选举中采用依顺位投票制(alternative vote,AV),这是相对多数制的一个变体。而参议院选举则使用英国 19 世纪设计的单记可让渡投票制(single transferable vote,STV),这是一种极少使用的比例代表制。对于众议院的选举,丹麦和德国都以差异显著的选区为基础的选举制与增补因素(丹麦是在国家层面,而德国则是在地区层面)相结合,以便获得一种广泛的、合比例性的结果。法国采用非比例代表制的两轮投票制(具体参见表 6.5)。

表 6.5 众议院的选举

国 家	选举制度(全部为直选)	偏离比例(%)*	选举年度
澳大利亚	**依顺位投票制** 单议席选区 选民根据偏好的顺序排列候选人。得票数最低的候选人的得票重新分配给下一位偏好对象,这种程序一直重复至有一位候选人获得绝对多数票。	16.7	1990
丹 麦	**比例代表制** 185 个议席在有 2—21 个议员名额的多议席选区中分配。投票是复合的,允许选民以不同方式按照偏好登记候选人。然后 40 个"增补"议席进行全国性的分配以保证比例性,受 2%最低投票率门槛的制约。	4	1988
法 国	**两轮投票制** 人们在单议席选区投票。 如果第一轮投票中没有候选人获得整体多数票,取消获得少于 12.5%登记得票数的候选人继续竞选的资格,并进行一次决胜投票(run-off ballot)。	17.3	1988

（续表）

国　家	选举制度（全部为直选）	偏离比例（%）*	选举年度
德　国	**政党名单制** 选民进行两次投票：第一次按照单议席选区投给候选人，第二次投给政党的候选人名单。一半的议席分配根据第一次选区竞争的投票结果；其余的议席在各州内平衡政党的得票情况进行分配。这样，议席根据在州（不是全国的投票）获得的得票数比例来分配。政党必须获得全国5%的选票或3个议席，才有资格竞选上一级议会的代表。	8	1990
英　国	**简单多数制** 人们在单议席选区投票。 获得票数最多的候选人当选。	16.9	1992
美　国	**简单多数制** 人们在单议席选区投票。 获得票数最多的候选人当选。	6.7	1988

* 偏离比例（DVP）的定义，参见本书邓利维和马吉茨一章。总体来说，比例值越大，比例结果的偏离越大。所给出的 DVP 数据来自于可分析的最近期的选举。

英国的政治文化是一种"强政府"的历史传统的产物，它赋予强有力的行政部门以合法性，也赋予在选举中不相称地扩大执政党议会多数的选举制度以合法性。这样做的理由是，单一政党执政的行政机关控制立法机构的有效多数有利于形成更有效率的政府，并在紧随其后的下一轮选举中肩负更为明确的责任。只要选举偏差对于实力相当的两党是"中立的"，这种计算方法在两党制的政体中就可以营造大体上的公平。在英国，"两党的轮替"极为重要，因为当民主实践、政治权利与公民权利在法律上缺乏确切的保障，严格的选举纪律就显得十分必要，这种选举纪律有利于确保无论哪个政党都不能滥用这种替代法律保障功能的"惯例"。

这个制度出现了问题。至少有三个主要的政党在全国范围内互相挑战，全国性政党和地区性政党在苏格兰、威尔士和北爱尔兰参加选举。基于简单多数原则的选举制度不可避免地造成了"散票"和"废票"（split and wasted votes），以及这种情况下不稳定也不合比例的结果。此外，人口数量的变化与英国小规模选区网络的结合，重塑了普遍盛行的有利于保守党的选举偏见。因此，英国的简单多数制选举在国家层面（参见表6.5）造成了高度比例失衡的结果,在地区层面甚至是更趋严重的比例失调(参见本书邓利维和马吉茨的章节)。

可以通过我们采用的两个民主准则来批评这种比例失调。第一,它违反了政治平等的基本原则:无论选民身居何处,把选票投给了哪个政党,每张选票都应该具有同等的价值。第二,英国选举结果持续的比例失调严重地降低了政府直接对民众负责的程度,因为政党获得五分之二的公民投票通常就可以在两次选举的间隙中获得完整的权力,并且权力的运用既没有其他政党的参与,也不受任何选民的干涉。

一位英国首相对大选时间安排的自由裁量权加强了他或她掌握可持续权力的机会(参见表6.6)。在澳大利亚、丹麦和英国,首相可以在选举期间通过请求国王(或他或她的代表)解散议会来采取主动权。但英国首相比丹麦和澳大利亚的首相拥有更多的权力,因为首相的政党通常是下议院的多数派,英国的国王通常会同意解散议会的请求。丹麦的国王可能会咨询其他政党的领袖,以便知道在首相所在的政党并不自动占有议会多数的情况下,他们是否有可能组织一个可有效运转的政府。英国议员的任期是五年,而澳大利亚是三年,这就使英国首相在操纵选举日期上比澳大利亚总理有更多的空间,尤其在与经济环境相关的时期。同样,在澳大利亚,如果参议院反对预算或立法草案,它可以强制解散议会。

表6.6　对选举程序的控制

国　家	议会最长任期	提前解散议会:正式程序	选举何时开始实际上由谁/什么决定?
澳大利亚	3 年	总督拥有解散议会的正式权力。按照惯例,总理请求,或者议会两院之间对一项议案长期不能达成一致时,总督可以解散议会。通常,参议院两次否决一项议案就构成了一次双重解散(double dissolution)的理由。但是,在1975年,总督行使了相反的权力,在首相不情愿的情况下强行举行了选举。	总理(尽管参议院可以强制双重解散)
丹　麦	4 年	在总理的提请下,国王可以在任何时候举行选举。然而,如果总理辞职,国王将会与所有政党的领袖磋商,获悉是否有一个政党能获得足够的支持来组织一个可有效运转的政府。	首相

(续表)

国　家	议会最长任期	提前解散议会:正式程序	选举何时开始实际上由谁/什么决定?
法　国	5 年	距上一次解散议会至少一年以上,且总统没有使用非常权力时,共和国总统可以解散议会。总统已四次提前解散议会[1]:1962 年、1968 年、1981 年和 1988 年。	共和国总统和宪法
德　国	4 年	如果众议院没能选出一位总理或者政府的不信任动议案遭到否决(这种情况在 1945 年后发生过两次,即 1972 年和 1983 年[2])联邦总统可以解散众议院。	议会和宪法
英　国	5 年[3]	国王可以在首相的请求下随时解散议会。议会也可以自己通过法令解散(最近的一次是 1991 年)。自从 1715 年采用任期限制后,还没有一个和平时期的议会完成其完整的任期。	首相
美　国	2 年	固定任期,不能被解散。	宪法

1. 法兰西第五共和国时期。
2. 事实上,两次均是德国政府提出和策划丧失信任的动议。
3. 英国议会可以通过立法延长任期(在两次世界大战期间就是如此)。

　　保守党在英国过去的 15 年中实现了一党统治,凭借在下议院的有效多数或绝大多数,在连续四次选举(参见表 6.7)中以获得普选的少数票而胜出。这段连续的一党执政时期在其他五个国家是未曾出现过的。此外,正如表 6.7 所表明的,在其他五个国家,行政和立法的权力通常是分离的(法国和美国也一样),由不同的党派来掌权。或者在其他"议行合一"的体制中,上议院可能代表不同党派的政治利益或各种相互抗衡的利益。但英国行政和立法的融合,以及上议院恒久的保守党占据大多数(实际是从 1979 年以来得到加强的),使得权力空前的集中。

　　而且,在比例代表制下,如在丹麦或德国,保守党自 1979 年各自在选举中成为最大党之后的时间里,都不得不与其他党派共享权力,以少数派的政府或政党联盟的方式执政。[6]实际上,这种选举制度导致了两个限制:第一,担心在选举中失去权力;第二,需要通过众议院的谅解或者执政联盟中的正式协议与其他政党谈判协商以制定政策。在澳大利亚,依顺位投票制在众议院产生了更合比例的选举结果,主要是因为澳大利亚保持了有效的两党制,使权力得以通过更为频繁的选举在政党之间更替(至少

表 6.7　政权更替（1968—1993 年）

国　家	总统/总理	下议院	上议院
澳大利亚	不适用	1969—1972 自由党—国家党联盟的多数派政府 1972—1975 工党的多数派政府 1975—1983 自由党—国家党联盟的多数派政府 1983—1993 工党的多数派政府	1969—1974 自由党—国家党联盟占多数 1974—1975 没有多数派 1975—1980 自由党—国家党联盟占多数 1980—1993 没有多数派
丹麦	不适用	1968—1971 激进自由党，保守党和自由党联盟的多数派政府 1971—1973 社会民主党的少数派政府 1973—1975 自由党的少数派政府 1975—1978 社会民主党的少数派政府 1978—1979 社会民主党和自由党联盟的少数派政府 1979—1982 社会民主党的少数派政府 1982—1984 自由党，保守党，中央民主党，基督教人民党联盟的少数派政府 1984—1987 自由党，保守党，中央民主党，基督教人民党联盟的多数派政府 1987—1988 自由党，保守党，中央民主党，基督教人民党联盟的少数派政府 1988—1990 自由党，保守党，激进自由党联盟的少数派政府 1990—1993 保守党和自由党联盟的少数派政府	不适用
法国	（总统） 1969—1974 乔治·让·蓬皮杜（保卫共和联盟） 1974—1981 吉斯卡尔·德斯坦（保卫共和联盟） 1981— 弗朗索瓦·密特朗（社会党）	1968—1981 保卫共和联盟的多数派政府 1981—1986 社会党的多数派政府 1986—1988 共和国复兴党和法国民主联盟派政府 1988—1993 没有多数派	地区代表制

129

（续表）

国　家	总统/总理	下议院	上议院
德　国	（总理） 1969—1974 维利·勃兰特（社会民主党） 1974—1982 赫尔穆特·施密特（社会民主党） 1982— 赫尔穆特·科尔（基督教民主联盟）	1969—1976 自由民主党和社会民主党联盟的多数派政府 1976—1980 自由民主党和社会民主党联盟的少数派政府 1980—1983 自由民主党和社会民主党联盟的多数派政府 1983—1993 基督教民主联盟/基督教社会联盟和自由民主党的多数派政府	地区代表（Länder representatives）
英　国	不适用	1970—1974 保守党的多数派政府 1974—1979 工党的少数派政府 1979— 保守党的多数派政府，1983、1987、1992年选举时保守党的多数派政府重新当选	实际上始终是保守党占多数
美　国	1968—1974 理查德·尼克松（共和党） 1974—1976 杰拉尔德·福特（共和党） 1976—1980 吉米·卡特（民主党） 1980—1988 罗纳德·里根（共和党） 1988—1992 乔治·布什（共和党） 1993— 比尔·克林顿（民主党）	1968—1993 民主党是多数党	1968—1980 民主党占多数 1980—1986 共和党占多数 1986—1993 民主党占多数

主要的缩写词：

澳大利亚：
Labour　澳大利亚工党，现国家党（ALP）
Country　前乡村党，现国家党
Liberal　自由党
丹麦：
C.Dem.　中央民主党
Con.　保守党

CPP　基督教人民党
Lib.　自由党
Rad. Lib.　激进自由党
Soc. Dem.　社会民主党
法国：
PS　社会党
RPR　共和国复兴党

UDF　法国民主联盟
UDR　保卫共和联盟
德国：
CDU　基督教民主联盟
CSU　基督教社会联盟
FDP　自由民主党
SPD　社会民主党

每三年举行一次选举,参见表6.6和表6.7)。在英国,选举制度没能给竞争执政地位的政党以议会代表应有的权重,这不断降低了麦迪逊所谓的"首要控制"对政党执政的影响,也导致对行政机关本就相对薄弱的间接控制这种"预防性措施"更为薄弱(见下文)。

选举程序的管理

　　各政党之间和各候选人之间的平等是政治平等和政治选择的一个必要条件。在这一点上,英国又与大多数国家不一致(参见表6.8和表6.9)。包括澳大利亚在内的其他国家,对竞选经费提供公共资金支持,并倾向于通过强制性规定竞选经费的最高限额来鼓励竞选活动的平等。同澳大利亚、法国和德国一样,英国不要求政党公开大额捐款,也不在特定情况下限制或禁止捐赠,特别委员会最近也拒绝通过加强这种公开的法案(内政委员会,Home Affairs Committee,1994)。为选举支出提供公共资金,尤其是与限制竞选开支相结合,的确提供了更为"平等"的选举制度。对英国选区的调查表明,政党花费得越多,他们获得的议席就越多(Johnston and Pattie,1993)。在英国,保守党开支比工党大,两者的开支又都大于自由民主党。然而,英国的选举开支依然相对较低。与丹麦、法国和德国一样,在选举期间,英国提供最重要的媒体——主要的地面电视频道自由而公平的使用机会,并规定对选举做出公正的电视新闻报道。但是,在西欧的卫星和有线电视频道不断增加的环境下,这个平衡性规定的作用将会逐渐变小。

表6.8　对政党的国家规制

国　　家	法律对政党的规定	财政控制
澳大利亚	除了1977年补充参议院空缺议席的修正案,宪法未对政党做出任何规定。如果想要获得正式地位,政党必须在选举办公室注册。否则,它们只能被简单地视为志愿组织,因此,它们的内部组织大部分是它们自己的事情。候选人不需要属于某一政党。	政党和候选人应该做所有竞选经费、贷款和捐款的年度报告,包括赠送超过680澳元的捐赠者的名字。匿名捐赠将上交国库。在实践中,政党(包括提出这项立法的工党)是绕开这些规定的,如通过利用"前台"的组织。在联邦层面还没有腐败的证据,但在州这个层级已有几个腐败实例。

（续表）

国 家	法律对政党的规定	财政控制
丹 麦	宪法未对政党做出规定,只在议会的议事规则(standing order)中有规定。候选人不需要属于某一政党。但是想要参加选举的政党必须在即将离任的议会中有代表,或者有申张其地位的陈情书。	政党不需要公开个人捐款,但必须公开年度财务报告。考虑到议会中政党的数量很多,联盟政治中的妥协/共识风格,用金钱获取影响力相对较难。政党经费也就还没有成为严重冲突的聚焦点。丹麦是一个小国,因此,其竞选开支并不算大。
法 国	宪法规定,政党必须"遵守国家主权和民主的原则",这个规定是针对、但不是用来反对共产主义者。政党名义上受适用于所有组织的非常宽容的法律和经常缺位的选举法的管制。候选人不需要属于某一政党。	国家公职候选人必须在任期的开始和结束时进行财产申报。对候选人个人捐款的数额是有限制的。禁止公共机构、博彩组织和国外捐款。非法筹资的丑闻出现之后,1990年的法律力图通过增加国家对政党的资助,使得资金更加透明。
德 国	宪法规定,所有政党都不能反对民主或对国家造成威胁。自1956年开始,宪法法院禁止极左或极右的政党。1967年的《政党法》试图确保政党是民主的。该法规定,官员应该是民主选举的,挑选候选人的过程应该通过一个负责任的选举委员会或政党大会,且对政党成员公开。	禁止政治性基金、公共组织、慈善机构和宗教组织、专业性协会为政党募捐,或者禁止那些希望从捐款中获益的人筹款。同样,大多数国外捐款和超过1 000马克的匿名捐款是禁止的。捐款超过40 000马克的捐款人姓名和地址,具体的捐款数额,必须与经费开支报告一起公布。非法捐款从政党获得的国家补贴中扣除(联邦议院的议会内政党会得到支持议会工作的报酬)。
英 国	英国法律事实上没有涉及政党,政党受协会普通法的管理。选举法几乎全部是针对候选人制定的。1969年以前,选票中不允许提及党派身份(party affiliation)。候选人不需要属于某一政党。	如果政党被合法地合并了,它们必须公开年度财务报告。如果没有(保守党没有),就不需要公开财务报告。尽管个体候选人在一次选举后必须提交包含每个竞选捐款者名字的财务报告,并接受公众监督,但对各政党政治捐款的公开没有特别的规定。
美 国	政党的存在和权利受《结社自由法》的宪法性保障。除了与财政有关的法律(见右边),对政党的规定都在州法律中制定,州法律主要集中在对初选的规定;以及法院判决,法院判决确定政党在制定自己的规章时有几乎不受限制的自由,并且这些规章优先于州法律的相关规定。候选人不需要属于某一政党。	对单个候选人的竞选捐款受个人捐款1 000美元、支持一个以上候选人的委员会5 000美元最高上限的约束。这导致转移巨额资金并借以获得影响力的政治行动委员会(PACs)的大量增加。政治捐款获得税额减免(tax credit)的资格。候选人必须对他们的竞选收入和支出做出"全部且及时的公开"。

表 6.9 选举机会的平等化

国 家	选举开支	使用广播媒体的机会
澳大利亚	获得第一偏好的投票达到 4% 的候选人的选举开支会得到补偿,补偿的依据是他们获得的选票数量的最大值。在 1993 年的选举中,众议院的候选人获得每票大约 1 澳元的补偿。	政党在节目中通常能得到平等对待,但并没有强制规定。政党自由地在营利频道购买广告,政府试图管制这一现象,但被高等法院驳回。国家运营的频道对主要政党提供相等的时间,这是一种政策。
丹 麦	对最近期的普选中获得至少 1 000 张选票的政党和个人授予年度基金。根据得到的票数,按每票 5 丹麦克朗计算。	电视和收音机的选举节目对所有获得候选资格的政党在播报时间上必须平等对待。所有政党都得到充足的电视播报时间。
法 国	在第一轮选举中赢得至少 5% 的选票,并且选举开支在指定上限以内的候选人,可以要求以最高的统一税率(maximum flat rate)退还选举开支。至少有 50 位候选人参加复选的政党能得到根据得票数计算得出的资助(1993 年每张选票为 9.10 法国法郎)。总统候选人也能得到资助。	在公共电视频道中,选举报道的电视节目时间在执政党和议会中已有席位的反对党之间平均分配。只有至少有 75 位候选人的政党才能得到简短的播报,达不到这种要求的其他政党则不能。商业性的电视频道中,有节目时间均等的规定,且政党不能购买政治性广播。
德 国	"公平竞选的必要开支"能够得到补偿。如果他们的政党获得至少 0.5% 的选票,候选人就能从"补偿基金"中得到每票 5 马克的补偿。额外的资金授予获得至少 2% 的政党名单选票的政党。	竞选期间免费使用媒体。电视节目时间根据"政党的重要性"分配,政党的重要性主要根据他们在以往选举中的表现来评定。
英 国	没有国家资金制度。对选区有严格的选举支出限制(低)。候选人在选举期间被允许有一次对其选民的免费邮寄。	收音机和电视中有免费的"政党的政治广播"(唯一许可的政党广播节目)。没有严格规定,但根据议会内政党和候选人名额为基础分配播报时间。另外,地面电视频道试图在节目和新闻报道中给两个主要政党同样的时间,对其他政党也做"公平的"时间分配。
美 国	如果接受开支限制(最高法院规定,选举的开支限制只适用于公共资金支持的选举),总统候选人在前提名阶段(pre-nomination period)就可以得到相应的资助。民主党和共和党党员如果获得党内提名会议的提名,或者成为大选中的候选人,就能得到拨款。小党的候选人在上一次的选举中至少获得 5% 的选票可以得到拨款,而在当前选举中获得 5% 选票的候选人能够得到返还式拨款(retrospective grant)。	只要候选人能够支付得起,电视节目的时间他们想购买多少都行。考虑到电视无与伦比的影响力,它在美国政治的筹款具有首屈一指的重要性。

注:此表格说明的是:对政党/候选人提供国家资金;国家或地方层面对选举开支的官方限制;选举期间使用媒体和媒体报道选举的有关规定。

英国是唯一一个完全不提供拨款或补偿来帮助候选人负担选举开支的国家。然而,英国的选举开支因为免费邮寄和免费的政党政治广播降低了。美国是唯一一个对使用广播媒体完全不作规定的国家,只要能够支付,就允许候选人随便购买电视节目时间,这或许是美国竞选募捐最重要的支出部分。

表6.10 上议院的角色

国 家	上议院的名称	代表谁或什么?	议员人数	议员是如何选出的?	任 期	议员的待遇如何?
澳大利亚	参议院	州和领土	76	直接选举,在多议席选区采用单记可让渡投票制的比例代表制。忽略人口数量规模问题,所有的州代表人数相同。	最长任期是6年;通常三年改选一半,但是如果一项议案一直不能达成一致,参议院有可能与下议院一起被解散。	基本薪金大约为30 000澳元,加上11 000澳元的公开选举津贴。
丹 麦	没有上议院	—	—	—	—	—
法 国	参议院	地区	321	参议员选举采取混合选举制,通过选举人团间接选举产生。	参议员的任期为9年;每三年改选三分之一。参议院不能被提前解散。	薪金是54 000法郎,加上比额的文书和办公开支津贴。
德 国	联邦参议院	州	68	州政府(而非议会)派出代表。	没有固定任期,代表随着州政府组成的变更而变化。	州政府持续发放薪金,非常丰厚。
英 国	贵族院	贵族和国教会	1 196	贵族院的组成是:世袭贵族,政府任命的终身贵族,26位主教和大主教,20名高级法官。	贵族的任期是终身制,不能被解散。	没有薪金,可要以求日常出席津贴(24英镑)和膳宿补助)。
美 国	参议院	州	100	每州的两名参议员通过"简单多数制"的制度选出。	参议员任期为六年,每两年改选三分之一。参议院不能被提前解散。	近70 000美元的薪金,加上办公室间和非常丰厚的津贴(根据其州的人口数而定,可以多达2 000 000美元)。

上议院的角色

大多数现代民主国家将上议院视为对下议院的一种重要的制衡实践。与其他四个国家一样，英国的立法机关是两院制。丹麦是一院制，只有一个众议院。在其他四个国家中，上议院是联邦制结构的代表，或从地区的角度看，是其各地方政府的代表，并且通过各州或地区的直接或间接选举产生。在英国，上议院是一种独特的不合时代潮流的事物（anachronism）。英国的贵族院（House of Lords）代表世袭的土地贵族和金融贵族、国教（仅英格兰）、凭借职位而进入贵族院的大法官、过去和现在通过行政册封而任命的终身贵族（参见表 6.1 和表 6.10）。世袭贵族（扩展到保守党）在贵族院里占据固有的多数，而其他几个国家上议院的政治构成要素因其各自政党地位的不同而不同（参见表 6.7）。

表 6.11　两院的关系

国　家	立法案（不包含宪法修正案）	预　算
澳大利亚	立法案必须经两院通过才可以成为法律。	预算案须经两院同意，参议院可以否决，但不能修改或拟定。
丹　麦	不适用	不适用
法　国	对于所有非宪法性立法案，众议院拥有最后决定权。	最后决定权属于众议院。参议院仅能拖延 70 天。
德　国	影响到各州权力的法律需要参议院一致通过，否则下议院有最后决定权。然而，州权限的广泛性意味着大部分（大概三分之二）的联邦立法案都关系到州，需要参议院的同意。	尽管预算案提交到两院，但只需得到下议院同意即可。
英　国	在所有情况中，下议院有最后决定权。	预算案只需得到下议院同意。
美　国	法律必须经两院通过。	预算案必须得到两院同意。

注：戴高乐决定以英国贵族院为模型，控制第三共和国法国参议院的权力。但英国的上院的无权是无可比拟的。

尽管除了制定预算之外，在大多数领域中上议院与下议院的权力形式上是平等的,其他四个国家上议院制衡行政机关和更改其立法程序的权力却差异很大。美国和澳大利亚的参议院权力广泛,拥有批准所有立法案和预算案的权力。澳大利亚的参议院可以将它对一项预算或法案的反对提升到解散议会的地步。法国参议院和德国联邦参议院都给下议院的预算案让路,但作为各州利益的守护者,德国联邦参议院必须通过有利于州政府利益的法规。相比之下,英国贵族院主要由于其"业余"和非代表的性质,从属于平民院(也因此而从属于行政机关)。贵族院有时可以对政府产生影响,但不能干预预算。并且,贵族院搁置其他立法案的权力也是有限的,且由于担心自己的剩余权力受威胁或者其存在遭受质疑,而不愿使用法案搁置权(参见表6.7)。

议会对行政机关的控制

在四个"议行合一"的国家中,议会对行政行为的正式制衡主要在于下议院驳回首相或政府提案的能力。在丹麦和德国,政府首脑必须与其他政党协商,以便维持政府运作。

德国联邦议院掌握立法过程的实际权力,德国的立法过程比英国更透明、更具有共识色彩。在丹麦,除了财政议案,三分之一的议会成员可以强制对他们反对的立法进行全民公决(参见表6.12)。在澳大利亚和英国,不是议会控制行政机关,而是以下议院中纪律严明的政党多数派为基础的单一政党执政的政府对议会施加行政控制。法国总统和总理的权力相互补充,使情况更为复杂。当总统和总理分属不同的政党时,他们是相互制衡的。国民议会没有权力制衡总统的国防权和对外政策权。尽管直选产生的总统有凌驾总理和内阁之上的某些权力,但除非与总统有关联的政党势力给予他凌驾总理之上的实际权力,否则,总理和内阁保留政府的日常管理职责。国民议会可能在理论上反对某项政府方案,但实际的反对却有很大的困难。在美国,尽管如果总统有重大错误,国会有权弹劾他,但总统是独立选举的,并不依靠国会来保有权力。然而,由于两院对立法和预算程序的控制,总统在实践中必须设法使他们主要的财政和立法提案获得批准,否则就会面临僵局。在所有的情况中,尽管下台的风险差异很大,但主要的危险在于选举(参见表6.12)。

表 6.12　行政机关和议会

国　家	谁是行政首长?	行政首长是如何产生的?	内阁是如何产生的?	对行政行为的正式制衡形式	制衡行政机关的主要实践
澳大利亚	总理	他们是众议院多数党(或多党联盟)的领导者。	取决于执政党,由总理或政党高层会议选择内阁。	参议院否决预算案或者宣布众议院通过的信任案无效,这将会导致政府辞职或议会解散。	想要赢得众议院的下届选举,至少每三年选举一次。
丹　麦	首相	国王咨询所有党派的领导者,并任命最不可能被议会提出不信任动议的一位做首相。	首相选择其他部长(与联盟伙伴商讨),之后由国王正式任命。	首相或部长可能因为不信任投票而被迫辞职(尽管首相可能选择举行一次大选)。三分之一的成员可以强制对任何一项议案(除财政或国籍方面的措施之外)进行全民公决。只有至少30%以上的多数选民反对,议案才会被否决。	为了继续执政,需要维持不同政党的联盟。议会常设委员会通常扮演在重大倡议上塑造共识的角色。
法　国	总统和总理。总统在军事和对外事务上有最高权力,总理主要负责政府日常运作,但实际权力受议会控制。	总统是直接选举产生的,总统任命总理,但总理必须获得国民议会的同意。总统不能驳斥选举的结果,也不能把总理强加给一个联合的多数党。	部长会议的成员由总理提名,总统任命。这可能成为一场影响力之争,如1986年密特朗拒绝接受提名,然而,他却无权强加自己的选择。	如果国民议会以绝对多数通过对某项公共政策或计划的谴责或否决动议,政府必须辞职。但宪法的起草者故意使这种行为的实现非常困难。	当总统和总理的政治观点相似时,主要的制衡因素是下届选举。如果总统与总理不能达成一致,那么他们之间便相互制衡。
德　国	联邦总理	联邦议院选举产生总理。	内阁在总理的提议下任命。然而,总理的选择严重限制于联盟政治。按照惯例,联盟伙伴在外交部和经济部的部长任命方面享有特权。	总理可能由于"建设性不信任投票"(constructive no-confidence vote)而被迫辞职。也就是说,联邦议院通过绝对多数选举出一位新总理。选举通常立刻举行。	总理为了维持政权就需要维持联盟。实际上,这意味着在重大决策上与联盟伙伴讨价还价。

（续表）

国 家	谁是行政首长？	行政首长是如何产生的？	内阁是如何产生的？	对行政行为的正式制衡形式	制衡行政机关的主要实践
英 国	首相	他们是下议院的多数党（或最大党）的领袖。	首相选择其他大臣。	下院宣布信任案无效将迫使政府辞职。对构成信任案的具体内容并没有明确定义。	多数党想要赢得下一届的下院选举。实际上，这种约束力已经因首相在决定选举日期上的有效权力而被弱化。
美 国	总统	一般通过选举人团选举产生。在实际中，候选人必须由两个主要政党中的一个政党选出。	总统任命政府组成成员，但需要获得参议院的批准。	最高法院的宪政性分权制衡，以及议会对政府部门的监察。除非因重大罪责被弹劾，否则，总统不能被辞职。	为了处理任一问题而需要与国会妥协！国会控制财政和立法过程。

在许多国家中，立法机关对审查和反对预算案、控制武装力量的斗争处于权力民主化的中心位置。在我们所比较的这六个伙伴国家中，现代立法机关的预算权差异非常显著（参见表6.13），但在三个国家（丹麦、德国和美国）中，立法机关拥有相当大的财政预算权。在澳大利亚，即使行政机关掌控着众议院，参议院经常使行政机关预算案的通过步履维艰。在法国，国会可能只对减少预算和增加"基本花费"（basic spending）进行严格审查。相比之下，在英国，甚至连内阁都很少有对预算内容施加重要影响的权力，反对"预算日"是富有表现力的政治场合，且政府的多数派使得任何仔细的检查都徒劳无功。在英国（及澳大利亚），行政机关签署条约、部署武装力量和宣布战争的自由远比其他四个国家更少受到国会的限制，包括拥有帝国制度遗产的法国（参见表6.14）。

表6.13 议会对预算案的批准

国 家	预算需要获得何种议会批准？	议会修改预算案的难易程度如何？	政府提出的预算案获得通过的难易程度如何？
澳大利亚	需要议会两院的批准。政府能够控制众议院，但如果不能操控参议院，就可能在参议院的批准过程中遇到困难。	参议院根本不能修改预算案，但是可以否决或向众议院提出修正案，但只能提出减少拨款的修正案。	政府控制众议院，但在使预算案在参议院获得通过时可能会遇到困难。1975年参议院否决预算案导致政府被总督解散。

（续表）

国 家	预算需要获得何种议会批准？	议会修改预算案的难易程度如何？	政府提出的预算案获得通过的难易程度如何？
丹 麦	需要议会批准：至少有二分之一的议员参与投票，但他们不能就预算法案提请全民公决。议会可以重拟预算和/或政策，但不能在细节上做修改。	议会可以像修改其他议案一样修改预算案，但是不能做具体的修订。议会也可以将预算案分解，对单个部分进行投票，这就使政府可以对预算案的不同部分运用不同政党的支持。	预算案是对联合政府的年度检测。政府(通常只是议会中的少数党)经常必须努力使得预算案尽可能接近目标。然而，预算案可能因为遭到全部否决或否决其中的重要部分，而作为推翻内阁的手段。
法 国	须获得国民议会的批准。但如果国民议会在70天内未对财政法案采取行动，政府即可颁布实施。	国会对开支和税收只能作出减少的修改，而不能增加。	基本预算通常不经详细审查就可获得批准，且很难修改。但对支出的增加须经严格审查。
德 国	必须获得联邦议院的通过。不同于大多数财政立法，预算案尽管提交给两院，但预算不需要获得联邦参议院的正式同意。	议院可以像修改普通议案一样修改预算案。	预算经联盟内部讨价还价而定型。货币政策由政治上独立的联邦银行掌控。
英 国	财政法案仅需获得下院批准，而下院通常受政府操控。	上院不能修改财政法案。下院议员只能做减少税收和开支的修改。极少对预算案做出修改。	政府掌控下院,抵制"预算日"也仅是一般性政策辩论。因而,几乎不对预算进行详细审查。
美 国	总统对预算可能有影响力，但真正的预算案完全由国会控制：由各院的预算委员会起草，并且必须由两院共同通过。	国会议员不仅可以修改预算,也确实这样做了,而且还可以详细地重拟预算案。	政府不能控制预算案。国会召集很多证人说明开支，甚至可以迫使政府花钱("强制性开支")。总统有否决预算的权力,但这项权力因十分微弱而极少使用。预算的大部分(如社会保险基金)由筹款委员会(Ways and Means Committee)单独掌控。

表6.14 行政自由裁量权

国 家	签订条约	调动军事力量/宣战
澳大利亚	条约不需要议会批准生效,而是由总督通过委员会(行政咨询委员会)批准通过,唯一例外的是需要通过议会立法来贯彻实施的条约。	行政机关拥有宣战权。总督是形式上的总司令,但依据总理和内阁的建议行事。最后一次由澳大利亚承担义务的正式宣战是1939年英国对德国的宣战(此项安排不再适用)。
丹 麦	条约须经议会批准。如果将主权让渡给某个国际组织，则需要六分之五的多数同意或全民公决。	任何对抗国外的军事力量调动都必须得到议会批准，除非是为了防御武装进攻(如在海湾战争中派遣军舰)。

（续表）

国 家	签订条约	调动军事力量/宣战
法 国	总统协商谈判并批准条约,但重要的条约在被批准之前,需要议会通过法规赋予它们权威。	根据宪法,必须由议会批准宣战,总理负责国家防御。但是总统是武装部队的统帅,并在紧急状态中行使广泛的非常权力。
德 国	一些条约(调整联邦各州的政治关系或涉及联邦立法)需要议会通过法律。一些行政协议需要联邦参议院代表各州的利益同意通过。	宪法禁止在北大西洋公约组织(NATO)国家之外部署军事力量,这也限制了以防御为目的而使用军事力量。存在改变这一规定而允许德国参加联合国行动的压力。
英 国	条约无需议会批准。按照惯例,条约通常在批准前21天提交给议会,使之"能够表达观点"。	政府无需议会批准即可部署军事力量和宣战。
美 国	总统有签订条约的权力,但必须听取参议院的建议,并经由参议院的同意。批准条约需要三分之二以上的多数同意。	这是一直存在有争议的领域。宪法赋予国会宣战权,但是,约翰逊总统利用国会的东京湾决议案(Gulf of Tonkin resolution)证明发动越南战争具有合法性。实际上,没有国会的支持,尽管长期的交战将非常困难,但总统在使用军事力量上有很大的余地(如侵略格林纳达,在中美洲的"反叛乱"行动)。

注:所有的行政机关为了有效履行职责都拥有一定程度的行政自由裁量权,但自由裁量权的具体权限却大不相同。英国和澳大利亚由于完全缺少对行政机关签订条约和宣布战争的议会控制以及在外交政策上严重缺乏民主控制,在行政自由裁量权方面占据十分突出的地位。

美国关于"由谁来控制冲突涉入(involvement in conflict)"这一问题可能反映了一种现代趋势,即冲突是国内叛乱和分裂运动而不是正式战争的结果。

所有的立法机关都有议会委员会,用来审查行政机关的行动以及立法和财政法案。在英国和澳大利亚,行政机关与一个通常由忠诚的政党多数派组成的下议院的关系,大大降低了这些委员会的有效性。因为这些委员会的构成反映了议会的党派构成,并且最终还是党派忠诚起决定作用。然而,澳大利亚的参议院将特别调查委员会分为立法提案和其他事项的委员会。尽管掌握的资源贫瘠,这些委员会在精神上是两党制的,并有影响和使政府陷入尴尬的权力。因此,政府部长和他们的官员最近已经开始拒绝出现在这些委员会面前。

相比之下,丹麦和德国的议会委员会不受执政党掌控。之所以如此,这是因为这两个国家实施比例代表制,而且这两个国家在重大立法提案和政策制定之前都有进行广泛辩论的传统。这两个国家的议会委员会都具有相当大的影响力。在丹麦,行政人员直接对委员会负责,而不是对部长负责(与英国一样)。在德国,委员会是主要的政策制定主体,这些委员会的主席是代表自身权利的政治人物(political figure)。在美国,"分权"原则将审查和立法的实权授予两院,也即授权给了两院的许多委员会(参见表6.15)。

表 6.15 议会委员会的角色

国 家	委员会体制	委员会的影响力
澳大利亚	准永久性的常设委员会,当议会因选举而被解散时即告失效。还有调查法律议案和政治问题的参议院特别委员会。	众议院委员会享有一种"重大的"影响力,却严重被政党政治所累。尽管参议院委员会的权力和资源有限,但能影响公众舆论,使政府陷入尴尬。
丹 麦	常设委员会涉及的政策领域大致与部长一样。委员会盘诘(cross-examine)部长,并与部长保持全面一致。公职人员直接对委员会负责。倾向于被委员会专门化的议员可能受到他们与政府部长之间密切关系的影响。	议会委员会是反对党向行政机关施加压力和提取信息的重要途径。委员会成员状况反映了议会中党派的相对力量,所以,联合政府为使政策获得通过,必须与盟友讨价还价以获取广泛支持。由于财政委员会是财政年度预算修正案的根本控制力量,所以其权力很大。
法 国	宪法规定议会两院常设委员会的数量为6个。常设委员会审查立法,并对政府部门实施有限的监督。委员会庞大而笨拙,大多数实际工作都是由工作组完成的。	政府控制立法过程,能够控制提交国民议会的任何一项议案的时间安排和内容。如果政府也在议会中占据有效多数,那么它也就能控制议会委员会。但是政府更倾向于在委员会中做出修正案,并且会修订欠佳的草案文本。对议会两院的所有委员会而言,财政委员会是最重要的。
德 国	大约有20个覆盖了部门结构的委员会,部长和高级官员出席委员会会议。委员会主席是凭借自身能力获得高位的资深政治人物。	联邦议院(下院)委员会是议会活动的中心。它们被视为"专家"机构,在立法过程中起非常重要的作用,经常对政府议案做出实质性修改。它们受益于一种对法律议案进行预先辩论视为准则的政治文化。
英 国	下院中16个部门的特别委员会对各部门及其相关公共机构的政策和决策实施有限的监督。特别委员会的成员反映了下院的议员构成,且深受两大主要政党党鞭(党政督导员)的影响。上院有一个重要的、备受尊重的关乎欧盟事务的委员会,另一个是科学技术委员会。	委员会扮演了一个"有价值"的角色,但公共账目委员会(Public Account Committee)例外。公共账目委员会使用英国国家审计署的调查和资源。委员会无权迫使部长出席会议,部长掌控高级官员的出席和证言。只有为数较少的委员会能够获得尊重,临时性报告具有政治影响力,但是大多数报告不会开展辩论(且经常不予公布)。多数党的利益经常会使他们的调查效果弱化。

（续表）

国　家	委员会体制	委员会的影响力
美　国	常设委员会（众议院 22 个，参议院 16 个）权力很大，其成员固定，资源丰富。委员会主席通常是重要的政治人物。因试图限制委员会权力，使得小组委员会数量激增。为调查特定问题而设立的特别委员会有时存在时间很长，会持续几个会期。	在美国行政和立法分权的原则下，常设委员会有权起草其政策领域内的法案，且所有立法都需要经过其批准。常设委员会控制立法的通过，并为各项资助计划提供必要的拨款。

信 息 自 由

　　从原则的层面上讲，"公开"和"透明"无论对人民统治还是对政治平等而言，都是重要的关键词。在实践中，这两大原则也是监察行政机关的重要因素。对于民主国家而言，也包括那些有"威斯敏斯特模式"宪法的国家，民主化的一个相对较新的特征就是"知情权"体制（"right to know" regimes）的发展［参见表 6.16(a)和(b)］。尽管英国赋予公民特定的公民权利，可以查阅官方人事档案（official personal files），英国和德国是六个同类国家中未能引进"知情权"这样一种制度的少数国家，即通过法院获取官方信息和执行程序的权利。在英国，管理官方信息的公布，而不公开文件这一实际情况，只有非法定的惯例。这个规范由官方按照自由裁量权原则予以解释。官方的决定可能会受到议会行政专员（ombudsman）的调查，但行政专员没有权力强制公开信息，他只能向议会调查委员会提出建议和报告。德国也是一样，官方信息的发布属于行政自由裁量权的范畴。历史上，德国在提供信息方面比英国白厅更为积极，但政策制定过程同样是保密的。然而，德国联邦议院强大的立法功能，意味着可公开获取新立法的数据资料和专家建议。在其他四个国家，可获取更多的官方信息。大多信息与政府的决定、政策、政治争议直接相关，但"信息传送和使用自由"这一法律的权力容易被夸大。行政部门的核心意见和文件通常仍是保密的；官方也普遍阻止和回避接受规定，并延迟提供文件。但是，至少信息公开独立于政府裁量权并且在法律上可执行的原则已经确立起来。

表 6.16(a)　信息自由:法律与法院

国　家	推行何种信息自由法?	仲　裁	获取本应该可用的信息的难易程度
澳大利亚	1982年的《信息自由法》赋予公众获得联邦政府所掌握的文件的权利,但各州政府不包括在内(尽管一些州也已经开始推行自己的立法)。	拒绝提供信息的决定必须给出相应的理由。可以向申诉专员和行政上诉仲裁庭(Administrative Appeals Tribunal)申诉,联邦法院也强制执行立法。	被豁免公开的范围很广泛,并比美国受到更小的挑战。《信息自由法》因获取官方文件十分受限及没能使政府的政策制定公开而受到批评。也有关于信息公开拖延的投诉。可酌情放弃信息获取费。
丹　麦	1970年和1981年的《信息获取法》授予有限获取政府文件的权利,在下列重要问题(major concern)上有广泛的豁免区域:如关于国防和安全、国际关系、经济利益以及"因事件性质需要保密的其他利害关系"等;君主与政府间的会议备忘录(statsradet minutes),以及大多数部长会议和内部会议的纪要、档案和文件。	法院强制执行法律,但一种有效的监察专员服务提供了更廉价、更易获取的合法救济。监察专员偶尔也会使用他(她)批评官员的权力提供非法律性救济。	从法律上讲,丹麦的《信息自由法》(FOI)是脆弱的,一些部长(如外交部长)拥有广泛的豁免解释权。但总体上看,《信息获取法》有利于塑造更为公开的行政文化,也为许多官员致力于政策公开的尝试提供正当性。存在对拖延的投诉。
法　国	一系列法律(1978—1979)对文件公布和获取公共档案作出规定,并要求行政部门对其拒绝提供信息的决定做出正当解释。	行政法院可以最终判决强制执行法律,由获取行政文件委员会(CADA)在公众和行政部门两者之间进行仲裁。	获取行政文件委员会没有迫使政府向个人提供其所需文件的法定权力。存在对"过度"推延(其过程可持续至少5个月之久)的投诉。
德　国	没有《信息自由法》。德国《基本法》(第五条)保障信息自由,这意味着只有知晓可获得信息资源的权利。政府和行政机关通常给公众提供大量政府希望公众知道的信息。对媒体的宪法保障包括被政府当局所告知的印刷出版权(只要不被归类为机密信息,或其公布不会对最重要的公共和个人利益造成损害)。德国各州通过的《新闻法》授予公民信息获取权,但不是获取公共档案或特殊信息的权利。公民有获得前东德国家安全部门档案的特殊权利,尤其是记录在案的公民。	法院会对拒绝透露信息作出判决。但是,如宪法所规定的,为保障军队和公共行政有秩序地运行,法院会考虑限制信息获取权。	相对简单,但可获取的信息有限。联邦议院是其自身权利的主要立法者,并评估行政决策,它通过公开的程序将大量有关"专业"的信息置于公共领域中。事实上,几乎所有有关行政部门政策制定的信息至少保密30年。

(续表)

国 家	推行何种信息自由法?	仲 裁	获取本应该可用的信息的难易程度
英 国	没有立法。1994 年推行解密官方信息(但不是官方文件)的非制定法(non-statutory code)。这一自由裁量的方案并没有提供获取信息的公共权利。	这一法规在法庭中不受强制执行。申诉专员可以对投诉进行调查,但无权强制执行他的裁决。他可以提出建议,也可以向下院特别委员会提交报告。	未经试验,全取决于政府及其官员。由行政机关所控制的议院最终决定拒绝向公众和媒体提供信息,而不是由法院裁决。
美 国	1966 年推行《信息自由法》。相比于其他国家的《信息自由法》,随着时间的推移,法院判决能够获得公开豁免的领域更为特殊而明确。公民有获得联邦行政机构官方信息的权利,但无权获得白宫、国会和州政府的官方信息。有些州有自己的《信息自由法》。	拒绝提供信息可能会在联邦法院遭到诉讼,联邦法院强化信息获取权。政府可能要证明自己证据的诉讼当事人支付诉讼费。	像其他国家一样,政府机构使用各种策略以避免公布信息。但是,向法院起诉政府通常更为容易。法院通常不愿意在国家安全和外交政策上推翻政府的决定,但在媒体积极施压和公共利益集团在实践中改进《信息自由法》的方面,却不是如此。也会出现延迟:国务院可以两年之后再公布信息,中央情报局(CIA)可能拖的时间更长。在涉及公共利益的案例中,存在信息公开申请免费(fee waiver)。

注:限制个体公民获得个人资料的《欧洲数据保护法》不包括在内。

表 6.16(b) 获取政策文件

国 家	公众是否能获得下列信息?	
	行政机关决策所依据的"专家性"、技术性及事实性的数据	行政机关决策过程中的策略性政策建议、内阁会议记录及其他文件
澳大利亚	能够立即获得,但不包括因技术或"科学"的原因(如原始资料、商业机密等)而豁免的部分。全面的"专家"建议不能自由获取。	内阁文件豁免于公开和 30 年保密期限原则。30 年原则是可以延长的(也就是说,如果需要,一些文件可以在很长时间内不予以公开)。
丹 麦	法律未规定可获取的内部文件和数据也经常得以公开。信息,包括《获取信息法》颁布之前的信息(即 1971 年之前)通常使用 50 年保密期限的原则。机密文件(如关于皇室、安全、国际关系等)通常在 80 年之后解密,在有些情况下 100 年后解密。但适用于保密期的文件可能应要求解密,原因不限于研究目的。然而,国家档案馆馆长(Rigsarkivaren)的自由裁量权受到严厉批评。	尽管可能应要求提前解密,策略性政策文件和大多数内部文件适用 50 年和 80 年保密期限的原则。然而,内阁会议记录和文件按照传统是"保密的"(最初这些文件因保密的缘故由大臣带回家),所以从来不正式进入公共领域。再者,信息可以应要求而获取。

（续表）

国　家	公众是否能获得下列信息？	
	行政机关决策所依据的"专家性"、技术性及事实性的数据	行政机关决策过程中的策略性政策建议、内阁会议记录及其他文件
法　国	通过《信息自由法》可以立即获得。但会有提供信息拖延的投诉。	不能获得。
德　国	行政机关自己意见和信息的原始资料至少在30年内不解密。联邦议院有权势的委员会的听证和调查结果予以公开，具体包括对法律议案和行政政策所听取的专家证据，以及对部长和高级官员的调查。但联邦议院的报告所含资料的多少因事件的不同而大有差异。	正如法律所规定的，《联邦档案法》授予每个人在30年至110年不等的保密期后查阅公共文件的权利。公共权威当局必须将文件提交给联邦档案馆。
英　国	不能获得。政府承诺在政策和决议公布之后，公开相关的"事实和分析"，以及"应要求提供的事实性资料"，但易受大量的限制。没有知情权。此外，适用于30年保密期限的原则。	适用30年保密期限的原则，对敏感信息的保密期限更长或存在不明确的禁令。很多信息不存档。曾有为了历史研究而公开保密信息的"自由化"尝试。
美　国	通过《信息自由法》可以立即获得，但是可获取的信息不如丹麦那样广泛。政府内部备忘录和建议直到行政决议和政策公布之后才能公开。	白宫、总统和内阁的文件全都是豁免于信息公开。文件在一届总统任期之后进入总统档案，并陆续解密（除非有国家安全障碍）。没有保密期限制（如30年保密期限）。

注：限制个体公民获得个人资料的《欧洲数据保护法》不包括在内。

地区和地方政府

　　法国和德国都在地区（或州）层面选举立法机构，这些地区在国家的上院也有代表。丹麦国家较小，在地方当局之上有一系列亚区域性机构——"郡"。澳大利亚和美国是联邦制国家，都给予各自的组成州以相当大的自主权。英国作为一个单一制国家，是西欧唯一一个在地区层面缺乏普遍选举或政治表达的国家，即使其"王国"（home nation）中的苏格兰、威尔士及北爱尔兰自治省有自己独特的社会政治认同。在英国，中央政府官僚机构管理英国各地方、苏格兰、威尔士和北爱尔兰，后三者由专门的事务部（Departments of State）来管理。

　　1872年，维多利亚时代英国宪法的权威沃尔特·白哲特（Walter

Bagehot)颂扬了令很多外国人疑惑的"我们对'地方当局'的宽容"(Bage-hot, 1993:264)。关于英国地方政府主要的官方战后调查都确认其作为"抗衡"中央政府的历史角色(如参见 Widdicombe Report, 1986)。诚然,在欧洲与之类似的伙伴国家(peer group)和西欧国家中,英国的独特之处在于,它是唯一一个没有为地方政府独立于中央政府而自由行动提供宪法保护和普遍性权力的国家(参见表 6.17)。反之,在 20 世纪 80 年代和 90 年代的时候,其他的欧洲国家已经开始发展"地方民主"并试图开展更加直接的代表制的试验,但英国的中央政府却已经开始减少地方当局的财政和一般性自治权,并在国家、地区和地方层面向非经选举产生的机构转移政府提供核心服务的责任,如教育、住房、城区重建、就业培训等。宪法惯例迄今为止都是保护地方政府的,却没能对把地方政府强制性地视为从属角色的政府观念产生任何影响。

表 6.17　次国家政府的独立性(仅限于欧洲国家)

国家	对任何形式的次国家政府是否有宪法保障?	次国家政府能否独立于中央政府而自主行为?
丹麦	《宪法》规定:"市政当局独立管理自身事务的权力应由议会法律规定,并接受国家监督。"	地方政权有普遍的权限,所以它们可以行使有关其辖区范围内的、没有被议会或国家行政部门颁布的行政法或其他法规所禁止的任何功能。
法国	1884 年《基本法》赋予市镇以宪法地位,1884 基本法在 1957 年被纳入《市政管理法》(1979 年和 1982 年的修正案包括了具体的权利和自由)。	除某些特殊领域保留给其他层级的政府所有,地方政权有普遍的权限。有法律规定中央政府与地方政府之间的权限划分。
德国	《基本法》保护每级政权(联邦政府、州和地方政府)的地位。根据宪法,州政府有相当大的自治权和财政权(联邦和州政府平分所得税和公司税)。由州决定地方政府的具体形式,州的法律决定地方政府的行为范围。汉堡、不来梅和柏林是没有"自治的"地方议会的地方性有效政权。	在《基本法》之下,州政权拥有法律范围内的普遍权限,市镇有"在法律框架内管理所有地方社区事务的权利"。在市镇政府中,法律制度框架包括有效限定其行为范围的州法律。州政府监督管理地方政府,并要求地方政府的行为与其政策相一致。
英国	没有宪法。宪法性惯例提供的保障在过去的 15 年被颠覆了。	地方政府只能行使成文法分派给它的功能,但这些功能通常范围广泛,允许一些自由裁量权(越权原则)。地方政府也有对公益事业(public benefit)进行小额财政支出的非法定建议权。

总　　结

英国"强政府"的传统使我们没有足够的空间质疑它"控制被统治者"的行政能力。更加令人质疑的是,人们对政府"首要控制"的现实,以及加强控制政府和准政府行为的"辅助性预防措施"是否足够。"议会主权"的信条掩盖了行政至上的事实,一个政党仅获得少数的选票,却可能是下院的多数党而执掌政权。在本次比较研究的几个国家中,英国行政机构在宪法约束或法定制衡外所拥有的自由是独一无二的,这种自由是在对行政的制衡上太过依赖"两党轮流执政"和不成文惯例这种政治传统的结果。如本次研究所示,其结果就是使得其政体处于一种系统性的脆弱状态之中。英国是个例外,体现在行政机关能够轻易改变它本应服从的法律;缺乏对宪政安排和公民自由的法律保护;缺乏由中央、地区和地方政府依法分享的权力多元化;上院的软弱和非代表性特质;议会对行政行为和议会委员会控制的相对软弱;缺乏通过可强制实施的"知情权"制度推动"开放政府"建设的尝试和努力;行政部门在签订条约和发动战争方面拥有不受议会监管的不受限制的权力。

在英国政治生活的强健传统下,通常存在着这样的疑问,即在更为宽泛的选举问责的背景下,缺乏正式的相互制衡是否具有重大影响? 我们已经讨论过,为了在两次选举期间对政府施加持续的监督和制衡,实质化选举过程中的选择是非常必要的。然而在英国,设计用来做出清晰选择的选举制度现在却模糊和挫败了这种企图。政府的执政党如果赢得了一个容易达到的目标,即 42%的选民投票,就可以预期在选举后继续执政,但这从选举上来讲实际上是不负责的。政府也可能不是一个具有代表性的政府,而是一个具有潜在党派性的政府。在这些情况下,保守党当前的长期执政加上其非常自由的行政处置权,使得英国的民主进程充满了风险,而"辅助性预防措施"的缺失则加剧了这些危险。

注 释

前期研究和汇编工作是由阿曼达·迪金斯(Amanda Dickins)完成的,他是审计局的研究助理。进一步的研究是由温迪·霍尔(Wendy Hall)实施的,他目前是该项目的研究人员(research officer)。

1.下列文本在初期阶段尤为有益:Article 19(1991);G.Delury(1987);M. Goldsmith and K.Newton(1986);C.Humana(1986);各国议会间联盟(Inter-Parliamentary Union):多种出版物;J.E.Lane et al.(1991);G.Smith(1989)。

2.调查对象如下:澳大利亚:约翰·克雷格(John Craig)和迈克尔·穆兹费尔特(Michael Muetzelfeldt),政治与政策研究,迪肯大学;罗伯·埃尔德(Rob Elder)和凯特·达里安-史密斯(Kate Darian-Smith),罗伯特·孟席斯(Robert Menzies)爵士澳大利亚研究中心。丹麦:彼得·博加森(Peter Bogason),洛斯基尔德大学,经济与规划学院;约根·埃尔克里特(Jørgen Elklit),奥尔胡斯大学,政治科学学院;泰格·卡斯泰德(Tage Kaarsted)和保罗·埃里克·莫里岑(Poul Erik Mouritzen),欧登塞大学,商法与政治科学系;莫顿·凯尔斯特拉普(Morten Kelstrup),哥本哈根大学,政治科学学院;蒂姆·皮尔斯(Tim Pearce),路透社。法国:阿内·科尔贝(Anne Corbett),巴黎,记者;樊尚·奥夫曼-马蒂诺(Vincent Hoffman-Martinot),CERVIL,波尔多政治研究学院;史蒂芬·杰塞尔(Stephen Jessel),英国国家广播电台巴黎通讯记者。德国:埃伯哈德·博尔特(Eberhard Bort)和克里斯托弗·哈菲(Christopher Harvie),图宾根大学,英国哲学研讨会;乌多·布尔曼(Udo Bullmann),吉森大学;阿兰·科赫朗(Allan Cochrane),开放大学,社会科学系;米夏埃尔·费林(Michael Fehling),弗莱堡大学,公法学院;斯蒂芬·佩格特(Stephen Pedgett),埃塞克斯大学,政府系。英国:戴维·比瑟姆,利兹大学,政治学系;阿曼达·迪金斯(Amanda Dickins),温迪·霍尔(Wendy Hall)和斯图尔特·韦尔,民主审计;帕特里克·邓利维(Patrick Dunleavy),伦敦政治经济学院,政府系。美国:凯利·D.帕特森(Kelly D.Patterson),犹他州,杨百翰大学,政治学系;肯特·伍斯特(Kent Worcester),纽约,社会科学研究委员会。整体:帕特里克·邓利维,伦敦政治经济学院;莫里斯·弗兰克尔(Maurice Frankel),伦敦,信息自由运动;温迪·霍尔,民主审计;保罗·赫斯特(Paul Hirst)和海伦·马吉茨(Helen Margetts),伯克贝克学院,伦敦;肯·牛顿(Ken Newton),埃塞克斯大学,政治学系。

3.前期工作开始于欧盟及其成员国的一项民主审计,即欧盟的问责机制。欧洲政治研究协会资助了1993年11月在特隆赫姆举行的一次探索性研讨会。

4.在1988年的一次民意测验中,当问及"什么是您认为的最值得骄傲的事物"时,《基本法》成为德国人(联邦德国)的首选,有51%的人选择了该项。在英国,君主政体是首选,65%的受访者选择了该项。参见"Pride in one's Country,"

Topf et al.(1989)。

5.《民主审计》第二卷将于 1995 年由莱特里奇(Routledge)出版社出版,这一卷会在国际人权法律文件(international right instrument)的背景下分析英国的政治权利和公民权利保障。参见 Klug(1993)。

6. 例如,邓利维等人(1992)指出,在简单多数制下,英国的保守党 1992 年获得 336 个议席,如果按照德国以比例制为基础的附带席位制(additional member system, AMS),其议席将会降至 268 个(参见表 6.5)。保守党因此而丧失压倒性多数,并被迫进入联盟组建一个少数党政府,或者成为工党—自由民主党联盟的反对党,或者在自由民主党的支持下成为工党少数派政府的反对党。

参考文献

Article 19 (1991) *Information, Freedom and Censorship: World Report 1991*. London: Library Association.

Bagehot, W.(1993) *The English Constitution* (2nd edn). London: Fontana. (Original work published 1872)

Beetham, D.(1993) *Auditing Democracy in Britain*. Democratic Audit Paper No.1. Human Rights Centre, University of Essex, Colchester/Charter 88 Trust, London.

Cary, J.(1994) *The Horse's Mouth*. London: Penguin.

Delury, G.(1987) *World Encyclopedia of Political Systems and Parties*. London: Longman(2nd edn). New York: Facts on File Inc.

Dunleavy, P., Margetts, H. and Weir, S.(1992) *Replaying the 1992 General Election: How Britain Would Have Voted under Alternative Electoral Systems*. LSE Public Policy Paper No.3. London: Joseph Rowntree Reform Trust/LSE Public Policy Group.

Goldsmith, M. and Newton, K.(1986) "Local government abroad," in *Aspects of Local Democracy*, Research Volume IV of *The Conduct of Local Authority Business* (Widdicombe Committee report), Cmnd 9797. London: HMSO.

Hamilton, A., Madison, J. and Jay, J.(1961) *The Federalist Papers* (ed. Clinton Rossiter). New York: Mentor/Penguin. (Original work published 1787-1788.)

Home Affairs Committee (1994) *Funding of Political Parties* (Second Report), HC Paper 301, Session 1993-1994. London: HMSO.

Humana, C. (1986) *World Human Rights Guide*. London: The Economist.

Johnston, R. J. and Pattie, C. J. (1993) "The effectiveness of constituency campaign spending at recent general elections," in Home Affairs Committee, *Funding of Political Parties*, HC Paper 726, Session 1992-1993. London: HMSO.

Klug, F.(1993) "Human rights as indicators of democracy," Paper presented at ECPR Workshop 16, "Indices of Democratization," University of Leiden, April 1993(available from ECPR archive, University of Essex).

Lane, J.E. et al.(1991) *Political Data Handbook: OECD Countries*. Oxford: Oxford University Press.

Patten, J.(1991) "*Political culture: Conservatism and rolling constitutional changes*," Conservative Political Centre lecture, London, 7 July.

Smith, G.(1989) *Politics in Western Europe: A Comparative Analysis* (5th edn). Aldershot: Gower.

Topf, R., Mohler, P. and Heath, A.(1989) "Pride in one's country," in R. Jowell et al.(eds.), *British Social Attitudes: Special International Report*. Aldershot: Gower/Social & Community Planning Research.

Weir, S. (1993) "Auditing democracy in Britain: objective and subjective elements," Paper presented at ECPR Workshop 16, "Indices of Democratization," University of Leiden, April 1993 (available from ECPR archive, University of Essex).

Widdicombe Report(1986) *The Conduct of Local Authority Business*. Cmnd 9797. London: HMSO.

第七章
审计民主的经验方法

帕特里克·邓利维　海伦·马吉茨

> 帕特里克·邓利维(Patrick Dunleavy)：英国伦敦政治经济学
> 院，政府研究教授。他的著作《民主、官僚制与公共选择》、《国家理
> 论》(合著)、《十字路口的英国民主》(合著)。
> 海伦·马吉茨(Helen Margetts)：英国伦敦大学伯克贝克学院政
> 治与公共政策系，讲师。她当前的研究主要集中在地方政策制定结
> 构以及中央政府的信息技术方面。

一个国家的民主水平可以系统地测量吗？实证派政治学家通常会回
避这一问题，转而把焦点集中于他们自己设计的更为狭窄的指数，对这些
指数的含义争议较少，但其对"现实社会"的适用性仍不明确(Bollen,
1991)。尽管对于民主的概念有一些激烈的规范含义方面的争议，对西方
自由民主的局限性存在一些影响深远的批评，以及大量的民主实践者对
制度安排的适用性存在争论，但在冷战期间却几乎没有人系统地从事民
主绩效的评估工作。大多数定量研究集中在适用于所有国家的、十分粗
线条的测量指标，并设计用来证实某个国家是否可以归类为自由民主政
体。例如，从真正意义上的竞争性选举和基本人权保障这两个指数考虑，
根据一些重要的民主维度，这些指数在区分不同多元政体表现好坏时通
常是无效的。

评估民主绩效的审计方法在几个方面是有创新性的。审计方法不是

151

使用一个单一的、总的量度(或者几个这样的测量方法),而是强调多重标准、多角度的评估(Beetham,1993)。审计分析模式不只是使用定量方法,审计方法承认许多问题只能通过定性研究来解决,其所使用的具体论据和得到的结论都可能受到质疑。定量分析在一定程度上(相对很小的)能够为定性评估创造更好的共识基础。由于任何单一的绩效测量方法都只能获得一小部分潜在的相关信息,所以,提供多个指标是定量研究的关键步骤。

测量政治行为的制度方法和经验方法

审计民主所使用的指标应该涉及自由民主政体政治生活和公民生活的多个不同角度。然而,大多数政治科学研究都从一种单一的主导观点着手,这一观点可被贴上"制度"方法的标签。在这种视角下,政治现象是重要的,主要在于它们塑造或影响了对政治权力和国家机构的控制。决定政治机构运作之发展、趋势和变化的主要变量,通常是使用大量经过精心设计和仔细研究得出的指数来予以测量。但是,被制度影响所掩藏的政治现象却较少得到研究,或者测量得很少、粗糙和不适当。因此,制度方法是暗含系统偏好的,它促进了有关现实中显著问题的知识增长,而不是促进有关政治过程知识的自发发展(Dunleavy,1990)。

为了反对这种优先次序的加权值(weighting of priorities),我们主张另一种聚焦于人民的自由民主政治经验的审计民主绩效的方法。《简明牛津词典》将"经验"定义为"对事实和事件的真实观察或实际认识;知识或技巧产生于此;影响人的事件([如在]'一次不愉快的经历'中);令人受影响的事实或过程([如在]'从经验中学习')"。经验主义方法的特征:在国家或共同体的公民生活中,捕捉人们如何受事件或社会发展过程(有意识或无意识地)影响,被人们自己的政治参与所影响,被自己随之产生的知识、技术和适应机制所影响等,并对这些测量指标进行汇编。如果我们要发展一门没有系统偏见的政治科学,政治经验就需要被当做重要现象来研究,而不论它们是否在国家机构的控制和运行下直接转化成某些变化。

类似地,经验方法强调,塑造政治结果上的显著作用与公民或其他政治行动者的突出经验两者之间并没有必然的相关性。博弈论和集体行动问题研究都反复证明:政治相互作用和相互依赖的逻辑通常会使强烈而一贯的偏好找不到有效的表达方式(Dowding,1992)。此外,许多政治结果可能是超出个体行动者的控制能力的,是相互作用和相互依赖的产物。在这个意义上说,这些结果可能是任何人都不想要的结果。

公民的政治经验也与他们对政治过程的主观感知及他们的政治态度不同有关。正如在相互作用和相互依赖的复杂系统中,理性行为者也可能错误地判断自身利益,因此,公民并不能理解他们的全部经验,或者有可能错误地理解它们。产生一种衡量态度的数据的创新性方法是构成经验方法的一个重要因素。但是,我们决不能认为民意调查中人们的主观感知和反应能够准确地捕捉到他们所有的政治经验,也不能将这看作是政治经验特征必然准确和权威的指标。许多政治经验是长时间内并且在不同背景中一点一点积累的,在经验积累的过程中,也就形成与之相适应的反应。

此处可以使用一个类比。假设一个女人 A 和一个男人 B 共同生活,每天晚上 B 都把他所有的零钱(硬币和散钱)从口袋里拿出来放到梳妆台上。每天晚上,A 都在 B 没有察觉的情况下从这笔钱里拿走 1 镑,B"经历"了一个财政减少的过程。他所拥有的钱总是比他所认为的要少一些,他甚至会因此调整自己的行为,比如买便宜一点的午餐。但是,由于他并没有意识到发生了什么,没有清楚地察觉出实情,B 就不能够对此形成一个态度。经验指标力图吸纳这种情况产生的效应,在定义人们民主参与或政治参与经验时,强调投票人客观情况的重要性。不能将经验和态度等同的另一个原因是,测量民主的制度方法通常对公民的认知产生很大影响,在下文中会谈论到制度方法。

为了说明经验方法的含义,我们简单地从四个方面考虑,在这四个方面,经验方法使用了多样化的方法并得出不同于主流的制度方法信条的结论:

1. 比较各国投票人的选举参与经验；
2. 制定"基准"指标并理智地使用这些指标突出有趣的和反常的案例；
3. 追踪不同时期的民主经验；
4. 抓住一个自由民主政体中民主经验的总特征。

在经验主义方法中，我们集中研究衡量选举的民主质量的两个重要指标，即政党的偏离比例和数量的相对减少，并论证经验方法中利用这些指标的不同方法。

投票人经验的跨国比较

对于任何试图测量民主绩效的尝试来说，一个国家与其他自由民主国家或相似国家之间的跨国比较都是其主要组成部分。这里使用的审计方法显然是相对的：民主绩效的可行性标准是在别处也可得到论证。首先，在驳斥只将论据集中于民族国家之前，我们要说明为何制度方法只能将比较的范围限于国家层面的数据。其次，我们要说明为什么经验方法能促进更加细化地比较，通过研究偏离比例来论证制度视角与经验视角在实践中的区别。

总体性比较

在比较民主绩效时，制度方法创造并保持几乎只以国家层面资料为关注点。尽管自由民主国家的规模存在巨大差异，但制度方法认为，每个国家都被看作是与其他国家同等的案例。并且，尽管相关国家很少，严重限制了跨国的定量分析，但却很少或没有在细化的层面上评估民主绩效的成果，比如地方层面的研究（Dunleavy and Margetts, 1993）。民族国家被视作为比较分析的基本单位,是不可再分裂的原子。

聚焦于国家层面资料的,具有单一的制度主义方法基本原理的四个主要根源——对国家的强调,来自主权的论据,聚焦于不同的公共政策体制,以及依赖于单一的解释。

制度方法与生俱来地强调国家。国家是民族国家,而且正是在国家层面,组成一个国家的组织、机构和角色才能存在。现代的研究强调延伸的、多种标准的国家观,并将国家视为拥有必要特征的独特结合。因而,"国家"是:

1. 一系列有关联或相结合的组织化制度,论证了"单一"视角对组织化制度行为的简单描述的正当性;

2. 在既定领土范围内运行,居住着组织成一个独特的"社会"的大量人口;

3. 这些机构的"社会上公认的功能是,规定并强制社会成员履行共同的约束性决定";

4. 并且,这些机构的存在创造了不同于私人活动和私人决策的"公共"领域。

每个这样的国家(机构的组合)都必须:

5. 向所有其他社会机构声明主权,并有效地垄断在既定领土内行使暴力的合法性……;

6. 能够界定社会成员和非社会成员,并能控制人员在本国领土的进出;

7. 进行强势地意识形态/道德宣传,以促进社会成员的共同利益或普遍意志;

8. 由重要的社会团体和组织认可其合法性;

9. 掌握官僚资源……以便有能力征税……在考虑到控制交易成本的前提下,有效地安排政府事务;

10. 通过合法机构有效地管理社会活动,通过宪法有力地管理政府行为;

11. 被其他国家承认其为"国家"。(Dunleavy,1993)

可以论证的是,这些标准中的绝大多数都只可能在整体的国家层面上实现,因为在这里才存在适当的组织机构。这些标准当然只可能同时在中央政府层面出现,然而也可能(但有争议)发现次国家层面的"地区政府"或"地方政府"拥有这些特征的一部分但不是全部特征。由于把关注的焦点压缩到了一些相关联的子集上,如自由民主国家,因而民族国家的共同特征显然增加了。近来,"新制度主义"思维模式和国家中心理论的复兴在政治学中更为普遍,它们既强调独立的组织结构的重要性,也强调政府政治行为和政策行为的文化特征。国家作为相对联合的制度聚合体作为分析单元是合理的,因为制度的安排凭其自身的能力能够产生重大的影响。

主权上的论据是制度主义方法把国家作为分析单位的第二个部分理由。主权上的论据是依据民族国家内部和外部的"主权"——它们有能力用全新的方法审查和重新设定内部运转,也能自由地改变它们外部行为和关系。在自由主义理论中,主权本质上与国家地位相关。每个独立的民族国家自主行动的能力,为国际法受尊重提供了一个基本依据。民族国家有能力以完全不同的方式改变政策以适应环境。无论一国如何缩小自主行为的范围,也无论它在过去的自主性有多小,主权理论坚持强调每个国家今后都保有采取此种行为的能力。从实践上看,制度主义原理认为,潜在的主权会在危机中或在不同的政策战略巨变中有短暂的显现。这些因素肯定了把民族国家作为基本分析单位的重要性,然而,类似地或并行地发展在其他国家似乎也存在。

民族国家间的政策差异是首要的,而一国内部的政策差异是次要的,如果在经验上看上述情况是真实的,那么,聚焦于不同的公共政策体制就支持将注意力集中于国家间的比较。随着时间的发展,众多不同的历史、文化、社会和政治影响等因素,使得各国在政策领域之间的替代和补充有着截然不同的关系。尽管在国家规定中显然存在汇合点(如工业化国家福利国家政策的普遍化,国营企业的先扩张后收缩,国家支出的增长和而后的稳定,及宏观经济政策"形势"的循环),但同样的结果却经常反映出不同国家之间截然不同的政策动力。在为将民族国家作为比较探讨的基石的经验辩护之下,还有更加含蓄的假定,即主权的重要性和政治领域的至高地位。

单一性解释将比较政治分析的焦点放在民族国家上,因为它们把单一行为体假设成理解不同国家形式差异的重要模式。从历史上看,"民族特性"的解释为跨国研究提供了早期的推动力,"民族特性"这一传统在一些当代的社会中心理论中仍然存在(Nordlinger,1981)。一些国家中心理论关注国家间不同的"政策风格",这些国家中心理论也与"民族特性"传统相联系。民族国家单一行为体模式(unitary actor models)得到了长足的发展,它发展为"黑箱"理论、国际关系理论(Allison,1971)、博弈论、理性决策的经济模式(Jackson,1982)及正在发展的宏观层面的公共选择流派(Levi,1988),所有的这些发展都影响了比较政治学的发展。把单一行为体模式视为仅仅是一种临时性简单解释,或者原始的第一接近值描述,这是没有道理的(因为这些模式是位于"行为革命"的层面)。当理论得到发展、收集和分析数据的方法发展允许时,单一行为体模式最终会转变为详细的微观层面的解释。事实证明,这一解释流派适应力非常强,它以不同的现代化形式不断地重现。似乎很明显,国家行为运作的单一行为体模式与分类模式处于解释的不同层面,而不是与分类模式相抵触的。

制度方法聚焦于国家的四个理由中的每一个都面临着一些众所周知的问题。首先,尽管国家身份的普遍特征是广泛存在的,但不同国家将这些特征实例化地安排方式,仍有相当多的差异,即使只在自由民主政体中也是如此。欧盟的发展似乎也意味着它的成员国不再满足以上设定的全部十一条准则。比如,在控制出入境方面及本国领土内合法性权威的垄断方面。事实上,欧盟成员国可能快速地向"区域性国家"模式发展(Dunleavy,1993)。

第二,主权上的论据面临着严重的困难,这是因为民族国家的规模和实力存在着差别。小国的主权在现实中的实现不如理论上的阐述,尤其是那些经济落后和地缘政治条件差的小国。那些超级大国(如美国)的行为通常体现了其对别国主权扮演空头支票的现实主义政策立场(Krasner,1978)。因此,尊重别国主权意义下的真实主权只是中等规模国家的特征。

跨国的和国际机构、章程对政策发展的明显地日益增长的影响力也向主权论据摆出难题。统治的重要领域的国际化或"全球化",多国集团的形成,跨国政策的标准化(Cross-national policy standardization),所有这些趋势或压力都暗示着,在国家层面有效主权的缩小。如果自由民主国家面临的趋势和压力与此不同,那么"国家"的普遍特征就受到冲击。如果各国都同样地遭遇这些变化,那就暗示着"主权"的普遍空洞化。

第三,对国家公共政策基本原理的分析面临着与主权论据同样多的类似困境。全球化、国际化和政策标准化机制显然将会侵蚀民族国家政策体制的特殊性。另外,尽管每个国家都仍有单边政策制定中心,但是当代的特征却似乎是被更快、更广泛的跨国政策学习、政策模仿和革新成果推广的过程所显著地呈现出来。正如公共政策的基本原理所要求的那样,在形成政府决策的过程中,人们很难决定是依据经验做决策,还是根据先验性的国家或者跨国因素影响力的相对权重来决策。

最后,尽管单一行为体模式是合理的、独立的解释,但它们不能穷尽地解释所有可能的领域,更分类细化地解释一直是可行的。因此,单一行为体解释不能为几乎只将比较政治调查聚焦于研究跨民族国家的模式做支撑。单一行为体解释为只关注国家的跨国研究提供了适当的辩护环境,但没有建立这一研究方向的全部领域。

细 化 的 比 较

因为经验方法试图测量人们的民主经验,而不是测量制度的权力是如何被控制或决定,所以经验方法主要将焦点放在细化的指数上。在大型和中型国家中,人们对政治现象的经验基本上不是同质性的。因此,国家的统计资料和数据通常代表差距悬殊的经验的平均值,有可能对产生这种经验的模式引发严重误解。相比之下,经验测量法试图鉴定对人们的经验有意义的领域。细化的数据之所以更好,有以下几个原因:它们捕捉大型国家各组成地区的不同经验;因为它们与人们的经验更贴近,这些数据通常有较少的模糊性、更清晰的意义;它们收集更多的案例来帮助进行比较分析。

一旦收集到合适的细化数据,就开启了两条宽阔的分析途径。第一个途径是直接比较不同国家各地区的民主绩效,寻找适用于许多国家或国家集团的共同的模式或思路,同时探索那些属于特定国家的独有特征。第二个途径是使用独特的经验手段重新聚集数据,以创造民主绩效在国家层面的新指数。不是对各地区的结果进行简单平均,而是将一个国家不同地区的分数用人口数量加权,以此构建出反映了这个国家中既定选民具有特定经验的可能性的全国平均值。

我们把这一方法运用到偏离比例(DV)上,偏离比例是制度测量中著名的统计数据。计算制度的偏离比例是件简单的事情:我们只要加总政党占全国选票的份额和它们在立法机构中所占席位份额的差别(此处忽视积极或消极的迹象),然后除以2。这样,就其政党占有全国选票份额而言,制度方法就展示了立法机构中有多少比例的成员"未被赋予资格"而占有其议席。因此,这是一种测量政党在议会中过度代表的方法。但是,我们也要明白,这种方法产生的数据与选民关于选举制度如何处理其投票的经验并不必然有密切关联。

可选择的偏离比例的经验方法是把全国的议席和选票按数量分到各地区,反而是为了找出有多大比例的选民发现了在选举立法机构成员时,他们的偏好被选举制度忽视或低估了(Dunleavy and Margetts,1993)。为了重新制定国家偏离比例的单一图表,经验方法建议对地区的分数取平均值,这些地区由其选民数量加权。得出的图表表明,既定个人投票失效的总体可能性是因为选举制度的扭曲。

为了看清经验方法带来的变化,我们可以参考体现了七个自由民主政体数据的图7.1和图7.2,这七个国家是瑞典、德国、美国、日本、西班牙、澳大利亚和英国。与标在横轴上全国偏离比例值的制度方法不同,图7.1将这些国家各组成地区偏离比例的数值绘制在纵轴上。单个地区的数值在纵列上体现为一系列与纵轴平行的直线,而横轴上的分布则取决于全国偏离比例数值。图7.2还是将地区的偏离比例数值绘制在纵轴上,但这一次根据经验测量法将全国偏离比例绘制在横轴上。这两个图的差别非常惊人。在图7.1中,西班牙的全国偏离比例值最高,澳大利亚和英国靠在一起,距纵轴更近一些。但在图7.2中,英国的全国偏离比例值是最高的,并远高于其他国家,而西班牙的数值比澳大利亚更低。相似地,

图 7.1 中,地区与国家偏离比例数值的相互关系很复杂,相比之下,图 7.2 中则有一个简单的、直观的解释——地区的偏离比例中值增长,则经验法测量的全国偏离比例值上涨。各国地区数值的范围有明显的差别,但其与经验方法所测量的全国偏离比例的关联却很明确。

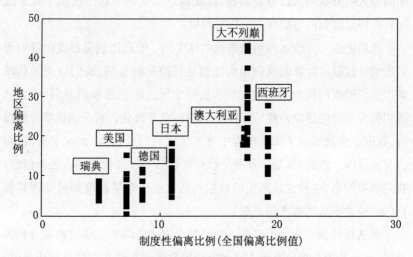

图 7.1   依据制度偏离比例绘制的地区偏离比例值

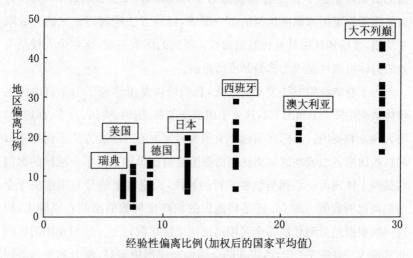

图 7.2   依据经验偏离比例绘制的地区偏离比例值

图 7.2 中经验测量法的优越性显而易见。在图 7.1 制度方法测量的偏

离比例中,大部分数据是伪造的。英国的全国偏离比例数值比地区层面的实际数值低得多,这是因为国家的部分地区对保守党人的强烈偏好被其他地区对工党的强烈偏好抵消了。从议会代表的角度上看,各政党的差别变小。但这个数值与被选举制度遗弃或忽视的选民的比例根本无关。

相反,在西班牙,制度方法测量的全国偏离比例值比选民感受到的偏离程度更高,这是因为它也测量了地区间代表名额分配不公平的程度。西班牙的比例代表制公平地依据选票分配议席,但是,国家各区域议席分配被严重扭曲,更加倾向于农村地区,而不是一些主要城市。经验方法测量的全国偏离比例更有效地剔除了这种代表名额的分配不公平因素。马德里或巴塞罗那的选民认为选举制度是基本公平的,虽然他们也感受到在立法机关中严重地未被充分代表。

使用参照点来凸显差异

第三个可行的审计方法是规定一个可以评估国家绩效的绝对标准。过去,政治学家通常认为自由民主政体的绩效只能用相关的方法测量,不存在一致赞同或一致支持的标准。尤其是人们一直怀疑适用的指标很少有明确的意义,因此,如果没有更深入的补充解释,就不能轻易地信赖这些指标,而这些解释对于限定或掩盖数值的重要性将会首先与使用基准的原理不符。

然而,可能有一些指标获得了广泛认可,因为它们在某种程度上对民主绩效的评估是中肯的。例如,在任何国家中,死于政治暴力的人数或在重大案件中被非法监禁的人数,其理想状态都应该是零。在审计方法中,汇集大量这样的指标也意味着任何一个指数的局限都可能被其他指数的优势抵消掉——这是公共部门绩效测量领域中一个普遍的经验。

除了以上这些考虑因素,制度方法与经验方法在用绝对标准对一国民主绩效比较时,存在巨大的差异。制度方法通常排斥与政体自身的意图或状况无关的标准进行比较。制度方法认为,只有从个人偏好出发才是可行的。例如,在比例代表制国家中,比例对其国家的绩效评估而言是一个相关的标准。但是,对于选举制度是简单多数原则或其他"多数原则"形式的国家,比例却是一个无关的标准(Reeve and Ware,1991)。由于选举制度采取多数原则的这些国家在立法机构中并不要求实现比例性,因而,对结果估算的成功或失败并不带有本国的政治意蕴。由于此处的绩效不影响政治权力的运行方式,所以制度方法在制定指数时不考虑绩效,或仅仅是稍加考虑。

相比之下,经验方法强调,不管民主绩效的标准在相关国家中当前的政治显著程度如何,在政治制度中应用民主绩效的基准是有用的。绝对标准的目标在于促使分析家对明显特殊或反常的分数提出质疑、为特殊的比较寻找根源、强调并引入一种可能被掩饰(通常是由于制度偏见)的客观观点。在归纳、定性和总体的解释中,政治学家将循环发生的事情看做是"自然的"、可理解的和正常的,在这点上政治学家是严重失误的。一个很好的例子是:英国选举研究中,投票赞成具有"阶级典型性"或"自然阶级"的政党,其论述是声名狼藉和不科学的。[1]通过坚持严格采用绝对标准直到为差异找到可行的解释性变量,参照点研究方法与"啊,那很正常"的简单解释模式相对抗。

我们考虑另外一个与偏离比例密切相关的统计数值来阐明基准的有效作用,这一统计数值就是"相对减少的政党数量"(relative reduction in parties)的指数(参见 Taagepera and Shugart,1989:270-277)。这一指数测量由全体选民投票选举的、但并没有有效体现在议会中政党的比例。我们比较的国家是美国和英国,比较它们议会下院的选举,即美国的众议院和英国的下议院。然而,偏离比例评估的是议会的全国代表性,政党数量相对减少的指数表明一种程度,即选举制度通过从代表上排挤新的或不同的竞争者,而独断地支持现有政党的程度。

制度方法对相对减少的政党数量的测量有三个计算步骤(Taagepera and Shugart,1989:77-91)。第一步,选举中政党有效数量(N_v)的计算方法是,用1除以每个政党所获全国投票数比例的平方之和:

$$\frac{1}{(V_1^2 + V_2^2 + \cdots + V_n^2)}$$

第二步,立法机构中政党有效数(N_s)的计算方法是用1除以在国家立法机构中每个政党所拥有的议席数比例的平方之和:

$$\frac{1}{(S_1^2 + S_2^2 + \cdots + S_n^2)}$$

第三步,我们将立法机构中政党有效数量的减少程度表示为选民选出的政党有效数量的百分数:

$$\frac{(N_v - N_s) \times 100}{N_v}$$

经验方法对政党数量相对减少的计算方式是一样的,但使用的是地区层面的政党得票数和议席数据,而不是全国的总体性数据。它测量的是任一既定阵营或者投票人持有的组织化观点在每个区域被系统性排除,没被代表的可能性。

表7.1以茎叶图(stem-and-leaf form)的形式展示了两个国家地区相对减少的政党数量的数值。尽管英国和美国采用几乎一样的由两党控制的、相对多数原则的选举制度,但是,两国的政党数量相对减少的数值仍有显著的差异。英国地区数值的中值是37%,而美国仅为7%。在英国的一些地区(如斯特拉思克莱德或英格兰东南部的大部分地区),相对减少的政党数量的数值接近60%,并且每个单独地区的数值都超过25%。但是,在美国,十四个地区的分值中,只有两个高于9%:这两个例外是南大西洋州(不包括佛罗里达)为17.5%,得克萨斯为15%。十四个地区中有六个地区的分值低于5%,四个地区的政党数量相对减少值几乎为0。

表7.1 比较英国和美国地区的政党数量相对减少值

英国	茎	美国
1	6	
9	5	
3	5	
99	4	
234	4	
55 777	3	

（续表）

英国	茎	美国
1 124	3	
59	2	
	2	
	1	58
	1	
	0	677 889
	0	1 234
	− 0	10
中位数/中值	37	7

注：茎的单位是 10%，叶的单位是 1%。

政党数量相对减少的指数有一个限定的范围。理论上，它的最小值略低于零，极少出现负值，但在技术上却是可能的，如表 7.1 所示。在自由民主国家中，政党数量相对减少指数的有效最大值大约为 70%，但国家层面所记录的最高分值却是在 50% 到 60% 之间。假设民主政体理想的代表制度的分值是接近于 0 的，就是不将任何重要的、被动员起来的观点排除在议会代表之外。但在这个情形下，根据这个预设的绝对标准，两个类似的相对多数原则的选举制度产生了显著差异的分值。这种差异是否表示所有这种绩效指数都需要进行解释？批评者可能认为：基准会产生大幅上下浮动的分值，正如英美两国的例子所明显体现的；或者说，基准只能被理解为相对的方法，如判断任一国家的绩效依靠的是自由民主国家的绩效背景，而不是政党数量相对减少的程度。

然而，与其他审计方法一样，使用绝对指数进行比较暗含着"其他条件都相同的"假定。制度相似，而结果不同，这引导我们注意到一种可能性：即在上述事例中，一些例外的或特殊的因素可能扭曲了指数的含义。在这里，可疑的分值显然是美国的，因为它在字面上太过于完美了。美国的地区的政党数量相对减少的中值是 7%，是实行单一选区两票制的德国（14%）的一半，而德国通常被视为比例代表制。美国的得分也低于实行"超级比例"的比例代表制的瑞典（10%）。

通过与英国比较，很容易找出美国产生这种情况的可能原因。1992年英国投票人的选择意味着，在英格兰和威尔士有效政党的数量在 2.5 到 2.9 之间，苏格兰在 3.2 到 3.8 之间。英国的选举制度用歧视性方法把选民阵营转换成议席，这种方法使第三名和第四名的政党不公平地只能得到分散性的支持。所以，在英国的一些地区，立法机关中有效政党的数量大体在 1.5 到 2.3 之间。实际上，在一些地区，投票制度将立法机关中有效政党的数量减少到最低程度，只有 1.1，或者甚至 1.0 个。（参见 Dunleavy et al., 1992a，1992b）

对比之下，在投票层面，美国各地区有效政党的数量是 2.0 或 2.1，然而，在 11 个地区的国会中有效政党的数量却仅在 1.9 到 2.0 间不等。两党制下的选票数被转化成议会议席后，有三个地区稍显例外，得分稍低于 1.9，它们是：除佛罗里达以外的南大西洋各州（1.6 个政党）、得克萨斯（1.7 个政党）、东南部的内陆州（1.8 个政党）。美国的相对多数选举使国会中政党代表人数几乎完美，因为在选举中没有有效的第三党。

两个主要政党在国会选举中的完全垄断反映了三个主要因素：

第一，它是美国投票人登记程序的反映。因为美国法律让公民自己选择是否登记为选民，只有 70% 有投票资格的人位列投票人名单中。投票人登记需要一些可观的花费，被主要政党和一些其他的与主要政党有联系的政治行动组织牢牢控制。在许多州，投票人还必须正式注册为共和党或民主党的投票人，才能参与政党的初选。

第二，美国政治体系中还有很多的设计也给现有政党以特权，并对挑战现有政党制度的第三个政党设立很高的门槛（几乎不可能通过的门槛）。美国的政治财政安排意味着在选举中成为候选人的花费非常之高，这也就使得个人财富和政党支持对竞选的胜出至关重要。在总统选举中，选举人团制度意味着，第三党候选人几乎没有机会，除非赢得州选举，否则就以得不到选举人团投票而终结。但还要注意一个很有趣的现象："第三力量"的总统候选人远比国会候选人更常见，并能获取更多选民的支持，一个很著名的例子就是在 1992 年选举中罗斯·佩罗（Ross Perot）获得了 19% 的全国选票。

最后，美国的政党自身的运行是灵活的和低意识形态的。因其诸如预选等设计,美国政党具有可渗透性很高的党员招收机制。共和党和民主党在很多层面具有"形同虚设的组织"的特点,可以被任何一个在十分开放的预选中成为获胜者的候选人接管。因此,政党为了使精英介入政治,利用各种资源为其提供"品牌"媒介。政党意识形态在不同时期做出灵活的改变。在国家的不同地区,政党的立场很大程度地反映出其在各自州中选举的重心。尽管民主党在每个州中都比共和党更强调自由主义,但一些民主党(在保守的州)仍然比共和党(在自由主义的州)保守(Erickson et al., 1989)。此外,以欧洲的标准来看,在全国机关如国会中,美国政党的政党纪律相对较弱。所有这些特点都大大减少了持不同政见者的精英创建新政党的动力。

在将立法机构的选票转换成议会议席时,在投票人层面两党垄断的影响被严重加剧了,其原因是被称为"两党的不公正划分选区"的美国选区划分根深蒂固的既定形式。美国选举法规定,议会议席严格依照人口分配,但其贯彻则依托于议会或其他政党控制的机构。他们特有的反应是为了加强各自"要塞"议席的边界,有助于保持现任议员以高支持率再次当选。在大多数州中,两党的选区划分做法部分地抵消了简单多数原则之下的"领导人偏见"趋向,在简单多数原则下,执政党赢得绝大多数的议席数量,进一步降低了总的政党数量的相对减少率。

鉴于这些特征,美国政党数量相对减少的地区分值非常低也就可以理解了。这些低分值反映了这样一个事实:民主党和共和党利用高度寡头的、垄断的隔离状态,使任何可能的竞争者,由于没有其他的候选人能够代表自己而放弃竞选。鉴于选民支持的有效政党数量如此的少、政党在地区层面的平衡及两党的不公平选区划分的程度,即使简单多数原则的选举也不能再引起政党相对数量的进一步减少。地区政党数量相对减少的低分值所反映的远不是制度的强健,而是对认为美国是病态民主政体的批评者有利。这些低分值以低水平的投票率、高水平的已有的政党控制为特征。例如,T.万哈嫩(T.Vanhanen, 1990)的民主化指数就必须将最大政党赢得的选票的比例乘以实际参加投票的选民占所有有选民资格的公民人数的比例。在此基础上,20世纪90年代早期,大多数欧洲民主国家得到的分值都在35—38左右,英国是32,但美国在议会选举中的分数却只有 17，比欧洲各国普遍水平^{2}的一半还要低。

追踪不同时期的民主经验

面向一国之内，审计方法重点强调将现在的民主绩效与历史上的绩效情况进行跨时间的比较。历史分析的优点主要是充分地考虑了使一个政体与其他甚至与之很相像的政体相区别的传统、特性和不同之处。跨国比较的正当性总是会因为一些原因而受到质疑，但历史分析却依据一种从个人偏好出发的论据，即在一国的过去中实现的，一定会在当代社会可重复使用的（或被改进）。

制度和经验方法在跨时间比较中较少采纳差异化方法。制度方法聚焦于那些显著地影响决策制定或权力结构的变化或趋势，所以那些较为常规的有关民主绩效的信息就可能未被收集或被忽视掉了。至少，一些制度研究具有极其偶然地、隐蔽地关注历史数据的特征。例如，A.希尔思等人（A.Health et al., 1991）基于英国大选的连续性调查数据，发表出版了一系列多少有点置身于时间之外的"巨著"。这些"巨著"的意义是以一种与前后历史背景无关的方式获得的，并没有参考介入其中的证据（如运动中的民意测验、事件或甚至领导人），而那些证据可能澄清了不同时间点上相似的言词或口头回应的独特意义。当然，此种研究暗含的制度前提假设是，确信投票人在做决定时的观点在性质上是不同的，要比在中期选举中的观点更确定、也更重要，而这是经验方法所抵制的一种观点。尽管大选的结果决定了政府权力在未来几年的连续性，因而具有极大的制度意义，但我们却不认为大选结果是以品质优良的投票人（qualitatively superior voter）的经验为基础。选举结果可以体现出选民观点一时地或浅层地分布形态，这点也正好解释了 1992 年秋季，英国政府的声望在大选数月之内戏剧性地倒塌的原因。

经验方法的审计方案致力于从历史分析中找出长时期的数据和多

重的指标,而不是依据过于简单的模式建构,这一方法产生的解释适合于黄金时代神话(所有的变化都是衰退)、直线进步神话(所有的变化都是改进)以及其他过度泛化的形态。更为系统地测量跨时间的民主绩效将使我们追踪变化的复杂模式。通过寻找在周期或长期趋势中持续存在的关联,做出的分析也可以更好地阐述民主绩效产生变化的原因。聚焦于多重指标也能够更加明确地专注于各种明显相互独立的绩效指标变化之间的相互联系,这些指标由补偿、置换、替代和互补关系而连接起来。

通过检查追踪选举制度各时期不合比例性地演变的方法,可以体现出经验方法的好处。这种分析从未在细化的层面系统地实施过,即使在这一分析方法长时期以来产生巨大影响的英国,也没有在细化的层面系统实施过。当然,制度方法的创始人也模糊地意识到仅仅依靠国家层面指数,例如上面讨论过的偏离比例和政党数量相对减少指数,存在的一些问题。V.弗赖伊(V.Fry)和I.麦克莱恩(I.McLean)提醒道:

> 全国性指数可能掩盖地区议席划分的怪异之处(oddities)。众所周知,当一国使用相对多数选举制时(如英国)……政党在各地区的实力不同,如果没有各地区,或任一地区的选举结果,总的结果可能更"符合比例原则"。(1991:53)

他们还拿出了1987年一次选举中标准地区(standard region)的偏离比例的数据,用以说明"怪异之处"的存在。

然而,当我们审查英国地区层面偏离比例和政党数量相对减少值在长时期内的演变时,显然可以看出,这些所谓的"怪异之处"、特殊或异常结果却是不断重现的,如表7.2(a)和7.2(b)[3]所示。总的来说,相比国家层面的偏离比例值,地区偏离比例值的分布在近四十年中一直稳定得多。国家层面的偏离比例值有很大的增长,反映了投给第三党(自由党/政党联盟/自由民主党)的选票的膨胀,如表7.2(a)所示。在地区层面有几个剧烈的变化,尤其是苏格兰,它从1955年的偏离比例只有2%(比全国的比例低了2%),1992年涨到了29%(比全国的比例高了12%)。但其他地区的偏离比例从一开始就比全国的平均比例高得多,并一直如此。东

表 7.2(a) 1955—1992 年英国地区层面偏离比例值的演变

	1955年	1959年	1964年	1966年	1970年	1974年2月	1974年10月	1979年	1983年	1987年	1992年
制度分值	4	8	11	11	8	19	19	15	24	21	18
地区分值											
东南部	35	39	37	30	39	42	37	40	41	40	43
东英吉利	19	26	23	12	41	40	27	26	39	43	34
西南部	21	28	31	17	30	34	31	35	40	41	32
北部	15	28	26	21	20	23	29	31	32	29	30
苏格兰	2	7	12	15	17	20	21	20	23	27	29
西米德兰兹(大都市)	25	14	21	22	9	27	32	16	21	18	24
约克郡(大都市)	9	12	17	23	21	34	31	25	22	27	24
伦敦郊区	10	16	18	11	15	23	21	21	32	30	23
西米德兰兹(其余地区)	6	19	19	12	16	18	20	27	37	33	23
伦敦市区	11	8	24	29	25	34	30	24	18	12	23
威尔士	17	19	20	28	23	20	14	13	21	18	22
约克郡(其余地区)	3	3	17	12	10	19	23	18	27	25	21
东米德兰兹	8	4	14	17	6	15	20	15	34	25	20
西北部(大都市)	4	6	27	22	15	28	30	28	22	19	19
西北部(其余地区)	2	3	22	25	12	19	19	19	30	31	16

表 7.2（b） 1955—1992 年英国地区层面政党数量相对减少值的演变

	1955 年	1959 年	1964 年	1966 年	1970 年	1974 年 2 月	1974 年 10 月	1979 年	1983 年	1987 年	1992 年
制度分值	4	11	18	17	14	25	24	22	31	28	24
地区分值											
东南部	45	51	49	40	51	54	49	55	55	55	58
东英吉利	16	30	30	15	49	50	35	37	53	57	49
西南部	26	39	41	21	42	44	41	49	53	53	42
北部	16	32	34	29	24	32	42	41	40	40	42
伦敦郊区	11	22	27	19	22	33	32	33	46	44	36
约克郡（大都市）	8	10	22	30	27	44	46	35	31	40	36
西米德兰兹（其余地区）	5	19	27	14	19	27	31	39	51	47	36
苏格兰	3	7	15	19	24	21	18	29	21	34	33
伦敦市区	11	12	32	39	30	47	44	33	22	14	32
威尔士	27	28	31	42	36	29	22	20	21	24	31
东米德兰兹	6	7	21	21	8	22	28	26	48	39	31
约克郡（其余地区）	2	5	27	19	16	32	31	28	40	37	31
西米德兰兹（大都市）	25	10	21	26	7	36	44	20	30	27	31
西北部（大都市）	3	6	33	29	19	36	41	33	31	28	30
西北部（其余地区）	0	5	24	23	16	27	27	29	44	43	25

南部从 1955 年的 35%变为 1992 年的 43%,东英吉利 1955 年到 1987 年间偏离比例从 19%上升到 43%,西南部从 1955 年的 21%变为 1987 年的 41%。分析表明,在地区层面的偏离比例值和另外两个变量之间存在着复杂的关联模式,这两个变量就是第三党获得的投票数和最大政党相对于第二大党的领先(Dunleavy et al., 1993)。在国家层面,偏离比例值几乎完全与第三党获得的投票相关,而与最大政党领先的关联则小得多。而上述这种关联在表 7.2 中大约只对一半的地区来说是成立的,在其他地区,最大政党的领先是更为重要的关联变量,一些地区的偏离比例值几乎与第三党获得的投票无关。

再看国家和地区的政党数量相对减少值,表 7.2(b)显示了一些类似的变化。国家的政党数量相对减少值从 1955 年的仅仅 4%平稳地增长到 1983 年的最高点 31%,而后开始下降。一些地区基本上也是遵循了这种模式(虽然在有些情况中其变化的幅度更大)。但其他地方的政党数量相对减少值在同时期的变化相对较少,或者说呈现地不是单一的趋势。在广大的东南部地区,政党数量相对减少值从一个高起点的 45%上升到 1992 年的 58%。威尔士的政党数量相对减少值从 27%上升到 1966 年的 42%,但在 20 世纪 70 年代和 80 年代又急剧下降。伦敦市区政党数量相对减少值在 1974 年 2 月到达顶峰,然后在 1979 年又下降到 32%。另一方面,苏格兰政党数量相对减少的增长率比国家层面的增长率高得多,从 1955 年的 3%上升到 1992 年的 33%。

自 1955 年以来的每次选举,地区层面偏离比例和政党数量的相对减少总的来说都(除个别几个地区之外)超过(通常是大幅度超过)了这些指标的制度分值。在英国的一些地区中,比如广大东南部地区的保守党的中心地带,以及苏格兰中部工党的中心地带,偏离比例和政党数量相对减少的程度一直是制度分值的两倍多,这种情况不只是在异常的选举中出现,而是几十年中的每次选举都是如此。经验方法强调查阅长时期内的数据、强调对国家层面的数据进行细化分解以捕捉投票人的经验、强调认真采用基准点,这些使其能对被忽视的问题有新的了解。

捕捉民主经验的总特征

制度方法在设计指数时一如既往地倾向于将焦点集中于政治行为细碎的、零散的部分，忽视在投票人经验中将它们配合在一起的主观联系。由于制度方法一直是客观的，并只汇集那些专业观察员和掌握政治权力者一致认同的现象，所以，制度方法面临忽视或误解普遍相互联系的其他形式的危险。对比之下，经验方法则强调设计捕捉人们全部经验的总体指数的重要性，尤其强调将普通公民认为有联系的、看上去迥然不同的现象联系起来的重要性。

例如，从理性选择的视角解释人们为什么广泛地参与自由民主选举是有问题的：因为每个公民对选举结果的影响都可以倾向于忽略不计，且不管他们是否投票都会得到"共同的利益"（Downs，1957）。然而，在大多数自由民主国家中，有关民众态度的数据表明，绝大多数选民反对认为其投票行为微不足道的说法，肯定了"民主的神话"，即选民的个人参与是有效的。

然而，选民预期自己在选举中是重要的，为什么这一认识是"理性的合理的"？理性选择提出了一个先验假设，即投票人接受把一个要求高的、不切实际的、"客观的"标准作为参与的检验标准，但其解释并没有给出明确的理由。一个看似更为合理的出发点可能是：个人定义了一个适当的"期望值"并用以评定他们的参与，当这个期望值得以实现的时候，他们就继续参与；而当这个期望值未实现时，他们就退出参与。这一理由是詹姆斯·马奇（James March）针对组织机构提出的：

> 期望要适用于实际情况。组织机构通过观察它们所获得的，来了解什么样的期望是合理的……获得成功的行为会被重复采用，导致失败的行为就不会再被采用。然而，要找到适当的行为通常需要花费时间（当然，情况也同时在改变）。（1988：190）

照此类推，人们有一个明显的、更"理性的"标准，就是从他们最终是否是获胜方,并因而在选举结果中获得一些"好处"的角度来考虑他们的投票是否是成功的。

成为"获胜方"需要满足以下几点:

1. 获胜的政党赢得中央政府的掌控权,或在中央政府中拥有部长级官员。在立法机关和行政首长分别单独选举的国家中,可能的结果是"分立政府"(divided government)的形成(如美国)。在这种情况下,选举一个政党参与国家立法机关的获胜联盟(winning coalition)将需要一个附加要素(additional element),即这个政党控制了总统职位。

2. 获胜的政党在全国选举中赢得了地方选区的议席。

3. 获胜的政党赢得了地区性政府的掌控权,或在地区性政府中拥有部长级官员。如果存在地区层面的分权,则对是否支持一个政党参与地区立法机关的获胜联盟予以单独认可;或在地区政府结构非经选举产生的国家(如英国)中,支持占优势的地方性政党。

4. 获胜的政党在地区选举中赢得了区域性选区的议席。

5. 获胜的政党赢得了对地方政权的掌控权,或在存在多级地方政府(如英国的大部分地区)的国家,赢得对不同层级地方政府的掌控权。并且,在市级层面,因为市长和地方议会的选举是分开的,可能会导致"分立政府"的结果,选举一个政党参与市议会的获胜联盟将需要一个附加条件。

6. 获胜的政党在地方选举中赢得了地方选区或行政区的议席。

这个列表生动地展示了公民参与可能使他们在政府中获益的复杂途径。

没有哪种制度研究会考虑编制这种综合指数。制度方法中,民主/多数原则中,众多利益相关的每一种形式都是完全独立的。由于这些行为并不通过重要的制度方式累积——通过各级政府、或各级政府的不同制度、或特定领域的代表选举——试图测量它们也就没有意义。但对于经验方法来说,把这些不同种类的行为连接为一体,正是它们共同塑造了投票人对民主参与的认知。用上述任何一种方法影响政府,都足以维持个体投票人对"个人有影响力"这一民主信条的支持。

从经验上看,对于投票人在选举中的"成功",经验方法可能产生与

制度方法十分不同的观点。表 7.3(a)和 7.3(b)研究了 1992 年英国下
议院的简单多数原则选举,并只用下述所列举的三种可能方式来衡量
成功:

　　1. 投票给了建立中央政府的政党;

　　2. 投票给了地方选区中获胜的政党;

　　3. 投票给了在设选区的地区中占优势地位的政党。

　　把投票赞成三种主要政党的投票人分为几个类别(如表 7.3(a)所
示),这显示出在 1992 年,"三重获胜者"的保守党选民构成了全体投票人
的最大组成部分,占投票人数的 20.6%。"双重获胜者"包含工党安全区
中的工党选民和非保守党选区或地区中的保守党选民。"单重获胜者"主
要是在工党中心地带的保守党选民,以及在工党势力地区之外的选区中
的工党选民。自由民主党选民是少见的单重获胜者。"其他"一列包括绿
党投票人(全部是投票失败者)和苏格兰及威尔士的民族党投票人。"其
他"一列的投票人是其他剩余的单重获胜者。

表 7.3(a)　以占 1992 年英国大选中总投票人数百分比的形式
显示三重、双重、单重"获胜"的投票人

投票人的类别	占英国总投票人数的百分比				
	保守党	工党	自由民主党	其他	总和
三重获胜者	20.6	0.0	0.0	0.0	20.6
双重获胜者					
全国/地方	9.9	0.0	0.0	0.0	9.9
全国/地区	5.5	0.0	0.0	0.0	5.5
地区/地方	0.0	11.2	0.0	0.0	11.2
单重获胜者					
全　　国	6.8	0.0	0.0	0.0	6.8
地　　方	0.0	9.0	1.2	0.4	10.6
地　　区	0.0	8.5	0.0	0.0	8.5
任何种类的获胜者	42.8	28.7	1.2	0.4	73.1
三重失败者	0.0	6.5	17.0	3.3	26.8
总　　计	42.8	35.2	18.2	3.7	100.0

表 7.3（b）　以占 1992 年英国大选中政党所获投票百分比的
形式显示三重、双重、单重"获胜"的投票人

投票人的类别	占英国总投票人数的百分比				
	保守党	工党	自由民主党	其他	所有投票人
三重获胜者	48	0	0	0	21
双重获胜者	36	32	0	0	27
单重获胜者	16	50	7	10	25
三重失败者	0	18	93	90	27
总　　计	100	100	100	100	100

注："全国的"是指所投票支持的政党组建了政府；"地方的"是指所投票支持的政党赢得
了地方选区；"地区的"是指所投票支持的政党在地区中占优势地位，获得该地区 70％或更多
的议席。所使用的地区是表 7.2 中列举的地区。
来源：下议院图书馆 1992 年大选结果磁盘。

　　此表绘制的有党派偏向（partisan-skewed）的获胜模式，为我们对参
与动因的思考提供了很大的提示。保守党的政府在 1992 年仅以 30.5％
的英国选民（保守党国会议员在选区中赢得的选民）支持再度当选，但是
失去了在选区中支持它的另外 12.3％的选民。然而整个表 7.3（a）显示
出，73.1％的英国选民是某种类型的"获胜者"，其比例是保守党选区中保
守党选民"获胜者"的两倍多。表 7.3（b）表明了在政党中"获胜者"与"失
败者"的分布。与预计的一样，数值表明，一位保守党选民更可能处于有
利位置，并且显然没有保守党选民是"三重失败者"。但要注意一个有趣
的现象：对于处于获胜位置的机会，工党选民比自由民主党选民更接近保
守党选民。工党选民只有 18％是"三重失败者"，而自由民主党则为
93％。政党中获胜选民与失败选民的分布也有助于解释，为什么工党在
选举改革上保持模棱两可的立场。

　　显然，表 7.3 只对多种获胜者和失败者进行了最简单的描述。将类
似的方法应用到一个采用相对多数选举制的联邦国家，如美国，可能会提
高选民从他们的投票中获得某种胜利的比例，而将同样的程序应用到比
例代表制的国家，其获得某种胜利的"获胜者"的比例就会非常高（超过
90％）。即使在这个推测阶段，表 7.3 也对"理性的"选民应该弃权的观点
提出了严厉的质疑。在探索被视为"获胜者"的选民的比例与投票人数的
水平和趋势之间的关联上，比较研究和历史研究有可观的潜力。人们在

投票中获胜或失败的经验也可能对体制中党派结盟（partisan alignment）的趋势有重要意义，在选民成为各种类型失败者的比例相对高的英国。

总　结

尽管大多数政治学研究主要采用一种制度方法的指数，我们讨论的却是一种审计民主的经验方法，将焦点集中于公民民主参与的客观经验。经验方法使用一些完全不同的方法来建构指数：将全国性的指数分解到对选民富有意义的区域；根据基准来比较民主绩效；研究长时期的资料，而不仅仅是研究制度上的重要时期；把各种不同制度背景综合而成的经验设计成综合指数。还有一个广泛的议程，就是致力于发展多重的指数。但是，由于民主互动（democratic interactions）在现代社会的发展中如此重要、如此具有争议，努力把我们对民主互动的理解系统化，并产生更多关于民主互动"有用的知识"（Lindblom and Cohen，1979）似乎是物有所值的。

注　释

我们要感谢斯图尔特·韦尔对本章的观点提供的帮助和进行的评论。本章是《英国民主审计》的一部分，由 Charter 88 信托基金和约瑟夫·朗特里慈善信托基金资助。伦敦政治经济学院政府政治系正在研发用来评估英国民主绩效的数据集。

1. 例如，希尔思（Health）等人主张，在下述条目中，使用机会比率作为阶级投票的关键指标："如果工党（或者是保守党）开始从对立阶级中比从天然的支持者中获得了相对更多的支持，那么我们确实在阶级/政党关系上看到了一个更有趣的变化。"（1985；31；重点强调）当然，这一有趣之处只是源于假设任何人都是一个特定政党的"天然"支持者，或是另一政党"对立阶级"中的一员。人们不是天然地就通过一种或者另一种方式投票，并且，尽管他们可能有一个"出生的"阶级地位，但其政治阵营并非是一出生就被设定好的。

2. 1992 年的总统大选,正是因为罗斯·佩罗(Ross Perot)的支持率占 19%,克林顿以只有 43%的选票当选,这将在万哈嫩指数(Vanhanen's index)上产生一个更高的分值。有趣的是,为什么相较于参议院或者国会竞选,第三党候选资格在美国总统的选举中更为常见。

3. 这些表格的数据来源于巴特勒等人合著的《纳菲尔德选举》(1995—1992),附录 1。很遗憾,尽管这是我们掌握的最近期的记录,但可利用的数据资料却并不充分(例如,有几次选举并没提供选民的数量),所以,我们补充了《泰晤士报下议院指南》(*The Times Guide to the House of Commons*),这一资料包含了从 1974 年 10 月以来的地区分类信息。

参考文献

Allison, G.(1971) *Essence of Decision*. Boston, MA: Little Brown.

Beetham, D.(1993) Auditing Democracy in Britain. Democratic Audit Paper No.1. Human Rights Centre, University of Essex, Colchester/Charter 88 Trust, London.

Bollen, K. A. (1991) "Political democracy: conceptual and measurement traps," in A.Inkeles (ed.), *On Measuring Democracy: Its Consequences and Concomitants*. New Brunswick, NJ and London: Transaction Publishers. pp.3-20.

Butler, D.(1955, 1959) *The British General Election of 19...*London: Macmillan.

Butler, D. and King, A.(1964, 1966) *The British General Election of 19...* London: Macmillan.

Butler, D. and Pinto-Duschinsky, M.(1970) *The British General Election of 1970*. London: Macmillan.

Butler, D. and Kavanagh, D.(1974a, 1974b, 1979, 1983, 1987, 1992) *The British General Election of 19...*London: Macmillan.

Dowding, K.(1992) *Rational Choice and Political Power*. Aldershot: Gower.

Downs, A.(1957) *An Economic Theory of Democracy*. Boston, MA: Little Brown.

Dunleavy, P.(1990) "Mass political behaviour: is there more to learn?," *Political Studies*, 18(3):453-469.

Dunleavy, P. (1993) "The state," in R.Goodin and P.Pettit (eds.), *The Blackwell Companion to Contemporary Political Philosophy*. Oxford: Blackwell. pp.611-621.

Dunleavy, P. and Margetts, H. (1993) "Disaggregating indices of democracy: deviation from proportionality and relative reduction in parties," Paper presented at ECPR Workshop 16, "Indices of Democratization," University of Leiden, April 1993(available from ECPR archive, University of Essex).

Dunleavy, P. and Margetts, H. and Weir, S.(1992a) *Replaying the 1992 General Elections: How Britain Would Have Voted under Alternative Electoral Systems*. LSE Public Policy Paper No.3. London: Joseph Rowntree Reform Trust/ LSE Public Policy Group.

Dunleavy, P. and Margetts, H. and Weir, S.(1992b) "How Britain would have voted under alternative electoral systems in 1992," *Parliamentary Affairs*, 45(3):640-655.

Dunleavy, P. and Margetts, H. and Weir, S.(1993) "The 1992 British general election and the legitimacy of British democracy," in D.Denver, P.Norris, D.Broughton and C.Rallings(eds.), *British Elections and Parties' Yearbook 1993*. Hemel Hempstead: Harvester Wheatsheaf.

Erickson, R.S., Wright, G.C. and McIver, J.P.(1989) "Political parties, public opinion and state policy," *American Political Science Review*, 83 (3): 729-750.

Fry, V. and McLean, I.(1991) "A Note on Rose's Proportionality Index," *Electoral Studies*, 10(1):33-51.

Health, A., Jowell, R. and Curtice, J.(1985) *How British Votes*. Oxford: Pergamon.

Health, A. et al., (1991) *Understanding Political Change: The British Voter, 1964-1987*. Oxford: Pergamon.

Jackson, P.(1982) *The Political Economy of Bureaucracy*. Deddington: Phillip Allan.

Krasner, S.(1978) *Defining the National Interest*. Princeton, NJ: Princeton University Press.

Levi, M.(1988) *Of Rule and Revenue*. Berkeley: University of California Press.

Lindblom, C.E. and Cohen, D.(1979) *Useable Knowledge: Social Science and Social Problem Solving*. New Haven, CT and London: Yale University Press.

March, J.G.(1988) *Decisions and Organizations*. Oxford: Blackwell.

Reeve, A. and Ware, A. (1991) *Electoral Systems: A Comparative and Theoretical Introduction*. London: Routledge.

Taagepera, R. and Shuagart, M.S.(1989) *Seats and Votes: The Effects and Determinants of Electoral Systems*. New Haven, CT and London: Yale University Press.

Vanhanen, T.(1990) *The Process of Democratization: A Comparative Study of 147 States, 1980-1988*. New York: Taylor & Francis.

第八章
东西方的民主观念

尼古拉·比约科夫　维克多·谢尔盖耶夫

尼古拉·比约科夫(Nikolai Biryukov):莫斯科国立国际关系研究院,讲师,也是《俄罗斯的民主之路》一书的合著者。

维克多·谢尔盖耶夫(Victor Sergeyev):俄罗斯科学院科学与工业政策分析中心副主任,他是《俄罗斯的民主之路》一书的合著者。

议 会 的 概 念

考虑到相关指数,就会发现存在基本的方法论问题。对指数的应用预先假定了一个规范模型,而规范模型又牵涉到价值问题。在对民主转型的分析中,如果我们把某个特定阶段比作一种模式,那么就必须明确有关的价值理念。尽管这些价值和民主的定义有一定联系,但并不与民主概念本身等同。在评估民主时,评估某些具体的民主价值观(如人权),而不是泛泛的评估"民主水平",也许更为合适。众所周知,"民主"似乎并没有一个明显的(或直观的)公认定义。如果有人打算分析政治代理人的实际工作流程和实际行为,他就不得不在尝试应用指数之前,先描述好相应的民主模式。竞争模式的存在使得(制度上和认知上的)类型学不可或缺。本章试图通过描述一种明显有别于传统西方民主模式的民主模式来说明这一点。这并不是说所有的模式都一样好或者一样有说服力。我们现在讨论的这个模式并没有独特的骄人业绩。然而，如果我们忽视民主在文化争议中的解释方式，那么对民主化的理解似乎就很难有所改进。

在现代化的前夕，代议制民主作为一种伟大使命的组成部分，开始浮现出一些问题。这个伟大使命就是理性地组织社会。受数学和自然科学显著成果的鼓舞，17世纪最伟大的思想家们不仅试图理解人的思想与自然之间的相互关系，同时也试图理解人类社会的本质。

人类通过认识社会生活的形态来理性认识社会关系的努力，与人类理解自然的努力之间，似乎有着紧密的联系。正如紧随着伯利克里"黄金时代"科学与哲学的发展，希腊城邦立即掀起了直接民主制的改革浪潮。同样，在现代社会，卓越的知识成就也孕育了新的国家形式：代议制民主和分权。

在各种与理解社会本质的问题和创制一种理性的政府体制相关的主题中，以"天赋"人权和人人生而平等的思想为基础，一些理论似乎是非常重要的。

首先是国家主权的渊源，以及具有利己主义特征的个人之间合作的发展。如果人人生而自由与平等，那么有着天然等级结构和权力关系的人类联合体（human commonwealth）又怎能从个人利己主义驱动的原初混沌当中产生？公民社会是怎样起源的呢？霍布斯提出了这样的问题，并给出了以下结论：公民社会是因个体之间的社会契约（*social contract*）产生的，这些个体放弃他们的权利，拥护同一个主权，以此来结束一切人反对一切人的战争的自然状态。直到法国大革命，这种社会契约的观念在接下来的世纪里都是政治辩论的主要话题，并且成为代议制民主的理论基础。也就是说，在这种政治体制中，公民凭借他们的天赋权利，通过选举自己拥有立法权的代表而最终掌控了国家主权。在卢梭的著作中，能够找到对民主的这种强大而动态的解释，他不断强调代表和表达人民意愿的必要性。

这有助于介绍下一个的主题：如何预防专制政府掌握新的、"选举产生"的主权？其理论方面已经被孟德斯鸠讨论过，他极力推崇分权原则。这一原则随后在北美国家的宪法中得到实施。

然而,这两个原则——代议制民主和分权原则——均被证实存在不足。这在 1793—1794 年法国革命的悲剧性事件中表现得十分明显。它催生了民主选举产生的公约,建立和维护了一个血腥而恐怖的国家,而这就是在分权和承认人权的条件下正式运行的。包括主权会议的成员在内,许多民主革命的领导者都成了牺牲品。

民主政治理论的第三个主要问题是那些通过防止公民们自己选举出的权力遭受滥用,进而可以护卫社会及其成员合法权益的政治机制,其解决方案则是政治活动的自由化,也就是创建可以表达和捍卫各种社会团体利益的政治组织的自由。

这三个观念,即自由选举产生的政治代表、分权以及政治活动自由,可以被视为现代民主的基础。

在历经 17、18 世纪启蒙运动的激烈辩论后,不管这些原则表现得多么清晰明了,都遭遇到一个深刻而复杂的问题,也就是民主转型的问题。与民主本质的理论解释不同——我们仍可能在此目睹令人印象深刻的洞察力[1]——民主转型问题需要描述性而非规范性研究(例如,参见 *Transition*, 1991)。各个社会发现自己的初始状态与它们的后续发展区别如此之大,以至于各种推论(就像最近针对从极权主义向民主制过渡中是否需要一个威权主义阶段的辩论)[2]还不如神谕预言来得更加令人信服。

这个问题部分在于极权主义和大众文化之间的紧密联系。大众文化伴随着工业革命的过程及相应的“人类标准化”的过程发展起来,也就是 J.奥特盖伊·加塞特(J.Ortegay Gasset, 1932)所谓的“大众”(man of the mass)的心理状态首先引发了人们注意。[3]尽管极权主义似乎是一系列只存在于现代性中的独特环境聚合而成的结果,但“大众”的心理被认为根植于这一思想:他无论如何都不是一个“新”人,他在本质上是一个浸润着传统和“前大众”(pre-mass)文化的人。这使人惊愕于在怎样的关系中,传统文化与极权主义现象得以相互支持。

20 世纪的极权主义总是与议会规则不一致。这种状况容易理性化为一方面是不理智的“大众意识”,另一方面是“最优秀”的社会成员理性合作,二者之间相互冲突的自然结果。但是这种解释引发了一系列不愉快的问题,或许包括一个“最尴尬”的问题,即:拥有怎样的意识,才会使人把民众选举出的代表当作真正"最优秀"的代表？这也会涉及一个关于精英们集体立法活动之过程的合理学术描述和概念化的问题。

为什么我们应该像俄罗斯谚语所说的那样认为，"一个人的想法是好的，但两个人集思广益更好"？那么，一个议会中经常存在上百个想法又怎么样？日常经验很好地支持了这样一个常识，即一群人往往不如其中的个体更加理性。这会使人们怀疑谚语假设的有效性。为什么一个由民众选举产生的代表组成的议会必然会比一群普通市民更加理性呢？若果真如此，其必备条件又是什么？最后，对于一个团体来说，"一个明智的决定"所要表达的究竟是什么意思？

很明显的是，对于一大群人来说，为使言行或多或少呈现出理性的状态，他们必须通过理性而有序的方式互动。面对一系列行为准则的实施，他们需要其中组织化了的结构，即一个程序。当议员们讨论他们的问题时，他们会互动和辩论，并且交换意见和知识。根据一些认知科学（cognitive science）与人工智能研究（artificial intelligence studies）的最新成果，我们发现，在议会酝酿和做出决策时，可以把议会的决策过程等同为人脑中改变知识框架的必要过程。[4] 区别只在于，在集体决策过程中，知识的转换具体化和客观化了。在这一"议程"中，内在的沉思过程得以外在展现出来，并且以程序的形式规范了组织的活动及其成员的行为。所有的组织，除了其"思想"体现在议程、法规和惯例中而不是体现在电脑处理器中以外，确实可能被认为是某种形式的"人工智能"（见 Sergeyev, 1985）。因此，这个问题就变成了一种政治文化。当然，大部分工作已经在人们头脑中完成，但是规则制定越是严格，其结果就越是可预见的（并且越易于控制）。

在人工智能这种隐喻的帮助下，人们可以试探地研究，在哪种意义下议会活动被认为是"理性的"。一群人是否比一个单独的个体更聪明？我们为什么需要（如果我们确实需要的话）集体制定政策？任何组织都会比一个非常聪明的人要更聪明，虽然这一定论并不见得是对的，但就议会而言，情况又有所不同。在某些情况下，由一般人（"普通人"）组成的议会比其中任何单独的一个人都要聪明。这是因为，议会的程序提供了某些条件。对外部观察者来说，辩论的公共性特点使这种集体智慧的"工作"便于理解,并因此受到那些委托代表有意识的控制,这一事实或许是更为重要的。不管是通过多么民主的程序选举出来的,一个领导者即便有能力胜任,但仍会在私下与其顾问交换意见后,静静的在办公室里深思其决定,这恐怕是很难出现的情况。

民粹主义和民主

议会并不总是被拥有特权的少数派所偏爱,这一点并不令人吃惊。有时,议会民主会受到这种观点的抨击,即人们相信自身能符合"人民"最佳利益去行动,这种观点缺乏意义。然而,无论民粹者对议会民主的批评是否存在误导,人们不得不承认,"民主"和"民粹"是不同的概念。

对当代俄罗斯人来说,"民粹"听上去无疑是舶来词,是另外一种"主义";但是对词语背后的概念却并不陌生。这是 19 世纪俄罗斯人曾非常重视的伟大的国民(*narodnost*)概念的政治修辞。伟大的国民一词源于国民(*narod*),后者同时代表了"国家"和"人民",而"人民"则几乎总是被理解为"普通大众",并与"高层"相对立,或按里奥·托尔斯泰(Leo Tolstoy)的说法,是"受教育"阶级的对立面。

这种解释可能属于欧洲平等主义或民主思想的一般衍生物。但是在俄罗斯上世纪末的发展中,促成其政治文化发展特点的,来自于这一观念,即人民并不仅仅是"受苦受难的兄弟",他们更为富足的同胞应该关照的对象,他们的负担应该减轻(如果他们是"体面人"的话)。"人民"代表了无比重要的东西:尽管特权阶级拥有高雅的生活方式和优越的教育水平,但是作为最终真理和根本智慧之源泉的人民,否认特权阶级的代表性。托尔斯泰的《忏悔录》(1904a,59—61,79—80)为这一态度提供了一个典型的例子,他笔下的普雷登·卡拉塔耶夫(Planton Karatayev)虽然在书中是个普通人实例,但是富有经验的贵族皮埃尔·别祖霍夫(Pierre Bezukhov),仍然可以从其身上学到很重要的东西(见 Tolstoy,1904b:vol.8,66ff.)。[5]

但是,一旦应用于政治,这种呼吁大众智慧表明,或必然会造成一种信仰模式,这种模式必须与在欧洲民主传统中演变而来的人民主权的概念区分开来。民主的古典导师并未把他们的论据建立在人民是独特的政治智慧宝库这一信条之上。作为合法性终极来源的主权这一概念,对任何权力委托的理论来说,成为理所当然的出发点。当把主权这一状态授予人民时,而不是其他社会主体,由于人民以天赋权利而选择自己的命运,这显得正当合理。

以证实上述观点的争论界限,可以追溯到哲学传统的唯名论,这一传统在大多数古典民主思想家中有一定拥趸。从广泛意义上说,大部分的古典民主思想家有着同样的经验观。在这种传统下,类似于这种或那种特定的选择是"真"还是"假"的问题,就显得完全没有意义,尽管在区别"对"和"错"这样的问题上确实有一定作用。

相比之下,传统的俄罗斯政治观是现实主义的(从经院哲学中得到的影射):它会辨认出"正确的"决定,作为客观合理的("真的"或"正确的")决定,并且期望政治行动者拥护这一决定。这种政治观是以本体论假设为基础的,这种假设认为存在一些终极的现实、客观的社会秩序,来支持"正确的"——也就是"对的"——决定。

古典民主理论是以人民的意愿为中心枢纽的,因为这一理论认为,选择的权利属于易被选择所影响的人们,这是很适当的。在人民之上,没有其他权威能够合法地质疑人民的决定,不管这些决定是符合事实的还是错误的,更不用说以自己的判断来取代这些决定了。我们在这里试图分析的概念模式是由不同的方式塑造的政治文化,即一种不断寻求"正确答案"的文化。如果这种文化转而求助于人民,而不是其他团体,是因为这种文化模式假设人民拥有适当的常识,而不是因为其相信或归功于他们的"权利"。

从程序的角度看来,差异就显得至关重要。如果你首要关注的是了解人民的意愿,那么就要设法确保这些意愿是人民的真实意愿,而并没有被任何方式歪曲、伪造或曲解。你需要努力创制和引用一系列措施,来确保主权人民未受侵犯。你需要尽最大努力,防止权力的滥用以支配人民身体和身心。你可能会征求意见,并不是说你在寻求正确的答案,而是相信当拥有越多的选择，也就有更大的机会来找到正确的建议。之所以这么做，是因为没有其他的方式来找到一个能被所有人认可的解决方案；所有的人，或尽可能多的人认可这一方案的原因在于，这和全体的人都相关。

但是如果你关注的只是找到一个正确的决定，而不是一个能被普遍接受的决定的话，那么就没有必要向民众征求意见：因为这一正确的意见是来自于最合适的专家。如果转向"人民"来寻求那种专业性意见，那么在思想上和政治上都有重大的结果。

首先，虽然听起来可能比较奇怪，但是就实际利益而言，"人民"获得的却很少。他们可能被誉为是"生活的真正主人"，但是他们并不允许成为"自己命运的主人"。他们没有选择的自由，取代他们选择的是专家建议。但是从"人民"这词的字面意思而言，人民也不是专家。基于他们深奥的智慧源泉依然保持着某种神秘色彩，不如把民众的意见称作是"神谕"，或许会更恰当。"民众智慧"（"Demophilic"）具有明显的政治含义，但与西方政治传统所认为的民主几乎没有共同点。不仅仅是每一个持不同政见的少数派都被当作异端朋党所对待，就这一点违反了民主社会的基本原则；而且多数派本身也没有指望行使任何特定的"权利"。

其次，很明显的是，人人都会犯错。无论选择谁作为"人民"这一群体，也是会犯错误的。而且，如果你向人民征求他们的意见，你肯定会发现，他们每人意见各异。如果你坚持保留对人民智慧的信任，全体民众将会以一种非理性的形式出现。在这种情况下，人民将不再是"集体"，而是"个人"了。而且决策将不再是"集体"的，而是"个人"的了。这种导致的结果是自相矛盾的。"人民"作为一个单独的整体了解"真相"，但在实证意义上的人民，也就是说，由特殊团体和个体组成（并也因此而划分开来）的，凝聚成社会的民众来说，是缺乏这一知识的。这一观点里，在完全符合经院式的唯实论（scholastic realism）的条件下，把"人民"作为一个整体来观察，是合适的，而且这一整体要求独立的和特殊的本体论上的地位（ontological status），以区分于那些经验性个体、社会团体，或者甚至是那些被一些人看作是具体的社会历史形态，例如在特定时间下特定国家的人口等。"人民"这一联合体不受时间和空间限制，不管实际环境如何，它都毋庸置疑地被认为是一个最重要的联系。

第三,如果在这样名义下,即认为民主是一系列的规则,这些规则的关键功能是帮助找到和实现人民的意志,那么上述政治文化的类型对民主程序是毫无意义的。人们利益不同,并且还会耗费大量的时间和精力来协商,以获得一个广泛接受的折中方案。

但是如果事前已知结果,那么进行一次辩论就会显得白费力气。在这种情况下,要在真理和谬误之间达成妥协,这当然会显得荒谬,更不用说不道德了。只要是在处理客观事实,就不会提出特殊的问题,因此客观现实既不需要识别,也不依赖于人们是否愿意接受它。然而,对于公众关注的问题来说,情况又不一样了。只要普遍意志仍存在矛盾之处,那恐怕就不会依据该意志形成任何决议。出于某种原因,如果要论证这样一个观点,即客观事实也是受人民意志所影响,那么就需要一种程序以确保决策的一致性,而不是人民的广泛接受。与上述程序不同的是,在西方政治文化中,存在一个代议机构能够承担公开的辩论,这一机构即是议会。

这一问题与学术上关于上帝意志的争论有些类似。一些哲学家认为,如果上帝的决定是受其知识激发的,并且这种知识又是独立于其意志的,那么上帝也是不自由的。其他人则反驳道,如果上帝违背了他的最优判断,那么上帝也并不睿智。对此的解决方案将会在上帝的意志与其知识中以某种神秘而和谐的形式出现。民粹主义的神话就需要一种类似的和谐,俄罗斯政治哲学对此有个专有名称,即大公性(Sobornost)。如果这一和谐并非自发而生,那就必须创造出来;而如果无法创造,那么就伪造出来。

大公性的概念

大公性一词涉及教会(sobors)这一 16、17 世纪俄罗斯的代议机构。[6] 在整个这一章中,该表述被用作来表示代议机构的模式,不同于英国议会和其他西方国家的多种多样的同类型机构。以我们的立场看来,历史现

186

实会否最终断明这一词语的用法，这并不重要。因为正是在我们研究政治文化时才涉及这一模式，或者如马克思·韦伯所称的"理想类型"，在分析的意义上存在的，而不是实际机构意义上。当然，名称的选择不应该完全随意而为；正如我们接下来将追溯大公性这一词的理想类型至其中世纪源头所展现的那样，我们对名称的选择也不是随意而为的。

　　首先，中世纪俄国的教会是最初的教会机构。在当代俄罗斯，这一词仍在沿用，它指的是教会理事会，更重要的是，该词译自希腊语的大会（*ekklēsia*）；这两个词都有"聚会、集会"的意思。（顺便地，这解释了该词其他的含义，即"大教堂"）。对俄罗斯人来说，其含义有特殊的宗教意义。但是与眼下争论相关的是，代议性政治机构如果没有经过显著的变化，就不能套用在教会理事会上。对于俄罗斯人来说，不管辩论以什么形式发生，这一概念潜在意思是，终极真理能被这一机构掌握。会议的召开不是为了达到一个平衡的、对任何人（甚至是大多数人的）有益的意见；对一个问题进行谈判以达成妥协，或者让参与人对议题进行投票，这些在俄国的代议机构中是没有意义的。任何程序都是不适合的，因为教会理事会或科学研讨会所探寻的是客观真理。二者都不关注参与者的个人利益，也不关注那些他们需要"代表"的人的利益。因此，这两者都不符合"代议"机构的资格，更不用说一个真正的民主议会，因为两者都不符合现代民主的平等主义标准。

　　当然，俄罗斯中世纪的教会绝不会这样做，任何其他欧洲代议制会议也不会这样。自它们出现的那一刻起，不管是英格兰议会、法国国家议会，还是西班牙议会，都不会这样。前者与后者的区别在于俄罗斯教会从没有机会去发展成为现代代议机构。一个原因就是，与其他欧洲议会相比，俄罗斯教会的历史太短，它仅存活一个世纪多一点。[7]贯穿这一世纪，它保持了不规则的特设机构。只有在严重的危急时刻或者是短暂的国家灾难期间，它才会扮演重要的政治角色。

　　紧急情况对于俄罗斯教会是至关重要的。俄罗斯教会为解决一个特殊性质的事件而召开的，但在稳定条件下很少或根本没有经验"正常运行"。尽管有独特的提名程序，俄罗斯教会的代表会议并不被认为具有议会性质，因为在俄罗斯教会机构中，其成员未被看成是代表选民或政党的,也未被看成是自己社会阶层的代表。教会意味着代表整个公民社会。在与政府的交往中,它象征性地代表了全体民众。它的首要功能就是通过艰苦的努力重建二者已经丢失的团结。如此一来,尝试扮演相反角色,或是在其范围内容忍其他派别,这对教会来说是非常不合适的。

随后,不受限制的独裁政治发展演变的结果是,在俄罗斯帝国政治生活中并没有出现适合的代议机构。缙绅会议(Zemskie Sobors)(世俗会议)完全被废弃,直到 19 世纪,大公性的思想才在俄罗斯的政治哲学中扮演重要的角色。这是由斯拉夫派——一个将自由愿景与中世纪俄国的热切理想联合起来的哲学流派——提出并随后被称为"俄罗斯文艺复兴"的理想主义智者所阐述的。它主张人民的同一性,反对被认为是西方(非正统的)文化特征的个人主义。相比之下,大公性的例证即是集体主义的俄罗斯东正教全体——一个自主管理的村社。

当然,哲学家并不"发明"观点。他们从基本的群众宗教文化中"引出"大公性这一思想,这一说法更为合适。从长远来看,十月革命的胜利者需要面对并依靠的,正是这一文化。

大公性和苏维埃

然而,有人会很好奇,这一文化为何会如此快速且轻易地就"接纳"了似乎完全是外来的马克思主义思想呢。不可否认的是,马克思并未就影响俄罗斯社会问题的本质多做评论。但是基于相似的政治修辞,同化毫无疑问显得容易。马克思的"雅各宾精神",即他热切支持他所认可的革命性运动,这使得他的理论似乎与全球的革命运动相关,并引起了它们的注意。

不过,就俄罗斯来说,决定性的因素是不同的。尽管在社会意识中,马克思主义传统与社会阶层和阶级斗争的观点联系在一起。阶层本身被马克思及其追随者看作是"社会肿瘤",是要在未来社会发展中根除的,并且资产阶级和无产阶级之间的抗争更多的被期望成是为同质化(无阶级)社会铺路。辨别大公性理想目标并不难,因为这一理想目标已经形成了俄罗斯国家特有的政治乌托邦基础。

尽管彼此世界观(Weltanschauungen)存在许多不同之处,但是马克思和俄罗斯的大公性理论家在一个要点上达成一致：相信社会代理人（social agents）的意志都是客观决定的——"规定"——并且这些"意志"通常与个体的愿望不相符，而且社会代理人是由这些个体组成的。所以，尽管这些思想家的社会本体论不同，但在政治行为上，他们往往以相似的方式运行，这并不令人吃惊。反过来，这能够解释由马克思主义革命观和俄罗斯传统宗教文化强加在一起的似是而非的结合。

考虑到这一点，人们也不应该惊讶于由自称俄罗斯旧社会掘墓者在烧焦的废墟上所建立的政治系统会带有许多传统特征，代议机构也不例外。

布尔什维克从不喜欢议会，反而从他们的立场上判断，或许他们心存敌意的正是议会。如果社会主义建设要依靠这样或那样的选举与投票的结果，那么整个社会主义建设注定要失败。布尔什维克理想的代议制是苏维埃制度。

苏维埃被认为是"资产阶级"分权制度的替代物。它们被赋予立法权和行政权[8]，而这些权利具体体现了民主主义者的鸦片——直接统治的观念。[9]然而，这种制度安排无助于解决政府官僚层级的问题。由于每个苏维埃都是作为直接授权的机构，并且拥有资产阶级政治科学所宣称的"主权"，这就势必会发现自己与每个在同一领土上拥有司法管辖权之名的其他苏维埃联邦，即与每个或高或低的苏维埃政权，有着永久的冲突。

只要苏维埃模式的国家权力有其主心骨，它就能存在和运行，因为在现象背后所存在和运行的，是彻底独立于苏维埃的完全不同的政治结构，这种政治科层制被证实能够解决已超出无组织的苏维埃制度能力之外的问题和冲突。

虽然是官方称呼，但"苏维埃权力"却因此而非常有误导性：工人代表的委员会并不管理国家，而是政党运行和主导着那些委员会，并据此管理国家中的每件事。运行在苏维埃之上的政党科层结构在确保地方和国家利益的协调。或者说是地方权力机构对中央政府的服从，没有这一点，整个国家难以保持统一。

政党本身的使命是为此而准备的。在理论上，早在 1902 年列宁撰写的《怎么办？》（*What Is to Be Done?*）小册子中，就为此做好了铺垫。其目的是要保证政党对当时革命运动的领导权。列宁论证的前提假设就是，社会和历史是由客观规律决定的，谁掌握这些规律，社会和历史就将会以其方式运行。因此，也不难推测，对社会科学地理解使得人们有权去统治它。虽然对拥有怀疑精神的知识精英不太容易被接受，但这一观点在形式上的外生性远比本质上的强。它明显的与国家政治心态的实际标准有关，并且吸引那些崇拜全能的自然科学和社会科学的大众，而仅仅一代人之前，他们都还崇拜着无所不知、无所不能的上帝。

然而，令人好奇的是，这种建立在有缺陷的选举制和代表制基础上的苏维埃权力系统，即使没有发展成真正的代议制民主，至少也应该实现某种适度的多元主义，为何这两种结果均没有出现？假使适度的多元主义被证明是无效的，或者在特定情况下它是无效的，但是为什么一次促进改善的尝试也没有呢？为什么会盲目的默许苏维埃权力系统像遮羞布一样服务于政党统治呢？为了回答这一问题，我们必须回到"大公性"模式上。因为正是这一略加修正的模式，形成了苏维埃体制的基础。

俄罗斯帝国臭名昭著的三位一体惯例，即"正统、专制、民粹主义"经常受批评和嘲笑。但并非所有的批评都意识到，这种三位一体的结构以其自己的方式而协调，也没有察觉到其组成部分的内在统一。当然，种族可以用不同的方式来解释，并且确实如此。俄罗斯有保守民粹主义者，甚至是反动的民粹主义者，也有革命民粹主义者。一些民粹主义者会捍卫专制，一些则用阴谋来反对专制。尽管真正的民主主义者在俄罗斯帝国中感觉不安，但是在这些民粹主义中仍然有民主主义者。就像已经讨论过的那样，民粹主义的概念与民主的概念是不同的。在一定程度上，这两者之间的区别可以解释，在直接民主统治下，代议民主制所经受的考验。然而，事实上，二者的区别甚至比这要深刻的多。大公性模式与不受限制的独裁权力相联系的，不单单是历史发展的结果：事实上，前者可以被认为预先假定并催生了后者。

尽管斯拉夫派对独裁的辩解听上去有些虚假造作，他们自己似乎也意识到了这一点。[10] 对整体非结构化的教会来说，集体决策并没有什么机制或程序可依，集体行动也很少，甚至根据定义，是不能有的。作为主体的教会能够批准或否决一项决定，但是它没有实施的方式；而且它无疑也缺乏实施的组织机构。为了获得这些工具与组织能力,它也必须拥有专门分化的结构。然而,这样的机构显然是不可接受的,因为这与大公性的概念和理想相冲突。大多数俄罗斯哲学家在论述大公性概念时,将其置于精神领域,这并不是偶然:因为它显然没有很好地适应世俗事务。那就是为什么政治上大公性思想——即把大公性作为一个政治理念,或者不同类型的政治文化(这也正是此处我们所采取的涵义)——不能直接体现在权力机构系统中。它作为权力的一种精神理念而存在,并发挥作用,这种精神性权力是疏离人民并与人民相对立。基于以上原因,权力的作用在于实施,尽管教会并不能实施。既然教会内不能创制任何实施机构,那么这些机构只能外在于教会而成立。

因此,苏维埃并不是因为运气不好而丧失了政权。如果按照自身逻辑演变的政治文化得以延续,那么他们就很难保留权力。苏维埃有这样的一类人,他们的政治心理不会抵制苏维埃权力结构之外和之上的发展,反而预先假定了这些发展。苏维埃制度正是由这类人建立的,并且也是要为这类人服务的。

民粹主义言论和极权主义实践

因此,不久之后,苏维埃仅存的作用就是装点门面。但这并不是儿戏。若认为苏维埃装饰的门面仅仅是为了保持对外宣传的效果,无论是国内还是国外,那就大错特错了。当然,拥有形式上的民主代议制机构,可以用来缓解对缺少真正的民主的指责。但是,要想使人们真诚地相信这类论调具有可信性,这几乎是不可能的。然而,在投票问题上坚持不懈和始终如一地展示统一性,这一现象随后被赋予挖苦的绰号"approveh'm"(odobryams),无助于影响代表们自身的心理和行为。

难以置信的是,在整个苏联最高苏维埃的历史中,没有一个成员曾以某种原因,或者一时兴起进行哪怕一次对立于大多数人的投票。这种情况必定迅速出现,尤其在为了便于观察代表集团的正当性与恰当性,其成员绝不是仅仅由傀儡或额外承认的人（extras admitted）所组成的时候，更是如此。在这些代表中确实存在一批有权势的人，他们具有真正的影响力，如政府官员、将军、党内最高层的官员、自由职业者的代表等。概而言之，他们都是真正的国家精英。他们不可能总是有相同的意见，若是这样，那将会很荒谬的。既然存在不同的利益和观点，那就需要做出努力来达成共识。然而，不管双方为达成可接受的决策做怎样的努力，它只能在最高苏维埃外部出现。如果苏维埃代表们彼此争论吵闹，那总是发生在别处。在苏维埃内部，乏味的协议总是表明：代表们似乎被灌输了一种向外部世界展示其一致性的愿望，甚至连那些反对的人都始终会投支持票。因此，最高苏维埃能够成功的发挥其基本作用。当然，比国外宣传更为重要的是：为了维持苏维埃整体统一的神秘感，人们团结在苏联共产党周围，为了共同的事业而奋斗。

这种一致性，名副其实的是大公性理念的一种，也是深深扎根于对人民的构成和代表的理解的体现。可以确定的是，大公性这个词从未被提及：它的这种"前革命"论调听起来足以让人怀疑是"反革命"。但是它功能意义上的替代物，即无阶级社会的概念已经被认可为苏联官方目标。马克思主义再一次恰当地证明了这一点。从社会理论立场上看，马克思主义范式强调阶级矛盾。但这不是理论，而是作为苏维埃政治心理根基的马克思主义神话——无产阶级的神话——本身就一无所有，失去的只是脚镣；在追逐其特定的阶级利益过程中会取消自身的贫困阶级，在这一过程中，阶级分化也随之废除。随着阶级差异的消除，阶级矛盾消失的时候，大众统一体的理想会得到实现，包含这一理念的政治机构将会具备合法性。

尽管不幸的是，在这些机构所获得的运行经验看来，与大多数人意见不同的异论，并不被认为是一种自然地利益或信仰分歧的表现，而是恰好地、从根本上成为了持不同政见者和不团结的一种特意表现。这样的行为是不可接受的，因为它威胁要破坏这种政治文化神秘感。[11]代表必须意识到，如果他投了反对票，那么他所反对的不是那些投赞成票的人，而是全体人民。在这种情况下，他就把自己暴露为一个秘密的"人民敌人"和叛徒。这种神话需要把叛变的人驱逐出去。对于被驱逐的人来说，流放可能有不同的形式和后果,但这种神话镇压他人的根源的深度被事实所表明,即在斯大林时代发起的血腥镇压三十五年之后,在苏维埃议会目睹到一个敢于打破游戏规则,并通过公开投反对票来表达自己不同意见的代表之前,这种神话才终止。

形成苏维埃模式基石的代议机构的概念与议会的概念是不同的。一个最高苏维埃代表当然就是一个"议员",但并不因为他或她"代表"了其选民,或者想得糟糕一点,也不因为他或她"代表"了政党(后者完全是不可想象的,因为只有一个政党,并且它不需要被"代表"):代表是"议员",因为他或她是"代表"了全体人民的团体的一员,也是人民与当局直接交流的代表。在这种权限下,首先,最高苏维埃会声称自己没有权力。其次,它不能也不该成为捍卫或调和特殊利益和解决或处理冲突的一个舞台。假定人民之间和社会内部没有冲突斗争,这正是最高苏维埃的工作任务。

民主的概念,如果并且当它从以大公性理念为基础的政治文化中演变而来时,对本章开头描述的经典民主理论三个基本原则来说,就没有意义了。首先,民主,即便被正式地定义为"民有、民享和民治政府",也并不由于涉及公民的人权而显得合法;这一学说也不意味着社会是由民众相互之间的某种社会契约而组成。每一个真正的和持久的社会是一种有机体,其组成部分无权反对整个社会。其次,分权理论并未被看作是抵制权力滥用的保护措施;相反,它被看作是一种卑鄙的试图削弱权力而受到谴责,并且由此剥夺了它存在的理由。对能够限制权力或使权力囿于控制的其他机构来说,所受的批评都是一样的。最后但同样重要的是,政治活动自由没有被认为和当作是一种维持公平的社会秩序的措施;要达到这一目标,所需要的是对社会生活本质更好的理解。因此接下来的就是,不能通过打开通向没意识到的野心的路,从而使政治受到亵渎(共同体也不能受到伤害)。

无论以何种方式称呼俄罗斯民主,其实只是个定义的问题。虽然可能会有不同的立场,但许多实践经验和机构都会被认可具有民主的资格。举例来说,在没有过多延伸民主义的情况下,拥有悠久自治传统的俄罗斯传统村社可以被称作是一种民主机制。这种定义并非完全类似于今天典型的民主类型,但因此就简单地把它视为非民主或伪民主而抛弃,这似乎不太公平。

然而,问题在于其是否自然而然地就成为了现代民主国家的可行模式。俄罗斯民主目前的困境可能部分归因于缺少对关键性差异的适当理解,这种差异将在特定情况下由某些社会组织所培育的一系列民主实践和国家层面的一整套民主制度体系分离开来了。这依然还是一种自然的努力,因为如果不是基于人们自己的社会经验所得,其他哪里还会产生他们的观念和想法以及期望和恐惧呢?并且,不管学者们如何基于自己的学术理由来定义民主,都不能为了服务于自己的目的而忽视卷入真实的民主化进程中的普罗大众理解民主的方式,而寻求对民主化进程的解释正是学者们的着力点。

注 释

本章的写作得到俄罗斯基础研究基金会的支持。

1. 见达尔(Dahl, 1982, 1985)的专著。关于民主机构运转中的政治文化研究,见阿伯巴克(Aberbach, 1981)、普特南(Putnam, 1976),以及维巴(Verba, 1987)等人。

2. 见 Migranyan(1989)(英文版见 Migranyan, 1990)。这一颇具争议的文章引起了广泛的论战,当时有一批杰出的政治作家参与其中。关于这一点,可参见 *Literaturnaya gazeta* 1989(pp.33, 38, 39, 42, 52: 俄罗斯的 E.Ambartsumov、L. Batkin、I.Klyamkin、A.Migranyan 和其他人的文章),以及 Pospelovsky(1990)。

3. 这一问题不久就被法兰克福学派的社会哲学家所讨论。可参见 H.马尔库塞(Marcuse, H.1964),特别是 T.阿多诺和 M.霍克海默(Adorno, T. and Horkheimer, M.1972),他们的著作写于二战时期,但是却深深地影响了当下的"后现代"社会理论。

4. 此处值得注意的是,关于个体"社区"的隐喻已然对建立智力活动模型进行了成功证实(见 Minsky, 1985)。

5. 皮埃尔则会对娜塔莎说,"不,你无法理解我从这个文盲那里学到了什么,蠢人"。(Tolstoy, 1904b: Vol.8. 323)

6. 关于历史数据的最新调查,见 L.切列普宁(Cherepnin, L.1978)。

7. 第一个代表会议出现于 1549 年 2 月,最后一个则形成于 1683 年年底,并未召开会议,于次年 3 月解散(Cherepnin, 1978:362-384)

8. 列宁把苏联国家权力体系的特点定义如下:"废除(作为立法权脱离行政活

动的)议会制度,立法和国家行政活动的联盟融合,以及行政权与立法权的融合。"
(Lenin,1965b:154)

9. 列宁写道:"苏联的社会主义特色,就是存在于废除了所有的官僚礼节和对选举的束缚中的无产阶级与民主……人民可以自行决定选举的规则与时间。"
(1965a:272)

10. 他们会通过把半无政府主义中的所有政治行为和权力都谴责为罪孽深重的,来论证独裁统治的必要性。然而,他们争辩道,由于社会不能没有政府,尽管是必不可少的,但比起让很多人来完成(政府)工作,还不如让一个人来做好了(见Berdyaev,1947)。

11. 政治文化所维持的神秘观念由 R.塔克提出(Tucker,R.1987:22)。

参考文献

Aberbach, J., Putnam, R. and Rockman, B.(1981) *Bureaucrats and Politicians in Western Democracies*. Cambridge, MA: Harvard University Press.

Adorno, T. and Horkheimer, M.(1972) *Dialectic of Enlightenment*. New York: Herder and Herder.

Berdyaev, N.(1947) *The Russian Idea*. London: Geoffrey Bless.

Cherepnin, L.(1978) *The Zemskie Sobors of the Russian State in the 16th-17th Centuries*(in Russian). Moscow: Nauka.

Dahl, R.A.(1982) *Dilemmas of Pluralist Democracy: Autonomy vs Control*. New Haven, CT and London: Yale University Press.

Dahl, R.A.(1982) *A Preface to Economic Democracy*. Berkeley and Los Angeles: University of California Press.

Lenin, V.(1961) *What Is to Be Done? Burning Questions of Our Movement*, in *Collected Works*, Vol.5. Moscow: Foreign Language Publishing House. pp.347-527. (Original work published 1902)

Lenin, V.(1965a) *The Immediate Tasks of the Soviet Government*, in *Collected Works*, Vol.27. Moscow: Progress Publishers. pp.235-277. (Original work published 1918)

Lenin, V.(1965b) "*Ten Theses on Soviet Power*," in *Collected Works*, Vol.27. Moscow: Progress Publishers. pp.153-155. (Original work published 1918)

Marcuse, H.(1964) *One-Dimensional Man*. Boston, MA: Beacon Press.

Migranyan, A.(1990) "A long way to the European home"(in Russian), *Novy mir*, 7.

Migranyan, A.(1990) *Perestroika as Seen by a Political Scientist*. Moscow: Novosti Press Agency.

Minsky, M.(1985) *The Society of Mind*. New York: Simon and Schuster.

Ortegay Gasset, J.(1932) *The Revolt of the Masses*. New York: Norton.

Pospelovsky, D.(1990) "Totalitarianism—authoritarianism—democracy?" (in Russian), in *Knizhnoe obozrenie*, 20.

Putnam, R.(1976) *The Comparative Studies of Political Elites*. Englewood Cliffs, NJ: Prentice Hall.

Sergeyev, V.(1985) "Artificial intelligence as a method of studying complex systems"(in Russian), *Sistemnye issledovaniya*. *1984*. Moscow: Nauka.

Tolstoy, L.(1904a) *My Confession*, in *The Complete Works*, *Vol.13*. London: J.M.Dent. (Original work published 1879-1882)

Tolstoy, L.(1904b) *War and Peace*, in *The Complete Works*, *Vol.5-8*. London: J.M.Dent. (Original work published 1865-1868)

Transition(1991) *The Transition to Democracy: Proceedings of a Workshop National Research Council*. Washington, DC: National Academy Press.

Tucker, R.(1987) *Political Culture and Leadership in Soviet Russia: From Lenin to Gorbachev*. New York: W.W.Norton & Co.

Verba, S.(1987) *Elites and the Idea of Equality: A Comparison of Japan, Sweden and the United States*. Cambridge, MA: Harvard University Press.

第九章
文化多样性和自由民主

海库·帕雷克

海库·帕雷克(Bhikhu Parekh)：英国赫尔大学，政治理论教授，他目前致力于研究文化多元主义的哲学基础。最近的作品包括四卷本编辑成册的《对杰里米·边沁的批判性评论》。

平等地尊重每个人、法律面前人人平等以及享有平等的公民权利和政治权利，这些原则是自由主义的核心，并且不同程度地具体体现于所有自由民主国家的结构体系之中。当代社会中存在的文化多样性提出了如何解释和应用这些原则的问题。传统的个人主义和文化的盲目性（culture-blind）两种解读方式导致了许多的不公正，并且对试图通过以机械的平等概念为基础的简单方法来评估一个社会的民主特征的有效性产生质疑。如今，除非对文化多元主义（culture pluralism）这一不可避免的现实有透彻的理解，否则，任何关于民主定义与测量的讨论都不会令人满意。

几乎每一个现代国家都具有文化多样性的特点，也就是说，通过不同甚至是有时不兼容的生活方式的存在，以它们自身独特的方式寻求保存自己。这样，国家就面临一些问题，如多样性的范围，在不失去社会凝聚力的条件下如何容忍文化差异，怎样调和平等对待和承认文化差异之间存在的明显冲突，以及怎样在文化多样的国家成员中创造共同的公民精神。

现代国家的文化多样性有多种形式，这其中，有四种类型最近广受关注。

第一，土著民，如美洲印第安人、毛利人、澳大利亚原住民、因纽特人以及其他"原始国家"，他们都急于保存他们独特的，并且很大程度上是尚未现代化的生活方式。他们的生活方式固定地与土地绑定在一起，他们与土地也有深厚的精神关系。尽管他们曾经的独立性被后来的白人殖民者所剥夺，但他们一般不谋求建立属于他们自己的独立州；他们主要关心的是恢复或保留原始的土地，在现有国家框架下，独自过着他们传统的生活方式。

第二，以区域性问题为中心且具有政治自觉意识的团体，它们希望能保留其独特的语言和文化。这种保留即便不能以独立的形式实现，也希望在现有体制框架下实现。这样的团体有魁北克省的讲法语的人、巴斯克人、布列塔尼人、斯里兰卡的泰米尔人，以及克什米尔的穆斯林，它们都属于这一范畴。不同于第一种类别，这些团体不反对现代社会的生活方式，并且分享经济市场、社会和政治意愿。举例来说，魁北克省讲法语的人不拒绝现代工业社会的生活方式。但是他们拥有独特的语言和文化认同，而这些也是他们急于保留的。虽然在传统联邦国家框架下获得了行政自治权与其他省份同等的地位，但他们还是觉得难以达到目的。因此，他们要求有权控制移民、有权强制施行旨在保护法语和法国文化的措施，以及有权在加拿大内保留一个"独特的社会"。他们认为，既然他们的文化需要区别对待，他们就需要其他加拿大地区所不具有的权利和权力，并且认为在一个非对称的联邦制，不存在本质上的不公平或不平等。克什米尔的穆斯林、布列塔尼人以及其他团体的要求大致与此类似。

第三，地域分散但具有文化独特性，希望保留自己生活方式的团体。这包括移民、土著少数民族和宗教团体等。与前两种团体的形式不同，他们既不需要独立于其他团体，也不寻求政治自治。多数情况下，他们寻求的是能组织和传播他们生活方式的文化空间，以及一个为集体生活做出自己独特贡献的机会。

最后，一些共享自我选择生活方式的人们也要求社会认可文化多样性。这些包括男女同性恋者，以及那些选择非传统生活方式的人，他们的要求不仅限于社会的容忍,还要社会能够尊重他们所认可的非常规做法和独特的亚文化。他们不是独特的民族或文化团体,并且他们的生活方式并不是完全不同于其他大多数人。区分他们的主要特征,是他们在共同文化的框架下发展的独特亚文化。与前三种团体类型不同,那些团体在不同程度上与个人自由主义有所区别,而这最后一种团体却非常认可个人自由主义,并且用它所倡导的自由和机会来实现其许多追随者都不赞成的目的。他们不是传统的自由派,个人选择的自由主义话语使他们的非传统性变得合法。

这些团体,以及尚未提及的其他团体,都寻求文化多样性及相应的共存形式,并且呼吁以不同的模式重组文化和政治空间。如此一来,他们提出不同的问题,援引不同的道德与政治原则,要求不同的回应,并且产生不同的结果。对魁北克省讲法语的人来说,辩解或拒绝当地人的主张并没有太大意义,更不用说欧洲的穆斯林了。很多认知混乱都是由于,基于文化多样性基础,却要将他们这些团体都同化于统一的规范和一致的表述。

在这一章中,我将集中讨论第三种文化多样性的形式,并且分析一些问题,这些问题是由当前的民族、文化及宗教少数群体试图保留其独特生活方式过程中所产生的。许多现代国家有宗教团体,这些宗教团体有自己生活方式。现代国家也有移民团体,在新的环境中,他们希望尽可能地保留其传统生活方式。很多现代国家也有这种长期存在的团体,如犹太人,他们希望能保留其文化身份。这些团体组织都希望在社会的集体生活中,既能够像平等的公民一样参与其中,同时也保留其生活方式和文化身份使之得到认同。这种情况提出了一个问题,即一个自由的国家如何回应这些要求。

这一问题得到了三种不同的回应方式,为方便起见,我将它们分别称为主张社会同化的自由主义(assimilationist liberalism)、文化上的自由放任主义以及文化多元主义。[1]我将反对前两种方案,而拥护第三种方案。我的主张是,尽管前两个观点直指自由主义传统的主线,但最后一种观点拓展了自由主义传统的界限,却又同时保留了其核心观点并有所超越。

主张社会同化的自由主义

主张社会同化的自由主义认为,自由国家预先假定了社会生活方式,并成了守护人,这种生活方式也是以个人自治、选择自由和独立思考等为核心的。[2]那些基于不同价值观的少数族裔的生活方式,会否定其成员的选择自由,阻碍他们的孩子成长为自决的成年人,并阻碍他们在充满竞争性个人主义社会取得成功,会对自由生活方式的完整性产生威胁。作为自成体系的团体,它们阻止其成员全面融入更广阔的社会。此外,他们对差异认可的要求,与对平等的要求是不相容的。在问及他们的特殊需求和环境得到重视时,或免除一些要求时,他们都请求拥有超越同胞公民的特权。对人民的平等对待与对待这些团体的方式是相似的,意味着要采取无视文化或差异的途径。国家一旦考虑差异,文化上的差异性就成为不公平对待的基础。种族隔离——直到最近也依然存在于南非——就是一个有益的提醒。主张社会同化的自由主义论认为,基于这些及其他的原因,自由国家有权利和责任拒绝承认主张文化多样性,并倾其所有权力把少数族裔整合进自由的生活方式。如果少数族裔团体认真考虑一下这个问题,他们就会发现同化也符合自己的长远利益。就移民问题而言,主张社会同化的自由主义又提出了新的观点,认为由于他们已经移民,并且决定坚持"自己的选择",所以他们就或含蓄地或明确地同意采取以自由为主的生活方式。

在主张普通公民身份、社会凝聚力、一个共享社会意义的系统、限制对文化多样性的容忍,以及对文化差异过于敏感的危害等重要问题上,主张社会同化的自由主义是有道理的。然而,它对这些价值观做了非常狭隘的理解,而且还违反了自由主义的一些核心原则。首先,自由主义承诺平等地尊重他人。因为文化已深入人类社会,所以对人类的尊重意味着对他们生活方式的尊重。一个人的身份认同感和他的语言、特有的思维模式、习俗及集体记忆等是紧密相连的,其实也就是说,与一个人的文化紧密相连。忽视后者就是剥夺个人,并且排斥构成其个性和对他们非常重要的东西,这样就没有展示出对他们的尊重。抽象掉文化的差异,主张社会同化的自由主义使它们成为同一性和没有属性的原子化个人,展示了不是对个人独特性的尊重,而是对不确定的抽象的尊重,但这又是它们所不具备的。主张社会同化的自由主义尊重抽象或基本的人性、去个性化的个人,而不是与具体的或历史紧密相连的人。这并不意味着生活方式所受到的指责不会因尊重一个人而免遭批评。但是它意味着我们应该富有同情心去尝试理解和接受不同信仰和习俗的生活方式,并且在其信徒没能为他们做令人满意的辩护后,阻碍或争取具体的功能。

第二,主张社会同化的自由主义错误地把平等和平均等同起来,并且并不赏识这样的观点:如果一律同等处理,那就是不平等地对待不同的个体。如果法律要求犹太人在周日闭门歇业,那么他们未被平等地对待。因为对基督教来说,周日是礼拜日,但对犹太教来说并非如此,那么他们开张营业的时间就会因此被缩短为一周只有五天。如果要求穆斯林的女性在工作时穿长裤,那么她们未被平等地对待。因为她们的文化是禁止在公众场所暴露自己身体,这样的要求简直就是要让她们失业。让她们免于这一要求并不是给与特权,而是要保证她们受到公正待遇。区别对待会成为不公平歧视的基础,这是真的,但同等对待也会导致这样的问题。所需要的是,要找到谨防差异被误用和区别对待但不要歧视的办法。

第三,基于道德和认识论,自由主义者理所当然地重视文化多样性和多元化。正如他们认为的,文化多样性使人们选择的范围增加,文化想象力得以扩展和人们同情心得以扩展,并且丰富了人们的生活;它也鼓励了不同生活方式之间的良性竞争,深化了我们对自然和人类生存潜力的认识。既然这样,自由主义者不能一贯地自认为有特权,并且保护其生活方式和发起文化同化运动,以反对与其不同生活的人。这么做就是假定单纯地以个人主义定义的自由生活是"正确的",它代表了人类智慧的最新成果,这种观点不仅嚣张傲慢而褊狭,而且是在没有遭受循环改变的情况下无法正当化的一种自由主义观点。

正如自由主义者应该知道的那样,不管其生活方式多么富有,没有哪种生活方式能全面地展示人类潜能。由于人的能力和愿望相冲突,发展其中一些能力是需要忽视、压制或边缘化其他愿望的。每一种生活方式都重视和强调人类某些能力和卓越成就,这样做就需要边缘化、忽视或压制其他的能力与成就。因此,不同的生活方式彼此修正并互相平衡,抑制彼此的偏好。因此,对文化的评价不仅要体现各自的生活方式,而且还要看重它们在丰富整个社会所作的贡献。即便一种文化被判定比另一种更"贫困",在保留后者所忽视的价值观念和志向上,前者扮演了重要的角色。有种武断的观念即只有独立自主的生活方式是有价值的,一旦历史悠久的生活方式被这种观念所摧毁,那么它们就永远不存在了。如果自由的生活方式碰上了意想不到的困难,就像如今正在发生的那样,那么我们将没有什么资源来汲取新的灵感和力量。即使审美、道德、精神,以及其他考虑都不再对我们有影响,就谨慎这点来说,也会要求我们不应该挥霍遗传的文化资本,也不应该把我们所有的希望都倾注于单一的文化事业中去。

最后,主张社会同化的自由主义试图采取的行为,有时会有相反的结果。当它降低程度以适应少数族裔的文化要求时,下定决心的少数族裔就拒绝屈服,并且由于自由主义本身给他们提供了合法化要求,他们便利用这种空间。出于我们在这里无法验证的原因,自由主义对宗教极其敏感,并且急于不把自己对长久以来的宗教观念和行为的不宽容一面展现出来。少数族裔自然地倾向于利用这一点,要求承认他们的差异,因为这些差异是他们宗教不可或缺的一部分。锡克教徒的包头巾不再是一种文化标志,而过去它主要是文化标志,现在则成了宗教要求。印度教拒吃牛肉,穆斯林用扩音器来召唤忠诚的祈祷者,拉斯特法里人的辫子等等也都有着类似的说法。自由主义者经常因不承认这些要求而在道义上显得尴尬。

其长期导致的结果对有关各方来说都是不幸的。少数族裔越来越多地用宗教术语来定义自己的身份,他们的宗教垄断了他们的文化。由于缺少对他们文化中非宗教元素影响的限制,宗教变得狭隘而武断。依情况而定的文化实践获得了具有宗教般强制性要求的地位,这些文化实践得以严格实施的压力也达到巅峰状态。伴随着文化的宗教化,宗教领导变成了其唯一的权威发言人,并过分地强调宗教和文化权威。主张社会同化的自由主义不知不觉地限制了社会的自然增长,还为某些原教旨主义铺平了道路。原教旨主义通常受到自由主义不容异议的挑衅,这并不令人欣赏。而且一旦问题升级,自由主义者感觉在道德上受到了威胁,就会不知不觉地接管其敌人的许多特点。

有时,当他们的要求宗教化并不奏效时,少数族裔就把他们的要求作为他们种族认同的一部分而使其合法化,并且坚持认为,自由主义拒绝承认这些要求,就相当于违反了种族认同的要求。文化实践变得族裔化,并且赋予一种伪自然主义的基础(pseudo-natural grounding)。发生于文化宗教化的相同过程在这里以适当的修正方式得以重演,并且具有大体相似的结果。如果文化差异被接受为具有正当性,并且基于文化差异的需求最终没有被搁置,那么,那些不同文化差异所包含的需求就无需把自己包裹在一些棘手的和不容妥协的事项之中,如宗教或种族。宗教和种族差异依然存在,但是没有必要扩大和增加这些差异的数量。

至于移民问题,主张社会同化的自由主义认为,移民已经默许地接受了自由主义的生活方式,这种论点是有缺陷的。一些移民逃避迫害,保留他们自己的生活方式。他们已经承认了主流民主生活方式,其实是误解他们的意思。一些人之所以迁移,是因为迁入社会迫切需要他们的劳力,并通过各种激励手段雇佣他们。因此可以说,要在充分了解其生活方式的前提下进行雇佣,自由社会不言自明地尊重了这一前提。主张社会同化的自由主义误解了移民行为,它基本上涉及的是一种双方许可和承诺的双向关系。有种观点认为,移民必须接受自由主义的生活方式,要么就离开这个国家。这种观点忽视了主流社会对他们隐含的承诺,而且把移民作为二等公民来对待,而这种二等公民只能在他们放弃自己文化身份的条件下,才享受平等权。

文化上的自由放任主义

一些自由主义者,如约翰·格雷(John Gray, 1993:chs.18, 20)已经

主张文化上的自由放任主义主义。[3]伴随着自由主义选择和竞争的原则扩展到文化领域,自由主义者坚持认为,每个个体都应该在相互公平竞争的条件下,自由地选择其生活方式。在一个真正自由或信奉自由主义的社会中,自由主义生活方式应该在同等条件下,与其他生活方式进行竞争。它可能赢得竞争,也可能输掉。一个好的自由主义者应该无怨无悔地、毫无偏见地接受结果。为了保证公平竞争,格雷坚持认为,国家不应当全力支持自由主义生活方式,而应当严守中立原则。国家应该仅仅是形式和程序性的机构,除了要求成员认可其权威外,其余的什么要求都没有。格雷主张取消国家教育,因为它是传统自由主义文化同质化的措施,并且用代金券和减税来取代了它,使每个家庭都自由地制定教育规则。他也想让政府避开社会的、文化的或经济的目标,并把政府的作用局限在为个体创造秩序和文明的条件和保护个体选择上。

对格雷的建议还有些事情要说。在几乎所有的自由主义社会中,国家都含有并且鼓励自由主义生活方式。其他的生活方式则蒙受结构上的缺陷,并且受到官方和非官方相当多的压力。结果,这些生活方式就不能繁荣发展,同时,自由主义国家所宣称的"平等地尊重和接纳不同的生活方式"也成为了一纸空文。虽然格雷提出这一问题是正确的,但他的后现代自由保守主义并没能解决它。

第一,格雷要求文化独立的个体在诸多文化中自由地选择各自的生活方式。这种观点误解了个体,因为个体正是文化存在的必要;也误解了文化,因为除非文化是独特的,否则就不能被"选择",也不能以物质商品的方式来选择。正如格雷有时承认的那样,他的社会假定了一个个人主义的道德文化,因此存在结构性的偏见,反对那些在个人选择氛围下阻碍或失去完整性的生活方式。

第二,因为格雷的社会理论是以个人主义道德文化为基础,国家就不能对后者保持冷漠。正如他所承认的,因为其有效的再生产能力,政府在"保留或修复行为框架时,在补充个性所依赖的价值观时,扮演着重要角色"(1993:281)。他没有解释这种文化工程所涉及的内容,但是他明确地认为政府在教育和文化上有重要角色。就像经济自由放任主义计划一样,格雷的文化上的自由放任主义假定了一个威权国家,经常参与它所需的背景条件和纠正其不可接受的结果。这样一个国家是不能保持中立。国家也不可能在格雷所说的私人教育方面无所作为,因为一个国家如何在不控制教育条件下培养个性,它并不清楚。

第三,即使文化竞争并不按格雷建议的方式所进行,它依然会残留着深深的偏见。正是由于自由主义在两个世纪内的统治和国家在教育上的资助,自由主义的生活方式才能在主要领域,如法律、经济、政治和其他机构中得以体现,并享有了巨大的政治经济权力和文化威信。在与自由主义生活方式的竞争中,非自由主义生活方式一开始就面临着物质上和精神上的严重不足。结果可想而知。为了保证真正的竞争,格雷所描述的国家至少在最初,会实行采取积极政策消除差异以支持后者,这也就向他的自由主义国家理论提出了尴尬的问题。

最后,格雷关于道德中立国家的观点在逻辑上是不连贯的。每一个国家有特定的权威或机构,并由它们来制定法律和政策。没有哪一方能够在道德上保持中立。国家能以多种不同的方式构成,每一种都体现了美好生活的具体理念。国家构成方式可能是世俗的、神权的,或是二者混合的。如果是世俗的,它就会以普选权或有限的种族、阶级或性别等为基础。正如詹姆斯·斯图尔特·穆勒所辩解的,普选权可能会平等地或是更加侧重于支持知识精英。选举制度可以是直接选举或间接选举,并且选举的代表,既可能是代表个体,这是自由主义者所主张的;也可能是代表社会团体,这是黑格尔和其他人所力主的。就像自由主义者所坚持认为的,国家可能以分权为基础,或者像马克思和共产主义者所认为的,国家可以把权力集中于一个机构。不管其结构是怎样的,国家不可避免地对特定的生活方式存在偏爱。

国家的法律和政策也不能在道德上保持中立。许多涉及虐待动物、近亲婚姻、受胁迫的婚姻、强制离婚、非常规的性行为、同性恋与同性婚姻、非婚生孩子的继承权、奴隶制、一妻多夫制、一夫多妻制、堕胎、绞刑、安乐死、自杀、极刑、流产、暴力等的行为,它们能容忍并许可这些行为吗?如果对这些事情不进行立法,那么就表明它并未充分认识到社会道德福祉的重要性,因为它要求用一种集体、统一和强制性义务去规范人们的行为。如果为此立法,它就有了特别的立场。无论哪种情况,它都预先假设了一种良好生活的看法。对公民没有任何道德要求、平等地对待所有的选择，这样的道德中立的国家，逻辑上是不成立的。既然每条法律和政策都胁迫那些不被广为认同的基本价值，一个在道德上不进行强制胁迫的国家就是一种幻想。正如我们将会看到的，一些国家可以在道德上不太偏见或狭隘，并因此就比其他国家不那么具有强制性，但是没有一个国家会完全在道德偏见及其伴随而来的胁迫上是自由的。

文化多元主义

与主张社会同化的自由主义不同，在相互联系的背景下，文化多元化鼓励文化多样性。这种观点认为，人类就是文化的存在。作为自我反思的人类，他们在形成自然经验和社会经验，以及赋予其生命以意义的过程中，发展了独特的文化。所有的人类都共享了人类独特的能力，但是这些能力在不同的文化下却有不同的定义、构成和发展。由于文化已经深入人类社会，而且文化是在人类探索人生意义过程中所产生的，因此，对人类的尊重就暗含了对他们的创造物和人生意义的尊重。

正如我们之前看到的一样，没有哪种文化能充分展示人类所有潜力。文化扩展了人的能力和感知力，而忽略了另外一些，这说明它是一定有局限性的。除非人类能够走出他们的文化，否则他们将继续困在其中，并且不能体会到文化的优势和局限性。并且除非人类有机会走进其他文化所提供的生活观，不然就不能走出自己的文化。因此，文化多样性是人类寻求自由和进行批判性自我理解的一个必需条件。人类缺少阿基米德支点，从这一立足点来看自己和自己的文化，但是人们有一些适合自己的、以多元文化形式存在的微阿基米德支点，他们能够用各个文化的支点来从外部观察其他的文化，梳理出它们之间的异同。他们也会用对文化的知识来发现人类全面的潜力和成果。我们需要与其他不同文化进行交流，这并不是为了提高我们"选择"的范围，因为文化不是"选择"的集合，相反，而是为了凸显差异性并且认识到自身文化的优势与不足。这意味着文化多样性是有价值的，并不主要是因为它扩大了我们对生活的选择，而是因为文化延伸了我们的同情心，深化了我们的自知之明，使我们能够通过借助任何对其他人来说都有吸引力、能整合进我们自身的东西，来丰富我们的生活方式。文化多样性让人类认识到其有限性，又以一种适度的方式释放人类的有限性。这样做就鼓励了有价值的文化素质和道德素质，如谦逊、虚心、自知、客观和自我超越。这就形成了一件客观的美德，其价值并非源自人类的选择，而是源于它一个必需的条件，是人类及其成长所需要的一部分。

所以，文化多样性是一种集体资产。[4]它给了个体一种归属感，也创造了全体成员丰富的对话条件。就像我们看到的那样，文化多样性不能靠文化上的自由放任主义的政策来维护。因为文化多样性是一种有价值的公共产物，它不会存在一个扭曲的，变化无常的文化市场中，因此，国家需要在促进文化多样性上扮演积极的角色。促进文化多样性既包含尊重和重视不同的文化，也鼓励文化间的对话。如我们所看到的，这两者是紧密联系的。我们应该尊重其他的文化，因为我们应该尊重那些有自己创造和根源的同胞，还因为我们希望能产生一种氛围。在这种氛围中，不同的文化有足够的自信，并受到足够的刺激，从而和其他文化进行一次有活力的对话。[5]

尊重和促进文化多样性需要一系列层面上的行动。它要求文化少数派在社会生活的重大领域中，应该免受有意无意的歧视。在所有的社会中（尤其包括有人会提到的自由主义社会），都会持久地倾向于做这样的假设：只有一种合适的方法来实现合理化、理性化或道德化，只有一种合适的方法来组成家庭、寻找性的自我满足、发展人际关系、过公共生活、引领美好生活等。结果，我们往往根据单独的一些标准来阐述和评估人类的行为，对那些由不同标准指导的行为来说，这引起了许多不公正。来自英格兰的例子将说明这一点。

最近发现，工作和考试中的少数民族考生被他们的白人面试官有计划地设置了障碍，面试官对少数民族的偏见使他们断定，这些候选者看着就不可靠，是不可信赖的。在一个涉及黑人被告的法律案件中，两个白人给了他一个比有同样罪行的白人被告更长的徒刑，因为他们认为黑人不断地躲避法官的眼光。这种情形证明了这个黑人心里有鬼、有意逃避且不可信,并且质疑他的证据。当黑人陪审团坚持认为,这是被告用以表示对法官权威的尊重时,白人法官则感到好奇,并不为所动。保守的犹太人对治安凭证提出异议,这并不为法官所相信,因为在宗教上,犹太人拒绝发誓。犹太人就在错误的治安凭证上被判有罪。一些虔诚的犹太人不发誓是因为担心会不经意间或多或少的说假话,或是冒犯上帝。当法官意识到这一点时已为时过晚。一个作为被告的锡克教徒被认为提出了不合理的要求,并且在他对着锡克教圣书发誓前,他要求洗手,这使人们不信任他。在许多学校,班主任不能理解为什么他们的印度教学生和穆斯林学生宁愿饿着,也不吃牛肉或猪肉。

在这些相似的例子中,牵涉其中的人们遭受到了歧视和损失,因为它没能考虑到文化差异。那些掌握权力的人们,根据当事人身处其中的意义系统,从而抽象出当事人的行为,并且根据传统的分类和规范,毫不批判地进行阐释解说。他们完全误解了那些行为,并最终不平等不公正地对待了这些人,这毫不令人吃惊。如果个体相应的差异并未得到考虑,那么他们就不会受到平等待遇。以下两个例子将表明,在文化差异背景下是如何作出司法判决的。在荷兰,一个土耳其妇女的失业救济金被一位政府官员中止了,因为她拒绝接受工作,在这份工作中她是唯一一位女性。在上诉中,荷兰中央上诉法院裁定,救济金的中止是违法的。妇女对这份工作的拒绝是因为,这是文化和宗教上难以接受的情形,而这完全合法。同样的情况下,白人妇女就会受到不同的对待。两位妇女被同等但有区别对待,平等就含在这一事实中:她们是在同样的标准基础上被秉公判决的,这一标准即是由对双方来说都有理或可接受的工作条件构成。

这确实引发了一些困境。在英格兰,一位尼日利亚妇女把她 14 岁和 9 岁的儿子的脸颊弄得伤痕累累,而这是符合其部落习俗的。但是这种行为与英国社会规范相违背,因此她就被判定有罪。然而,由于这位妇女是按照其文化惯例所为,并且由于刀割是在仪式氛围中进行的,对儿童不可能造成永久性伤害,她被准予完全释放。判决调和了两种文化的要求,并且避免了抽象的普世主义和幼稚的相对主义的危险。尼日利亚妇女一开始的判决,是基于被普遍接受的、不能伤害其他人的原则的。后来她所具有的文化特点被考虑其中,澄清了来龙去脉,再次解释了伤害的本质,并废止了由普遍应用的原则所造成的结果。在抽象的普遍主义者眼中,她应该被判有罪并受到惩罚。在相对主义者眼中,她不该被判有罪。在文化调和的普遍主义者眼中,她是有罪的,但不用受到惩罚,这种观点也正是法庭所持有的。法院的判决向这位妇女及一般少数族裔表明,虽然英国法院尊重文化多样性,但是他们只会在一定的限制范围内和受一些条件所控时,才这么做。[6]我们随后会考虑这些限制和条件是如何决定的。

为共享的文化保留公共领域,以及将文化差异限制在私人领域,这种自由主义倾向也会趋向于弱化文化多样性,并且需要重新进行评估(参见Modood,1992)。在这种观点看来,对少数族裔团体来说,文化差异被视为一种私人问题,而不是集体文化的社会资本的有价值部分。自由主义文化保留了社会的官方文化,并且拥有与之相伴随的威信和魅力,而少数族裔的文化则踌躇地生活在社会边缘。对于自身的文化认同和不断丢失的文化自信,少数族裔往往感到紧张、羞愧,这一点也不奇怪。几乎所有的少数族裔,包括欧洲犹太人以及最近的美国,都讲述了当他们的父母讲着自己的语言、穿着他们民族的衣服,并且在公共场所做着他们的宗教仪式,或提出他们特别的要求时,他们是如何深深的感到尴尬;以及随着时间的推移,他们是如何压制一切,来迎合大多数人的胃口,这其中包括改变他们他们生活方式中陈腐的特征,或者至少在公共场所改变这些特征。差异的负担并不是那么容易就能背负的,并且如果差异受到怨恨、嘲笑、视为私事、惩罚和拒绝公开存在等,这就将变得几乎难以承受。一点都不惊讶的是,许多少数族裔采取容易的整合道路以及文化上的安乐死。由于文化多样性是一种重要的集体财产,我们就应该不仅要问充满意识形态色彩的问题,例如一个社会应该在不失去其凝聚力的情况下,忍受多大程度的多样性;也要问清楚,一个社会应该忍受多大程度的同质化,而以免变得令人窒息和平淡无趣。

国家也能通过其他各种方式鼓励和支持文化多样性。为什么不能为少数族裔语言、文化、宗教等的教学提供公共基金,以及为此提供适当的双语教育材料,这一点不需要理由。这样做,国家就展示了对少数族裔语言和文化的尊重,接受他们作为社会集体的一部分,以公共性原则对待少数族裔的文化。学校的课程也能反映社会的多样性,并同时强调所共享的历史及其继承的文化,以及解决少数族裔社区问题的经验。一些国家,如英国,已经走得更远了,像单一性别学校所取得的成果一样,为天主教徒、犹太人和圣公会信徒提供上千所公立学校。这些所谓的区分学校经常引起自由主义者的愤怒,主要是因为他们担心这会形成分裂的社会,对普通公民身份产生相反的影响。然而,没有什么证据能够证实这种担忧。天主教徒、犹太人和圣公会信徒已经在十几年,甚至好几世纪之前,就拥有自己的学校,而且并没有证据表明他们的学生不能与社会主流相融合,也没有证据表明英国已经演变成了相互间难以理解的混乱社会。事实上,许多广受欢迎的公民、政治领导者和行政官员就是这些学校培养出来的。有人更进一步认为,这些学校培养了一些能将各种才华、认知力与思维方式运用于英国不同区域的男人和女人,并由此为英国的丰富性和多样性作出了贡献。罗马天主教的主教利兹(Leeds)最近写道:

> 我对团体的体会就是,我们的学校在国家系统内的帮助下走出了最初的隔离,也使得我们变得更加自信,而我们的团体曾经就是受迫害的少数派。对我们来说,隔离学校的作用就是整合统一,而不是分化。(*Bradford Telegraph and Argus*,1991 年 1 月 3 日)[7]

在分裂的社会中,或是在被教条主义和"原教旨主义"所统治的共同体中,这样的学校确实会倾向于成为一种制造分裂的力量。答案就在于,要么要求这样的学校符合国家规定,对教学大纲、教育方式、考试、行为规范、纪律形式等的要求进行定期检查;要么更好地发展真正具有多元文化的、调和文化多样性的学校,以发展共享的公共价值主体。由于不同的社会有不同的历史,面对不同的问题,因此,不存在适应所有国家的标准模式。但是,指导他们寻求合适的教育体系的普遍原则应该保持同一性。换句话说,就是如何保持文化多样性和在共享的公共价值、情感和忠诚的主体框架内促进不同文化之间的交流。

国家也可以通过识别少数族裔的文化需求、让少数族裔参与寻找满足其需求的最佳方式,来保持文化多样性。国家可以通过采取集团相关的福利政策,以及邀请少数族裔团体的方式,来使他们参与到规划社区中心、住房协会、城市发展计划、健康和社会服务等中来。国家会翼护少数族裔的宗教和文化功能、建立博物馆以展示不同社区团体所做的贡献,并提供税务豁免、补贴或为了肯定文化多样性和跨文化合作而设计与之匹配的资助活动。通过采取合适的,包含这些和其他措施的文化政策,国家培育了少数族裔自信心,吸引他们进入社会主流,在公共文化中开放地接受他们的影响,并且帮助创造了富足而有活力的、有差异但平等的公民社区团体。

一些少数族裔拥有丰富多彩的公共生活。对于国家鼓励在少数族裔中实行自治,以及使国家成长为一个拥有许多团体的大团体等方面,仍然有许多问题有待讨论。这会削弱国家行政力和道德上的负担,鼓励少数族裔集体意识和集体责任,培育参与精神,并且帮助少数族裔自我管理。权力下放有许多优点,没有明显的原因来解释为什么权力下放应该只以领土的和职业的、而非公共的背景为基础。同样的,也没有原因来解释,为什么积极参与到公共生活的价值,不如参与地方事务的价值。在仅仅关注领土而忽视不断增长的公共生活重要性上,参与理论家犯了错误。在一个邻里之间只有有限的接触,并且被有限的共同爱好相连的社会中,把我们的所有希望放在邻里共同体(neighborhood communities)上,这并不明智。

在英国,国家给犹太人授予相当大的权威,并且通过做许多事情来强化其代议机构的权威。如果犹太人从犹太人代表委员会那里获得了一份适当的证书,那么他们就可以在周日的时候开门营业而不算违反周日交易法。这就确认并加强了他们代议机构的权威。犹太教法院被国家认可,并且它们的判决书对涉及的当事人都有约束力,只要犹太人愿意,就可以在法院上提出争议。在与他们社区相关的事务上,代表委员会总是会磋商,因此,其观点都会得到尊重。多亏了这一切,犹太社区集体地融入了英国公共生活。虽然一位犹太人保持着离开其社区的自由,以及不同意集体所作的决议,但是,那些依然附着在社区中的犹太人,他们尊重社区权威的民主结构,并受其道德和社会压力的影响。当社区犯罪率或离婚率上升,或者家庭单位减少时,他们就在犹太教堂和社区报纸上进行广泛的讨论,要求采取适当的行动,并且经常付诸实际。

在英国、法国、德国和荷兰,类似的趋势在其少数族裔中也很明显。总是皱眉头和拒绝认可民族和宗教组织的法国人,如今正在开始强调少数族裔的价值,认为它们是"重要的社会组织"。因为这些民族和宗教组织相对较新,所以少数族裔组织缺少凝聚力和与犹太人相对应的民主结构。然而,他们正在发展这些东西。没有明显的理由说明,为什么国家不应该鼓励和支持这一过程。可以确定的是,国家的职责不是保护少数族裔的文化,因为如果他们缺少必须的意愿和能力,他们就不能生存,而国家的保护主义措施只会阻碍他们自然的改革。国家的职责也不是使相关社区制度化为官僚组织,并摈弃社区权威,那是通向法西斯主义社会的道路。在这样的社会中,公共组织接受国家资助,并因此受国家操纵;这些社区组织压迫其成员、形成既得利益集团,凝固和冻结那种不可避免的文化变迁道路。

我所建议的内容具有非常不同的含义。有凝聚力的社区拥有民主负责的自治机构,并且为了给予社区成员以归属感、为共同的目的而利用社区成员的道德能力以及维系文化多元主义精神三大目的,允许社区成员拥有退出权将扮演重要角色。国家不是力图以抽象和狭隘的社会凝聚力、社会统一和民族团结目标等名义去拆解他们,而应该承认它们的文化和政治价值,当它们需要和请求的时候,就支持它们。它们不会威胁到国家凝聚和统一;相反,它们会使社会凝聚和统一具有道德和文化深度。关于国家与社会间的传统自由主义分裂,没有什么是不可避免的。处理一个复杂社会的事务是一个非常重要的任务,以至于不能只留给国家来进行。它需要两者间的合作,并且在国家整体权力下鼓励发展社区的凝聚力来运行他们的事务,是两者合作关系中的一个重要维度。

多样性可容许的局限

目前为止,我们讨论了文化多样性的价值和维持多样性的各种方法。没有一个社会能容忍所有行为,因此就提出了一个问题,即自由主义社会应该怎样决定可行性多样性范围。自由主义者对这一问题并未给与充分的哲学关注。在实践中，许多自由主义社会概略地取缔了一夫多妻制和在法定年龄前就让女生退学等这些实践。尽管英国没有禁止所谓的包办婚姻，但其移民政策的设计却是为了阻碍甚至是为了禁止（移民）包办婚姻。这些决策都没有预先经过认真地公众讨论，并且不少决策都让相关的社会团体感到十分愤慨。

总的来说，自由主义者提出三种文化习俗并不许可的原则。

首先，一些人已经呼吁了我所说自治原则。[8]他们认为，自由主义社会是以个人自主、独立思考、选择以及不受胁迫的自决等价值观为核心的，并且它不允许那些无视这些核心价值的少数团体的习俗和行为存在。最初它会依赖教育的、经济的和其他措施来抵制类似行为，但是如果这些措施都不奏效，那就会问心无愧地禁止这些行为。这是一个典型的同化理论，对于这个观点为什么是有缺陷的，我们已经说得够多了。

第二，一些自由主义者呼吁不伤害原则。如果一种习俗伤害其他人，那么这种习俗就要被禁止。而如果没有，不管整个社会是多么强烈地不赞成，国家都不该管它。一些自由主义者把伤害狭隘地定义为身体上的，其他人则宽泛地定义为损害自治能力，或引领好生活的行为。当伤害被定义为身体上的，不伤害原则在很大程度上不成问题；它在让我们禁止这样一些行为，如乱伦、一夫多妻制、一妻多夫制和安乐死等这些几乎所有的自由主义社会都禁止的行为时，会显得非常狭隘和有限。当伤害被定义更宽泛时，不伤害原则就遇到了困难。如果它意味着损害自治能力，那么立场就与同化自由主义没什么不同，并且会招致同样的反对。如果伤害是依据好的生活来定义，那么尖锐的问题就出现了，因为对大多数社区来说，他们对美好生活并没有共识，更不用说在这些社区和少数族裔之间产生共识了。

第三，一些自由主义者呼吁所谓的社会的根本或核心价值观，并且认为，在自由主义社会，与自由社会价值观不相容的习俗和惯例肯定会受到禁止。[9]虽然对这一观点还有许多要讨论的，但是在没有大量材料去重新定义和没有足够条件时，它就不能被接受。"根本"或"核心"价值观的内容非常难以捉摸，也很难被大量地应用。如果它涉及的是会招致社会解

体的社会基本价值观时,这些价值观的清单就会变得多而模糊,会有太多
争议而没有任何帮助。如果这一术语的基本价值观涉及的是,被一个具
体社会的所有成员所共享的价值,那么就很难找到合适的候选者。作为
个人,我们的确拥有这种价值,但是,人们对这种价值观的理解是各异的,
因此,他们所构成的社会的价值观,不可能是与每个人相一致的。谈论社
会的核心价值观就是使后者具体化,也是把不可接受的同质化程度强加
于其上。平等是被自由主义社会的所有成员所共享的价值观吗? 种族主
义者、性别歧视者和许多宗教人士都不会同意。这当然是一个重要的自
由主义价值观,但并不是所有的自由主义社会的公民都是自由主义者。
互相尊重是这样的价值观吗? 种族主义者、法西斯分子和其他人不会同
意,许多人会同意,是因为它是非常弱的定义,不会有什么道德要求。一
夫一妻制是基本价值观吗? 没有人会这么认为。我们社会中的许多人建
立松散的联盟或"开放的"婚姻,而这些都是作为他们对性忠诚要求的挡
箭牌而设计的。即使是传统结婚的人也不总是对通奸的诱惑免疫,并且
一些人几乎不会有罪恶感。最近,英国政府对准予"无过错"离婚的建议,
暗含了从通奸中去掉耻辱标记之意。面对高离婚率,穆斯林的抱怨或许
是有道理的,他们的抱怨即是,一夫一妻制在自由主义社会其实是一夫多
妻制,而他们"更真诚"和"公开"的一夫多妻制并不应该得到所有这些在
其上的骂名。值得注意的是,这种一夫一妻制得以保留和在现代社会得
以重视,它其实是其传统形式式微的表现。[10]

　　尽管"基本规则"或"核心价值观"的说法是有问题的,但我们能够通
过重新对它定义,来给它一个可接受的含义。一个社会的价值观被嵌入
在宪法和政治机构中,构成集体事务行为准则。并非所有的成员都需要
或事实上信仰这些价值观。但是这并不否认以下事实,即这些价值观形
成人们的集体生活,而且在这种意义下,他们都公开地以共同体的形式认
可它。在私下里和人与人来往中,他们可能会漠视这些价值观,甚至还会
寻求改变他们对社会的承诺。然而,只要占主导地位的宪法和政治机构
保持不变,社会就会正式地认可它们。它们组成了我所称之为"可操作
性的公共价值观"(operative public values)。这种价值观之所以是有价值
的,是因为社会集体地重视它们,并以此而使社会运转;它们是公共性的,

在这种意义下,它们与集体事务的行为有关;它们是可操作的,因为这些价值观并不是抽象的概念,而是包含在社会机构和实践中的。可操作性的公共价值观是一个社会道德的和政治的着力点;它守护社会,使其远离可认知的诱惑和压力,而且违反这些价值观,会带来了深深的不安甚至是愤怒。到目前为止,就自由主义社会而言,这些价值观不是那么容易就确定的。[11]总的来说,这些价值观,如尊重人的人格、平等地尊重每个人,为自主决定的行为提供安全空间、言论自由,以及把集体利益当作是政治权力核心的存在理由来追求等,似乎都属于这一范畴。[12]

可操作性的公共价值观并不总是相互兼容的,有时会向不同的方向拉扯。尽管这些价值观只会在很长一段时间后改变,是对社会主要道德和文化变化的集体回应,但是这并不是说它们是静态的。因为它们定义了社会的集体自我概念,它们向下渗透,影响生活的其他领域。但对于公众和社区集体生活的范围,它们则可能不太显著。尽管所有自由主义社会都共享可操作的公共价值观,但这些社会都有差异性地去定义、关联、限制和珍视这些价值观,在这一过程中,构成了它们各自的身份。并非社会中的所有组织都接受其定义和与这些价值观发生联系,并且他们的不满成为社会政治的主要问题。虽然少数族裔有义务接受这些价值观,但是它们保留重新定义这些价值观的自由。在英国,围绕有争议性的拉什迪(Rushdie)事件所展示的那样,穆斯林成功地重新进行了有关言论自由的本质和边界、国家与宗教的关系,以及平等本质的辩论。这样一来,他们为不断进行的、关于英国社会可操作性公共价值观的讨论增加了独特的想法。

我的建议是,自由主义社会中所运行的公共价值观为限定准予多样性的范围,提供唯一能接受的原则,因此,社会就可以合法地禁止那些违背这些价值观的实践。[13]这些价值观并不意味着最好,更不是组织人类社会唯一理性或"真正人道"的方式,但是对自由主义社会历史发展的道德自我概念来说,它们就是中心,因为它们代表了其所选择的共同体的生存方式。这些价值观并非神圣不可侵犯,或是不会发生改变。但是直到社会对它们保留集体承认时,少数族裔有义务尊重和拥护这些价值观。这一义务在本质上并不道德,因为少数族裔并不用信仰这些价值观,也不用在组织内部接受它们。对其的所有要求就是，要和这些价值观相协调。只要少数族裔不信任这些价值观，那么在信仰和行为之间，就会产生令人遗憾但又不可避免的裂隙，而相关的少数族裔就会受胁迫。但是由于这种信任并非必须，所以这种胁迫在本质上是不道德的。社会的完整性是不可侵犯的，没有任何道德上的暴行用来反对它。

尽管自由主义社会的可操作性公共价值观与其法律和文化习俗相关，但这种关系并非如常常所宣称的那样紧密。以性别平等为例，这是自由主义社会的公共价值观之一。性别平等要求，如果男性享有某些权利和自由，那么女性也应该享有。这种平等观不需要一夫一妻制，而是认为，如果男性可以进行一夫多妻，那么女性也应该可以一妻多夫。一夫一妻制就是不同文化传统的结果和拥有不同的正义性。十分明显，它与性别平等的原则是相分离的。事实上，那些与一夫一妻制相背离的人们，通常并不排斥性别平等的原则。即使是坚持性别平等的法律，也不禁止通奸与包养情妇，也不惩罚"没有合法身份的"孩子。

性别平等是自由主义生活方式的中心原则，而上述论证却意味着一夫一妻制并不与此一样。如果自由主义社会中的大多数人去实践和要求非一夫一妻制关系得到法律认可，那么一夫一妻制的消失是不可能。这就是关于同性恋的长达几世纪的禁令是怎样作罢的。这并不是说一夫多妻制应该获得承认；而是说，比起仅仅呼吁性别平等，要禁止一夫多妻制需要更强有力的、经过了充分讨论的理由。适用于一夫多妻制的道理，对其他少数族裔的习俗也同样适用。如果这些习俗明显地违背了现行公共价值，那么它们自然地会被法律所禁止。但是如果情况并非如此，社会应该对少数族裔的信仰展示更大的敏感性。在和谐地跨文化交流后所达成的广泛共识，一项公共政策只有基于此才应该被实施。每个社会都有一系列独特的可操作性公共价值观，并因此拥有不同的道德特性。所以，对所有社会团体完全平等，这在逻辑上和道德上都是不可能的。只要这些社会团体与社会可操作性公共价值相兼容，那么社会可以而且应该给这些团体尽可能自由的文化空间。社会也应该牢记，价值观是历史共识的产物，它需要获得人们的拥护，并且需要进行修改以满足新团体的合理诉求。

自由主义实践的理论化

人们可能还会问及，我前面所勾画的多元化社会类型被称作自由主义是否恰当。答案是肯定的，并且是经得起检验的。文化多元主义社会尊重个体，容忍、接纳异议，限制政府的角色，也不会把文化转变成享有役使和压迫其成员权利的超主体本体论（ontological super-subjects），等等。意识到这一点，那么多元化社会在特征上就是自由主义的。然而，在某些重要的方面，文化多元主义也背离了许多自由主义的主流观点。它把个体看作是根植于文化的生物，用公用性和非个人主义的词语来定义个体，并且把他们的选择和自治权设置在一个更广更丰富的框架内。区别私人领域和公共领域这一传统自由主义模式，也被多元主义社会所修订。它拒绝传统自由主义把国家从社会中抽象出来，而且重建和建立两者间创造性的合作伙伴关系。它还重新定义了传统自由主义关于政府功能和本质的观点，认为政府是社会的一个组成部分。政府不仅仅只"统治"社会，还培育其道德和文化资源，协助社会变得有凝聚力和能自我调节。多元主义社会去掉了绝对的自由主义，重视所谓的非自由化的生活方式，并使二者间的对话制度化。多元主义社会的特点在于各色各样的生活方式：一些是世俗的，其他则是宗教的；一些是个人主义的，其他则是社群的；一些是自由主义的，其他则是非自由主义的；每一种生活方式反过来都促进了社会的多样化。在这些方面中，文化多元化社会并不符合目前被如罗尔斯、拉兹和德沃金等有影响的作家所定义的自由主义一词。因此，我们可以认为，在这样的社会中，自由主义消灭（aufgehoben）了。其核心观点得到了梳理，其不足被驳回，前者在更多样的社会框架中得到了吸收和保留。

如果观察被称为自由主义的社会实践，我们会发现，这大致是社会自身运转的方向。如我们所见，其法律考虑到了文化差异，法院以文化调和的方式应用法律。它们的政府所遵循的政策，有时会考虑到特殊文化团体的需要,并据此调整它们关于平等概念的观点。一些人也会支持少数族裔的语言、文化和公共机构,甚至允许建立少数族裔的学校。尽管在朝向文化多元主义的方向上,自由主义的社会依然还有很长的路要走,尽管它们的旅程有时以紧张神经过敏的自我怀疑为标志性特征,它们还是不断地远离并在某种意义上超越狭隘的基于个人主义的自由教条。[14]

在政治权术(political expediency)、选举政治以及有诱惑力的"非自由主义"学说的影响下,我们遗憾地发现,一些实践活动偏离了"真正的"自由主义。虽然存在某种程度的正确性,但这种观点有着根深蒂固的误导性。它提炼并同化一种丰富的传统,建立起抽象和非历史的规范。这些规范并未建立在政治实践基础之上,因此也就不能指导政治实践。并且,它拒绝承认自由主义具有与其他观点互动的重要机遇。观察自由主义社会的具体实践更好的途径是,在一个越来越多元化的世界里,把这些实践活动视为在道德上十分敏感地展现自由主义核心价值观的尝试。并且,通过吸纳那些被忽视的自由主义原则和其他传统的价值观,以深化自由主义核心价值观并使其内涵更为丰富。自由主义者需要对自由主义社会的实践进行反思,并且使其理论化,而不是无中生有地想象出一些抽象性原则,或者顽固地坚持意识形态的纯洁性。他们需要发展的不是自由主义,而是一种自由主义实践的批判性理论,这种批判理论不是基于有分歧的和主观直觉的自由主义哲学理论,而是基于自由主义制度令人懊恼的法律和政治判断。

注 释

对约翰·克劳利(John Crawley)、塔里格·马多德(Tariq Madood)和戴维·比瑟姆对本章的有益建议,我表示由衷的感谢。

1. 同化并不是自由主义所独有的,公有制社会成员和社会主义者们也会主张同化主义。本章我将集中于自由主义者。

2. 在其极端形式中,主张社会同化的自由主义不能忍受任何违反自由主义组织原则的行为。在其较温和的形式中,如果这些行为限于私人范围,那还是可以忍受的。其中的区别并不易指明,很多自由主义者直接或间接的主张极端类型。此处我的论争是指向主张社会同化的自由主义的极端形式。我将在文化放任的讨论中批判其温和形式。在其他人,如拉兹(Raz,1986)和巴里(Bary,1991)的讨论中,这两种观点都是受主张社会同化的自由主义者提倡的。我在其他地方也争论过,同化主义已经成了自由主义传统的一个中心而持久的特征。见帕雷克(Parekh,1994)。

3. 格雷的观点受一些英国自由主义作家所认可。

4. 更深入的讨论,见帕雷克(Parekh,1991)。通章我将谈论文化多元化而非文化差异。差异是孤立的、偶发的和短暂的,除非它们成为实践活动的一部分,并且分门别类地融进了或多或少有些相关的框架之中。而我用了"多元"这一词汇来描述这样一种社会结构性的、合法的差异。我对文化多元化,以及那种从定义上看,与生活有合理的相关性解释的文化,十分有兴趣。

5. W.凯米利克(Kymlicka,W.1989:第8、9章)对自由主义是如何能够适应文化多元化提供了一个富有观察力的分析。他把文化看作是选择的范围,并争论道,当超出处于该文化中的成员的控制而引起的不利因素时,这些文化应该受到保护。尽管他对支持其论点所做的争辩是巧妙的,但我并不认为其具备说服力。正如我在本章所争论的,文化并非是选择范围,并且这一个人主义的解释忽略了文化的重要特征。凯米利克仅仅从其自身立场上来看待文化,而不是在社会角度上。尽管他对选择和环境的区分是有用的,但这并未解决问题。我不太确定为什么文化仅在其表现弱势的时候才需要保护。高尔斯顿(Galston,1991)提供了另一个方法来使自由主义与文化多元化相适应。

6. 对这些观点及相关案例的讨论,见帕雷克(Parekh,1991)。

7. 宗教教育给自由社会带来了许多困难,并且招致了不同的反响。在瑞士、澳大利亚等国家,人们为发展宗教教育支付专门的宗教税。在法国,移民儿童的宗教教育由其本国政府提供资助。在德国,土耳其政府派遣全额资助的穆斯林教师,为那里的在校土耳其裔移民儿童教授伊斯兰教。这些特别的措施至少部分地可以归因于,自由社会在宗教的公共角色上缺少明确的界限和共识。

8. 这似乎是拉兹(1986)的观点。他之后的作品反映了一种不同的观点。

9. 自由主义者和公有制社会成员有时会落脚在不同的重要价值观上。最近几年,这二者都开始转向难以捉摸的国家认同概念,以此决定所许可的多样性范围。总的来说,相比于其他所谓的重要或核心价值观,他们更倾向于这一概念。"在一些国家,政府任命了一些委员会去定义他们社会的核心价值。"对此的尝试,可参考澳大利亚政府(1989)。这是一份由议会发起的报告,为政府在一些原则、政策上提供建议。这些原则应当指导澳大利亚的移民政策,并且能规定移民们所能合理期待的义务类型。其拒绝"核心价值观",但在陈述澳大利亚的"基本机构和原则"时却没有遇到什么问题。这些主要在本质上都是民主自由的。(澳大利亚政府,1989:4ff.)

10. 从词源上说,传统的一夫一妻制是指仅仅与一个人发生性关系,同时也排除了婚前性行为。

11. 之所以这样是因为,我们并未关注到,自由主义在传统上所拥护的价值是什么，也没有关注到不同的哲学家所强调的价值是什么；而是关注自由社会作为一种历史事实所珍视和赖以生存的价值。这就要求对其结构、实践行为和政治表述进行仔细的分析。

12. 这一清单必然是不确定的、含糊的。每一种价值观都需要仔细的分解，其不同的形式和含义需要区别开来，以便说明自由社会对它们一般定义的含义和形式，从而尊重这些价值观。例如，我们需要探索他们对尊严和尊重的理解，从而确认自由主义模式下对人类尊严尊重的含义，以区别尊重、尊严在社会主义、保守主义和宗教上的意涵。对人的尊重、平等待人等等都是现代人所推崇的价值观，这些价值观也没有什么特别的自由主义特点。自由主义社会的独特性在于将它们以特殊的方式进行解释。

13. 一个社会所运转的公共价值观念可能会像在纳粹德国那样残暴，也可能像在南非和斯大林时期的苏联那样实行种族隔离制度。由于对自由主义社会的关注，我忽视了这些政权价值观念可能被批判的方式。社会主义政权拥护伟大的价值观念，但这些价值观念却没有得到运转实行。

14. 因此，称呼他们为自由主义者显得越来越不准确。但要是称他们为后自由主义者，又忽略了他们自由主义的特点，同样不准确。

参考文献

Australian Government(1989) *Immigration：A Commitment to Australia*. Canberra：Australia Government Publishing Service.

Barry, B.(1991) *Liberal and Justice：Essays in Political Theory 2*. Oxford：Clarendon Press.

Galston，W.A.(1991) *Liberal Purposes*. Cambridge：Cambridge University Press.

Gray，J.(1993) *Post-Liberalism：Studies in Political Thought*. London：Routledge.

Kymlicka，W.(1989) *Liberalism，Community and Culture*. Oxford：Oxford University Press.

Modood，B.(1992) *Not Easy Being British*. London：Trentham Books.

Parekh，B.(1991) "British citizenship and cultural difference," in G. Andrews(ed.)，*Citizenship*. London：Lawrence and Wishart. pp.183-204.

Raz，J.(1986) *The Morality of Freedom*. Oxford：Clarendon Press.

译　后　记

　　对于本书主编戴维·比瑟姆而言,国内学界同仁尚了解不多,目前其著作仅有《官僚制》(第 2 版)由韩志明和张毅翻译,吉林人民出版社 2005 年出版。事实上,比瑟姆是享有国际盛誉的著名社会学、政治学学者,曾任英国曼彻斯特大学教授,现为利兹大学教授,既是英国公认的研究马克斯·韦伯思想的权威,也是人权问题(主要关注经济与社会权利)研究方面的领军人物,更是民主理论与实践方面的著名专家。他曾担任联合国教科文组织、欧洲委员会、各国议会联盟的民主问题专家,与英国埃塞克斯大学凯文·博伊尔(Kevin Boyle)教授合著的《民主基础知识 80 问》(*Introducing Democracy*, *80 Questions and Answers*)由联合国教科文组织委托编写,以好几种语言在世界范围内出版,对民主知识的世界性普及具有重大影响。同时,他也是英国"民主审计"(democratic audit)项目的发起人,主要用来评估英国的民主程度及其制度限制。该项目作为一个简单却又雄心勃勃的计划,试图对一国的民主状况作出更为精准的评估以指导具体的民主实践。在被任命为斯德哥尔摩的"国际民主和选举评估研究中心"主任之后,他周游世界,推广其民主审计理念并将之运用于更多的国家,并担任许多国家善治问题、民主评估问题的顾问。本书收录了欧洲政治研究协会于 1993 年举办的"民主化指数"研讨会上的学术论文,其中两篇文章就与"民主审计"问题直接相关。

　　近年来,民主转型与巩固的问题成为政治学理论发展的核心议题,新兴民主国家在民主化进程中的艰难曲折重新激起了学者们对于"民主"和"民主化"问题的研究兴趣。其中,某个国家的民主进程应该如何衡量或评估? 民主程度或民主化的进程应当运用哪种测量方法,建立哪些指标? 正在发展民主制的国家和业已建立成熟民主制的国家能否运用同一套标准？除了评估民主程度以外，民主的持久性又如何评估？这些问题都是民主理论与实践亟须关注的重大问题。本书也正是在民主和民主化指标体系测量上的创新性探索，能够为民主理论的发展提供全新的洞见和有益的启发。

本书的翻译工作开始于 2012 年夏天，于 2014 年下半年完成，历时两年多，贯穿了陈硕、汪锡双、钮子钰三人的整个硕士学习时期。本书的翻译是集体努力的成果，译稿和关键词经过多番集体商议和交叉校正。具体分工如下：陈硕承担本书作者简介、第一章至第四章的翻译工作；汪锡双承担本书第五章至第七章的翻译工作；钮子钰承担本书第八章和第九章的翻译工作。致谢与导论部分由陈硕和汪锡双共同完成。初稿完成后，陈硕、汪锡双、钮子钰三人进行了两轮修改。第一轮由自己对自己的翻译的部分进行全文通读，对重难点部分进行仔细斟酌；第二轮为三人轮换阅读，相互调整译稿中的不妥之处。与此同时，华中科技大学英语专业的欧阳博慧同学（现为南昌大学国际关系专业硕士研究生）对译稿进行过适当的修改和调整，进一步优化了译稿的质量；武汉大学政治学理论的硕士研究生谢德胜对译稿提出了一些宝贵的修改完善意见。最后，唐皇凤对译稿进行了逐字逐句的审读，补全了部分漏译的地方，在有的章节补充了适当的注释，对其中错译的部分进行了修正，对译稿的文字表述进行了严格认真的润色。译稿最终由唐皇凤校正定稿。

上海人民出版社徐晓明编审、上海交通大学国际与公共事务学院陈尧教授严格审读译稿，以其高度的敬业精神和专业水准对译稿提出了宝贵的修改意见，纠正了某些明显的失误，为译稿增色不少。尤其感谢徐晓明编审的督促与帮助，促成译稿的顺利出版。

当然，任何东西都很难完美，译作定然存在纰漏和瑕疵，恳请学界同仁赐教。译者真诚地期望，对于中国民主问题的探讨能够秉持更多理性与科学的精神，祛除太多的意识形态的糟粕与陷阱。在这个意义上，本书对于民主和民主化的内涵与测量指标的科学探讨，一定能够为中国民主政治建设的议题提供有益的借鉴与启迪。

陈硕　唐皇凤

香港城市大学　武汉大学

2015 年 1 月

图书在版编目(CIP)数据

界定与测量民主/(英)比瑟姆(Beetham, D.)主编；
陈硕等译.—上海:上海人民出版社,2016
(政治发展与民主译丛)
书名原文:Defining and Measuring Democracy
ISBN 978 - 7 - 208 - 13774 - 5

Ⅰ.①界…　Ⅱ.①比…　②陈…　Ⅲ.①民主政治-研
究　Ⅳ.①D082

中国版本图书馆 CIP 数据核字(2016)第 092738 号

责任编辑　徐晓明
封面设计　小阳工作室

界定与测量民主

［英］戴维·比瑟姆 主编

陈　硕　唐皇凤　汪锡双　钮子钰 译

唐皇凤　校

世 纪 出 版 集 团

上海人民出版社出版

(200001　上海福建中路 193 号　www.ewen.co)

世纪出版集团发行中心发行　　上海商务联西印刷有限公司印刷
开本 635×965　1/16　印张 14.75　插页 2　字数 212,000
2016 年 6 月第 1 版　2016 年 6 月第 1 次印刷
ISBN 978 - 7 - 208 - 13774 - 5/D·2860

定价 42.00 元

Defining and Measuring Democracy
Edited by David Beetham
English language edition published by SAGE Publications of London,
Thousand Oaks, New Delhi and Singapore © David Beetham, 1994
Chinese simplified characters copyright 2018 by
Shanghai People's Publishing House.

政治发展与民主译丛

界定与测量民主　　　　　［英］戴维·比瑟姆　主编
　　　　　　　　　　　　　　陈硕　唐皇凤　汪锡双　钮子钰　译
　　　　　　　　　　　　　　唐皇凤　校　　　　　定价:38.00 元

政党与民主　　　　　　　［美］拉里·戴蒙德　理查德·冈瑟　主编
　　　　　　　　　　　　　　徐琳　译　　　　　　　　48.00 元

发展中地区的政治　　　　［美］加布里埃尔·A.阿尔蒙德等　著
　　　　　　　　　　　　　　任晓晋　储建国　宋腊梅　译　　62.00 元

多元社会中的民主　　　　［美］阿伦·利普哈特　著　刘伟　译
——一项比较研究　　　　　　　　　　　　　　定价:30.00 元

规模与民主　　　　　　　［美］罗伯特·A.达尔　爱德华·R.塔夫特　著
　　　　　　　　　　　　　　唐皇凤　刘晔　译　唐皇凤　校
　　　　　　　　　　　　　　　　　　　　　　定价:25.00 元

以上图书均可在上海人民出版社读者服务部购买到。
邮购地址:上海市绍兴路 54 号上海人民出版社读者服务部
邮　　编:200020
联系电话:021-64313303
邮购方法:在定价的基础上加收 15% 的挂号邮寄费,量大者(请先致电联系)
　　　　　可免邮寄费。
欲了解更多相关书目,请浏览上海人民出版社网页:www.spph.com.cn。